누구나 하루 30분 투자로
월 100만 원 더 버는

블로그
부업

제휴 마케팅 동행 🔍

누구나 하루 30분 투자로
월 100만 원 더 버는
블로그
부업

김상은 지음

나비의 활주로

지금은 N잡러 시대

학창 시절 나는 자주 어머니께 진로에 대한 고민을 털어놓으며 상담을 받곤 했다. 인생을 어떻게 살아야 할지 잘 모르겠다는 내 말에 어머니는 항상 비슷한 말씀을 해주셨다.

"열심히 공부해서 좋은 대학에 들어가고, 전공을 살려서 좋은 직장에 들어가. 한 직장을 오래 다니는 것이 안정적이고 승진도 제때 할 수 있어서 최고야."

여러분은 이 답에 대해 어떻게 생각하는가? 무난한 답이라는 사람도, 요즘 시국에는 잘 맞지 않는다는 사람도 있을 것이다. 나도 이에 대해 고민이 많았다. 어른이 된 지금의 관점에서는, 인생에 딱히 정답은 없으며 자기가 하고 싶은 일로 돈을 벌어야 중간에 질리는 일 없이 롱런할 수 있는 것 같다.

사실 거의 20년 전의 일임을 감안하면 당시 부모님은 최선의 조언을 해준 셈이다. 부모님이 젊었던 시절만 하더라도 오늘날처럼 사회가 각박하지 않았다. 나라 경기는 발전했고, 기업들은 앞다퉈서 대학생들을 데려갔다. 요즘 세대는 상상하기 어렵겠지만 '평생직장'이라는 개념이 있었다. 은행 금리가 높아 평소 꼬박꼬박 모아둔 돈에 퇴직금까지 합치면 노후 대비도 충분했다.

평균수명이 짧은 것도 크게 작용했다. 환갑이 넘으면 장수했다고 잔치까지 열었다. 70~80대에 세상을 떠나면 천수를 누렸다는 말을 들었다. 10대에는 공부하고, 20대에는 취직하고 결혼해서 가정을 꾸리며 차근차근 돈을 모으고, 50~60대에는 은퇴해서 이자와 연금으로 생활하다 자식에게 유산을 물려주는 것이 부모님 세대의 '성공 방정식'이었다.

아마 어머니는 자식인 나에게도 똑같은 방정식이 적용되리라 믿었을 것이다. 하지만 대학을 졸업하고 내가 마주한 현실은 그동안 들었던 것처럼 만만하지 않았다. 고등학교를 다니는데 IMF가 터졌다. 금융위기가 한바탕 휩쓸고 지나간 이후 많은 기업들이 연봉제를 도입하였고 평생직장의 개념이 무너지기 시작했다.

법적 정년이 무색하게 권고사직, 명예퇴직, 정리해고 등으로 정년은 점점 짧아졌다. 은행 금리도 점점 내려가 마이너스 금리 시대가 코앞이고, 의학기술이 발전하면서 평균수명은 높아졌다. 재수 없으면 120살까지 산다는 이야기마저 들리는 실정이다. '이태백', '삼팔선', '사오정', '오륙도', '육이오' 같은 자조적인 신조어가 나오더니 '투 잡스Two jobs 족族'이 거론되기 시작했다.

실제 퇴근하고 대리운전을 뛰거나, 편의점과 술집 같은 데서 야간 아르바이트를 병행하거나, 영화 〈기생충〉에서 주인공 가족이 피자박스를 접듯이 손부업을 하는 직장인도 있다. 요즘은 투잡과 쓰리잡을 넘어서 'N잡러'라는 신조어까지 나왔다. 사람들이 본업 하나만으로는 얼마나 불안감을 느끼는지 알 수 있는 대목이다.

나 역시 그런 사회적 분위기에 영향을 받아 직장을 다니면서 뭐라도 하지 않으면 안 될 것 같아 여러 가지 시도를 거듭했다. 재테크를 위해 펀드도 해봤고, 쇼핑몰 창업을 했다 큰 실패도 겪어봤다. 그 이후로 마케팅의 중요성을 깨달아 오픈마켓 유통, 제휴 마케팅, 마케팅 플랫폼 키우기 등으로 다양한 수익을 만들어봤다.

처음에는 투잡, 부업으로 시작했던 온라인 마케팅으로 직장 월급보다 더 큰돈을 벌게 되면서 지금은 회사를 그만두고 작은 마케팅 사업을 몇 개 하고 있다. 그중 하나가 평범한 직장인, 전업주부, 어르신들도 블로그 부업으로 돈을 벌 수 있게 도와주는 제휴 마케팅이다. 컨설팅을 하면서 사람들이 요즘 대한민국의 경제적 현실에 대해 어떻게 생각하는지 많은 의견을 경청할 수 있었다. 그러면서 느낀 점은 상황이 악화되었으면 악화되었지 결코 더 나아지지는 않았다는 것이다.

많은 사람들이 이제 직장과 국민연금이 노후를 전적으로 책임지지 않는다는 사실을 너무나 잘 알고 있다. 심지어 20대들은 대학을 졸업해도 취업이 힘들다고 한다. 4년제 대학 졸업생들이 많아지면서 공급이 수요를 초과해서다. 높은 경쟁률을 뚫고 입사해도 퇴직 이후를 대비해 벌써부터 주식과 부동산을 공부한다고 한다.

직장인의 가장 큰 불안은 월급 내에서 모든 생각과 의사결정을 내려야 한다는 점과 해고될 경우 한참 남은 인생에 대한 마땅한 대책이 없다는 점이다. 전업주부 역시 경제활동을 하고 싶은데 취업하는 것도 쉽지 않다. 은퇴한 어르신들도 사정은 마찬가지다. 다들 팍팍한 생계에 조금이라도 숨통을 트이고자 투잡, 부업을 찾는다.

만약 단순히 돈을 많이 벌고 싶다는 마음이라면 창업을 준비하지 투잡과 부업을 고려하지는 않을 것이다. 사람들이 투잡, 부업을 찾는 이유는 안정적인 월급을 포기하지 않으면서 추가 소득을 원하기 때문이다. 현실적으로 당장 본업을 그만두기는 쉽지 않다. 매달 드는 생활비 문제도 있고, 학자금 대출처럼 달마다 나가는 고정 지출이 크다면 안정적인 현금흐름을 포기한 채 무모한 도전을 할 수는 없기 때문이다.

직장인이 아니더라도 마찬가지다. 육아와 가사노동도 포기할 수 없는 본업에 속한다. 아이가 어릴 때에는 부모가 밀착해서 돌봐야 하기 때문에 간단한 파트타임 아르바이트도 구하기 힘들다. 그래서 많은 주부들이 집에서 아이를 보면서 병행할 수 있는 재택부업을 찾는다.

웬만한 정보는 네이버, 구글, 유튜브에 검색하면 다 나오는 시대다. 어떤 투잡, 부업을 할지 선택지도 폭넓다. 이미 시중에는 다양한 솔루션이 소개되어 있다. 문제는 대부분 평범한 사람들이 그대로 따라해 쉽게 성과를 거두기 어렵다는 점이다. 재테크만 놓고 보더라도 자본과 전문성 없이 성공하기는 힘들지 않은가?

필자가 이 책에서 말하고자 하는 솔루션은 아주 간단하다. 퇴근하고 하루 1~2시간만 여유를 내서 마케팅 채널을 키우는 것이다. 네이버,

SNS, 유튜브, 뭐든 괜찮지만 가장 추천하는 건 블로그다. 감히 단언하건 대 블로그는 온라인 마케팅에 대한 지식과 경험이 전무한 왕초보도 노력만 하면 반드시 보상을 받을 수 있다. 이는 여태까지 제휴 마케팅을 하면서 블로그로 월 최소 50, 많게는 300만 원 이상을 벌게끔 도와준 경험에서 비롯된 신념이다.

블로그 투잡으로 연봉을 두 배로 올린 사례도 있고, 블로그 투잡을 통해 월 1,000만 원의 매출을 올리고 자기 사업을 시작하거나, 평범한 사무직에서 월급을 더 높여 마케팅부서로 뽑혀간 사례, 남편의 쇼핑몰 운영을 도와주는 주부에 이르기까지 다양한 성공사례가 있다. 개중에는 나이 50이 넘어서 일일방문자 1,000명에 월 100만 원의 수익을 만든 사례도 있다.

재작년 무렵부터 근로시간 단축으로 투잡, 부업 문의가 부쩍 늘어나고 있다. 노동시간이 줄어들면 그만큼 휴식, 여가를 찾을 거라고 생각했는데 의외의 결과다. 그만큼 미래가 불안해서일 것이다. 여러분은 어떤 준비를 하고 있는가? 혹시 이렇다 할 비전 없이 일자리만 늘리고 있지는 않은가?

만약 가게를 차릴 예정이라 장사 밑천이 필요하다거나, 독립하기 위해 보증금을 모아야 하는 등 명확한 목적이 있다면 아르바이트를 2~3개 늘려서 빨리 모으는 것도 좋은 방법이다. 하지만 이렇다 할 목적자금이 없다면 가급적 당장의 돈벌이보다는 현재의 소중한 시간을 미래의 소득을 창출하는 자산을 키우는 데 투자해야 한다.

몇 년 전만 하더라도 직장인이 투잡, 부업을 하면 직장에 숨기고 몰래

하는 경우가 많았다. 회사를 다니면서 다른 무언가를 한다는 것 자체가 일종의 '괘씸죄'에 걸렸기 때문이다. 하지만 요즘은 상황이 많이 달라졌다. 재능마켓이나 유튜브를 보면 다양한 직업군에 종사하는 직장인이 자신을 드러낸다. 신문기자가 글쓰기를 가르치고, 회계사가 재무제표를 이용한 주식투자 강의를 하고, 무역회사 직원이 외국어 과외를 한다. 이처럼 투잡, 부업을 내가 가진 자산이 회사 바깥에서 얼마의 돈을 만들어낼 수 있는지 테스트해보는 경험으로 삼아야 한다.

4차 산업혁명이 본격화되는 미래에는 로봇과 AI로 인해 일자리가 점점 줄어들 전망이라고 한다. 신기술 관련 일자리가 추가로 나올 수는 있겠지만, 봉급도 많고 대우도 받는 직장은 점점 양극화되지 않을까 싶다. 필자는 미래학자가 아니라 단언할 수는 없지만 아마 앞으로 한 가지 일만 잘해서는 먹고살기가 힘들어질 것이다. 최소 2가지 이상의 분야를 결합해 새로운 가치를 창출해내야 할 것이다.

금수저가 아닌 일반인들도 돈을 만들어내는 자기만의 자산을 개발하기 위해서는 온라인 마케팅을 필수로 알아야 한다. 자신의 마케팅 채널을 소유한다는 것은 그 자체만으로 미디어의 영향력을 가진다. 또한 평생직장이 아니라 시장에서 고객이 돈을 지불할 가치가 충분히 있는 평생직업을 개발해야 한다. 이 책을 통해 자신의 전문성에 마케팅 역량을 결합해 불투명한 미래 환경에서도 언제 어디서든 돈을 만들어낼 든든한 자산을 마련하기 바란다.

김상은

CONTENTS

CHAPTER 4

CHAPTER 5

CHAPTER 6

CHAPTER 1

블로그
투잡/부업을
해야 하는
이유

콘텐츠만으로도 부자가 될 수 있다

작년 여름의 일이다. 키즈 유튜버인 보람튜브가 강남의 빌딩을 95억에 매입했다는 기사가 퍼졌다. 유명한 파워인플루언서들은 일반 직장인들에 비해 어마어마한 수익을 벌어들인다는 내용이었다. 팔로워가 많은 인스타그램 셀럽들은 상품을 협찬 받아 본인의 계정에 포스팅 한 번 올려주는 것만으로도 몇 십에서 몇 백을 벌고, 상위권 유튜버들은 구글 애드센스 광고수익과 협찬을 통해 강남 건물까지 매입한다고 한다.

댓글창에 난리가 났다. 부럽다는 내용부터 시작해서 "나도 유튜브나 할걸, 인생을 헛살았다", "저 사람들은 남들보다 트렌드를 일찍 읽고 실천했기에 돈을 번 거다", "부모가 자식을 혹사시키는 거 아니냐", "BJ와 유튜버들 당장 세무조사 해서 세금을 거둬야 한다" 등등 다양한 말이 오고 갔다. 그중 특히 인상 깊은 말이 있었다.

"나는 평범한 직장인이라 매일 아침마다 지옥철에 시달리고, 근무 중에는 상사에게 시달리고, 밤늦게까지 죽어라 야근하고 집에 들어가면 녹초가 되어 쓰러지는 인생을 다람쥐 쳇바퀴 돌듯 반복하는데 유튜버들은 장난감 갖고 놀고, 맛있는 거 먹고, 좋은 데 여행 가면서 직장인의 몇 년 치 연봉을 한 번에 버니까 상대적 박탈감이 느껴진다."

댓글을 보니 전적으로 공감한다는 내용도 있었지만 "그렇게 꼬우면 너도 유튜브, 인스타그램 해라", "당신도 자신이 있으면 도전을 하면 될 일을 왜 굳이 욕하냐?", "저 사람들도 콘텐츠 기획부터 팬덤 관리까지 직장인 못지않은 노력이 들어가는 엄연한 직업이다" 같은 반론도 많았다. 양측의 주장 다 일리가 있다.

이제는 과거의 성공 방정식이 무너졌음을 인정해야 한다. 스마트폰이 보급되고 온라인 시장이 커지면서 콘텐츠만으로 부자 되는 사람들이 등장하고 있다. 이는 이미 거스를 수 없는 시대적 흐름이다. 보람튜브는 유튜브 로직이 바뀌기 전까지는 구글 애드센스 수익으로만 월 37억을 벌었다고 한다.

미국의 모델 카일리 제너는 인스타그램 팔로워 1억 7천만 명을 보유하고 있다. 그녀가 자기 인스타그램에 협찬 포스팅 1개를 올려주는 대신 받는 비용은 100만 달러(약 11억 3,000만 원)라고 한다. 자신의 인스타그램 계정이 황금알을 낳는 거위임을 알게 된 그녀는 아예 코스메틱 회사를 창업했다.

아프리카tv의 별풍선 통계자료를 제공하는 별풍선닷넷에 의하면 2019년 별풍선을 제일 많이 받은 1등은 BJ 박가린이다. 작년 한 해에만 총 1,739만 개의 별풍선을 받았으며, 이는 약 17억이 넘는 금액이다. 아프리카tv에 내야 할 환전 수수료를 제외하고도 연봉 10억을 돌파한 것이다.

JTBC의 예능 프로그램 〈랜선라이프〉를 보면 상위 1퍼센트 콘텐츠 크리에이터들의 수익을 엿볼 수 있다. 게임 크리에이터 대도서관이 연 17억, 뷰티 크리에이터 씬님이 12억, 먹방 크리에이터 벤쯔는 10억이라고 밝혔다. 이 수치는 총 매출액으로 순이익은 더 낮겠지만 이를 감안해도 콘텐츠 사업으로 걸어다니는 중소기업 수준의 돈을 번다고 볼 수 있다.

그렇다면 어떻게 콘텐츠가 막대한 돈이 될 수 있는 걸까? 바로 우리 사회의 성공 방정식이 달라졌기 때문이다.

$$수입=가치×전달 수$$

이 공식에 따르면 한 개인의 연봉은 고부가가치의 상품을 최대한 많은 사람들에게 전달할수록 올라간다. 잘나가는 콘텐츠 크리에이터들의 수입이 많은 이유가 여기에 있다. 그들은 게임, 캠방, 개그, 리뷰, ASMR, 먹방, 쿡방, 여행, 시사, 키즈 콘텐츠 같은 가치를 유튜브, 인스타그램, 아프리카tv 등등 플랫폼에 모여 있는 수많은 사람들에게 전달한다. 그에 비해 직장인들은 아무리 가치를 올리더라도 노동력을 소속된 회사 한 곳에만 제공하기 때문에 전달 수가 항상 1에 머문다. 직장인이 연봉을 높이기 위해서는 전달 수 대신 가치를 높여야 한다.

대부분의 아르바이트는 건장한 성인이라면 누구나 할 수 있기에 가치가 낮게 평가된다. 그래서 최저시급을 받는다. 반면 펀드매니저나 전문 경영인 같은 직업은 대체할 사람이 적어 희소가치가 있기에 높은 연봉을 받는다. 가치가 높은 사람이 지금보다 더 많은 돈을 벌기 위해서는 창업을 해야 한다. 자신의 능력을 한 회사가 아니라 여러 소비자 및 업체에 제공하면 전달 수가 올라가 월급 이상의 돈을 벌 수 있기 때문이다.

물론 각각 장단점이 있다. 회사에 다닐 때에는 내가 잘하는 한 가지에만 집중하면 리스크 없이 높은 연봉을 받을 수 있지만, 창업을 하면 인사·재무·마케팅·세일즈 등 모든 것을 직접 해야 한다. 이를 감수하고 독립에 성공하면 많은 돈을 벌 수 있지만 실패의 리스크 역시 본인에게 달려 있다. 그래서 능력이 있어도 모든 인프라가 갖춰진 직장을 선호하는 사람들도 있다. 쉽게 말하자면 실력이 뛰어난 의사가 페이닥터와 개업의 중에서 선택하는 것과 같다.

잘나가는 연예인, 배우, 뮤지션, 스포츠 선수들이 웬만한 중소기업 못지않게 매출을 올리는 것도 위의 공식으로 설명이 가능하다. 톱클래스의 스타는 얼마 없는 데 비해 러브콜은 압도적으로 많기에 가치가 높다. 게다가 텔레비전을 통해 전 세계에 송출되어서 전달 수까지 높다. 현역으로 일할 수 있는 기간이 직장인에 비해 상대적으로 짧지만 가치와 전달 수가 높기에 막대한 수입을 올리는 것이다.

블로그, 유튜브, 인스타그램, 인터넷 방송은 평범한 일반인도 텔레비전처럼 전달 수를 높일 수 있는 기회의 장이 된다. 혼자서 콘텐츠를 제작해 업로드해도 구독자와 팔로워가 얼마나 많은가에 따라 1,000명, 10,000명도 볼 수 있기에 후원, 협찬, 구글 애드센스 등의 수익모델로 직장인 연봉을 가볍게 넘어서는 인플루언서가 등장하게 되었다. 앞으로도 시장의 수요는 커지면서 남들과 차별화되는 가치 있는 콘텐츠를 많은 사람들에게 전달하는 인플루언서들이 많은 돈을 벌 것이다. 필자가 많고 많은 부업 중 '마케팅 채널 키우기'를 추천하는 이유도 이와 같다.

오프라인은 내가 일한 만큼 월급을 받아갈 수 있다. 하지만 내 뜻대로 가치와 전달 수를 컨트롤하기 힘들다. 만약 건강이 안 좋아져서 잠깐 일을 그만두면 가치와 전달 수가 동시에 0이 되어서 수입도 0이 된다. 계속해서 일을 해야 하는 것이다. 하지만 온라인은 사정이 다르다. 콘텐츠를 계획하고 만들어서 올리기까지는 시간과 노동이 들어가지만, 한번 업로드를 해놓으면 그다음부터는 알아서 수익이 발생한다.

잠깐 독감에 걸려서 며칠 일을 쉬더라도, 연휴에 여행을 다녀오더라도, 내가 잠을 자는 동안에도 누군가는 네이버, 구글, SNS를 검색하고 콘텐츠를 찾아본다. 채널마다 수익모델의 차이는 있지만 원리는 동일하다.

마케팅 채널을 키운다고 처음부터 많은 돈을 벌 수는 없다. 대신 내가 하기에 따라서 콘텐츠가 누적되고 채널이 계속 성장한다. 콘텐츠의 질을 높이고, 더 많은 양을 발행함으로써 가치와 전달 수를 내 뜻대로 높여나갈 수 있기에 시간이 흐르면 부업의 수익이 본업을 초월할 가능성도 충분히 열려 있다.

너무 대표적인 성공사례만 이야기해서 부담감을 느낄지도 모르겠다. 맞다. 사실 누구나 보람튜브를 만들고, 카일리 제너가 될 수 있는 것은 아니다. 사람마다 부모님에게 물려받은 천성과 기질이 다르고 그동안 살아온 배경과 쌓아온 실력, 현재 처한 환경이 다르기 때문이다. 또 크게 성공하려면 행운도 따라야 한다.

〈랜선라이프〉에 나오는 월 1억의 크리에이터 급이 되려면 노력뿐만 아니라 천운도 필요하다. 철강왕 카네기나 석유왕 록펠러처럼 말이다. 하지만 월 1억이 아니라 월 100만 원, 300만 원, 500만 원, 1,000만 원 정도의 수익은 개인의 노력으로도 충분히 가능하다. 인플루언서 시장은 아직 무수히 많은 기회가 열려 있다. 몸값이 높은 메가인플루언서 대신 마이크로인플루언서를 원하는 시장도 점점 커지고 있다. 블로그를 한다고 꼭 파워블로거가 되고, SNS나 유튜브를 한다고 꼭 파워인플루언서가 될 필요는 없다는 말이다. 필자 주변의 성공사례를 소개하겠다.

캠핑요리 돌콩이 님

캠핑과 요리를 사랑하는 돌콩이 님은 맨 처음에 블로그에서 리뷰 및 CPA(Cost Per Action, 온라인에서 소비자가 특정 행동을 할 때마다 비용을 지급하는 광고 방법) 제휴 마케팅 등으로 수익을 냈다. 매일 블로그에 무슨 글을 써야 할지

고민하다가 평소 캠핑을 자주 다니는 경험을 살려 캠핑하기 좋은 장소를 소개하고, 캠핑장에서 해 먹기 좋은 간편요리에 대한 콘텐츠를 블로

그와 유튜브에 꾸준히 올렸다.

블로그에 꾸준히 자기 콘텐츠를 연재하다 보면 그 분야의 전문가가 될 가능성이 높아진다. 해당 주제에 대해 꾸준히 공부해야 지속적인 포스팅이 가능하기 때문이다. 물론 돌콩이 님은 캠핑과 캠핑요리를 사랑했기 때문에 꾸준히 글과 영상 콘텐츠를 제작할 수 있었고, 시간이 지날수록 캠핑요리라는 희귀한 카테고리에서 전문성을 인정받기 시작했다.

캠핑용품이나 주방용품 협찬이 들어오기 시작하더니 식품회사에서도 스폰서가 붙었다. 나중에는 텔레비전 방송에도 출현했고 본인의 이름을 딴 캠핑대회도 개최했다. 누구나 알 만큼 유명하지는 않지만 캠핑요리에 관심 있는 사람은 한 번쯤 들어본 크리에이터로 성장해나간 것이다. 자신의 전문성을 블로그와 유튜브를 통해 널리 알려서 퍼스널 브랜딩이 되자 돈은 자연스럽게 따라온 케이스다.

이노아 셀러

이노아 님은 광고 대행사에서 일하면서 온라인 마케팅을 배운 분이다. 자신이 마케팅을 도와주는 업체의 매출은 크게 증진하는데 정작 본인은 항상

일정한 월급만 받자 직접 판매를 해보고 싶다고 해서 상품을 소싱해서 스마트스토어로 파는 법을 알려드렸다. 이미 마케팅에 대한 이해도가

높아서 잘 팔리는 제품을 소싱하는 방법과 제품을 등록하고 CS 하는 실무를 가르쳐드리자 금방 터득했다. 그래서 등록한 제품을 바이럴 마케팅 하는 법도 알려드렸는데 어느 날 연락이 왔다. 연 순수익이 1억을 초과해서 세금 폭탄을 맞게 생겼다는 것이었다. 컨설팅을 받기 시작한 지 고작 6개월 만의 일이었다. 그래서 세금 문제는 세무사에게 맡기고 남는 시간에 더 팔릴 제품을 찾아서 등록하고 마케팅을 하라고 말씀드렸다.

이노아 님은 결국 다니던 광고 대행사를 그만두고 전업 스마트스토어 셀러가 되었다. 이노아 님이 온라인 판매로 성공할 수 있었던 비결은 희소한 제품을 기가 막히게 잘 발굴했기 때문이다. 3D 드로잉펜이나 식물 광합성을 시켜주는 LED 조명처럼 수요는 있으면서 파는 사람은 적은 제품들을 잘 소싱한 것이다. 또한 트렌드를 잘 따랐다. 코로나가 유행하면서 마스크를 소싱해 판매한 결과 매출이 늘어날 수밖에 없었다.

인스타그래머 찌니 님

돌콩이 님이 유튜브로, 이노아 님이 스마트스토어로 확장을 했다면 찌니 님은 인스타그램을 공략했다. 아이셋을 둔 주부이다 보니 스마트폰으로 사진 찍을 일이 많

아 인스타그램에 예쁘게 나온 사진을 올리기 시작했다.

3B 법칙이라고 들어봤는가? 사람들은 아기Baby, 미녀Beauty, 동물Beast 사진이라면 사족을 못 쓴다. 특히 인스타그램은 여성 유저가 많기에 3B 사진을 적극적으로 활용하면 게시물 반응도 괜찮고 빠르게 팔로워를 확보할 수 있다. 찌니 님은 평소에 아이들 사진을 찍는 것을 좋아했기 때문에 일이 아니라 취미를 즐기는 마인드로 인스타그램을 키워나갔다.

찌니 님은 블로그의 경우 사진과 글을 반복해가며 장문의 문장을 써야 하는데, 인스타그램은 그냥 평소 찍어둔 사진에다가 블로그 키워드 찾듯이 해시태그만 잘 골라서 업로드하면 끝이라 굉장히 쉽다고 말한다. 팔로워가 4자리가 넘어가자 협찬 DM이 오기 시작했고 콘텐츠를 한 번 올려주는 데 10만 원씩 받으면서 용돈을 벌었다. 지금도 육아, 블로그, 인스타그램을 병행하면서 집안 생활비를 혼자 다 버는 멋진 분이다.

돈을 버는 정보는 서점이나 유튜브에 다 공개되어 있다. 단순히 정보나 비법을 아는 것은 중요하지 않다. 정말 중요한 것은 그 일이 나한테 잘 맞는지, 내가 잘할 수 있는지다. 재테크만 해도 그렇다. 누구는 부동산 경매로 부자가 되었고, 누구는 주식 단타로 돈을 벌었다고 한다. 어떤 방법이 수익률이 가장 높았는지는 중요하지 않다. 많고 많은 방법 가운데 실제 내가 실천해서 결과를 낼 수 있는 분야를 찾는 것이 중요하다.

무엇을 해야 돈을 벌지에 대한 생각은 일단 머릿속에서 지우고 일단 취미를 즐긴다는 생각으로 자기가 잘할 수 있는 분야를 찾아보자. 블로그, SNS, 유튜브, 무엇을 하든 가치와 전달 수의 공식은 동일하기 때문이다. 사람마다 잘할 수 있는 일은 다 다르며, 자신의 재능이 어디에서 빛을 발할지는 해보기 전까지는 모른다.

만약 내가 독서와 글쓰기를 좋아한다면 일단 블로그부터 시작해보자. 점점 온라인이 익숙해지면 인스타그램, 유튜브에 서평 콘텐츠를 올려보면 된다. 내가 외모도 빼어나고 패션 뷰티에 조예가 깊으면 인스타그램이 적격이다. 호감형의 외모와 목소리를 가졌고 누군가에게 보여줄 확실한 콘텐츠가 있는데 입담까지 타고났다면 유튜브를 하면 된다. 첫술에 배부를 수는 없듯이 일일방문자, 팔로워, 구독자를 모으는 데 시간이 걸린다. 그래서 안정적인 소득기반을 가진 상태에서 투잡, 부업으로 시작해야 하는 것이다.

당장 돈이 시급하다면 안정적인 본업을 갖추는 게 우선이다. 마케팅 채널을 키우는 것은 누군가 물건을 사거나, 리뷰글을 읽고 광고를 클릭해주는 등 타인의 행동에 따라서 소득이 발생하기에 수익화에 다소 시간이 걸린다. 급전이 필요하다면 일하자마자 바로 돈을 받는 일자리를 구해 당장의 생계를 해결하는 것이 맞다. 마음이 조급하거나 재미도 없는데 돈 때문에 억지로 뛰어들면 양질의 콘텐츠를 만들 수 없다. 결과적으로 어느 누구도 눈길을 주지 않으며 당연히 돈도 따라오지 않는다. 뭐든지 진정성이 뒷받침되어야 롱런할 수 있는 법이다. 콘텐츠만으로도 부자가 될 수는 있지만, 현재 상위 10퍼센트의 파워인플루언서들도 상업적인 의도 대신 하고 싶은 일을 통해 팬덤을 형성했음을 잊지 말자.

SNS, 유튜브 시대에 블로그를 추천하는 이유

최근 온라인 마케팅 업계에서 가장 뜨거운 감자가 인스타그램과 유튜브라는 점에는 이견이 없을 것이다. 앞에서 살펴본 것처럼 상위 10퍼센트 인스타그램, 유튜브 인플루언서의 수익은 상상을 초월한다. 그래서일까? 주변 사람들에게 네이버 블로그를 추천해주면 이 질문을 꼭 한다.

"에이, 블로그는 트렌드 다 지났잖아요? 요즘 다 인스타그램이나 유튜브 하는데 왜 블로그를 해요? 이제는 글이 아니라 영상의 시대잖아요?"

부정할 수 없는 사실이다. 통계자료만 봐도 인스타그램과 유튜브 어플리케이션 설치 숫자와 이용 빈도가 네이버 앱을 바짝 따라잡았기 때문이다. 특히 유튜브 앱의 체류시간은 네이버를 뛰어넘었다. 영상 콘텐츠의 특성상 최소 5~10분에서 길게는 30분~1시간을 시청해야 하는 탓이다.

그렇다면 SNS, 유튜브 시대에 왜 하필이면 네이버 블로그를 추천하는지 궁금할 것이다. 나 역시 인스타그램과 유튜브를 안 해본 것은 아니다. 고백하자면 마케팅을 본격적으로 공부하기 시작한 이후로 지난 10년 동안 블로그, 카페, 지식인, 포스트, 밴드, 스마트스토어, 오픈마켓, 카카오스토리, 티스토리, 워드프레스, 페이스북, 인스타그램, 유튜브에 이르기까지 안 해본 마케팅 플랫폼이 없었다. 이 모든 것을 전부 경험한 다음 블로그가 답이라는 결론을 내린 것이다.

정말 유감스럽게도 필자는 아무것도 타고나지 못했다. 재산도, 인맥도 없고 살면서 행운이 따라주지도 않았다. 야구선수나 영화배우처럼 선천적인 재능이 있지도 않고, 연예인들처럼 얼굴이 잘생기거나 입담과 유머감각이 뛰어난 것도 아니다. 변호사나 공인회계사들처럼 공부를 잘하는 것도 아니었다. 만약 나에게 타고난 재능이 있어서 남들에게 보여줄 독창적인 콘텐츠가 있고, 외모와 입담까지 뛰어났다면 블로그보다 인스타그램, 유튜브에 더 열중하고 있었을지 모른다. 선천적으로 타고난 조건이 좋지 않으면 노력해도 소용없다는 말은 아니다. 후천적인 노력으로도 일정 수준까지는 다다를 수 있지만, 그 이상의 상위 레벨에서 경쟁을 하다 보면 언젠가는 한계에 부딪힌다는 말이다.

팔로워가 많은 인스타그래머나 유튜버를 보면 가끔 '이 사람은 진짜 이거 하기 위해 태어났구나' 싶은 느낌이 들 때가 있을 것이다. SNS나 유튜브뿐만 아니라 많은 분야가 그렇다. 정점에 오른 사람들은 그 방면에 타고난 재주를 노력으로 갈고닦은 경우가 대부분이다. 다르게 말하면 후천적인 노력으로 바꿀 수 없는 선천적인 조건이 강제된다는 의미다.

흔히 말하는 투잡으로 돈 번다는 정보는 내막을 자세히 들여다보면 평범한 일반인이 따라 해서 성과를 내기 어려운 경우가 많다. 직장인들에게 가장 많이 추천하는 주식, 부동산 재테크만 봐도 성공하려면 일정

규모 이상의 종잣돈과 해박한 경제지식이 요구된다. 돈은 모으면 되고 지식은 공부하면 된다지만 그 자체로 진입장벽이 높은 것도 사실이다.

유튜브, SNS, 1인 방송, 재능마켓도 마찬가지다. 특출난 재능이 없으면 콘텐츠 확보도 쉽지 않고, 파워인플루언서를 목표로 한다면 외모와 입담이 받쳐주는 편이 확실히 유리하다. 주머니 사정이 넉넉하다면 성형외과와 스피치 학원을 다니면 되겠지만 투잡으로 시작하는 마당에 그만한 초기비용을 감수할 수 있는 사람은 많지 않을 것이다.

다른 온라인 부업도 마찬가지다. 해외직구, 아마존, 오픈마켓 셀러 같은 온라인 유통은 무언가를 팔아야 하는데 큰 성과를 보기 위해서는 광고와 바이럴 마케팅을 잘해야 한다. 내가 마케팅 대행사 급의 실력과 장비를 갖추고 있고 선투입할 광고비가 있다면 모를까, 마케팅도 제대로 모르는 초보자가 따라 하기에는 너무 어렵다. 하지만 블로그는 사정이 다르다. 단언컨대 아무것도 모르는 왕초보도 투잡 수익을 올리는 데 최적화된 플랫폼이라고 장담한다. 블로그는 부동산 투자처럼 많은 자본을 필요로 하지 않는다. 중간중간 광고비를 쓸 필요도 없다. 저렴한 노트북 한 대와 인터넷 Wi-Fi만 준비하면 끝이다.

글을 엄청 잘 써야 할까? 다음 브런치에 칼럼을 연재하거나 책을 출판할 계획이라면 몰라도 블로그는 필력이 좀 부족해도 상관없다. 국어교과서나 신문 사설을 생각하니까 어려운 거다. 블로그는 개인의 일기장과 같은 공간이기에 평소 친구와 이야기하듯이 편하게 써도 상관없다.

SNS나 유튜브는 구독자와 팔로워를 최대한 많이 모은 다음 각종 제휴

와 협찬으로 돈을 버는 구조다. 어느 정도 선까지는 유행하는 콘텐츠 포맷을 카피해서 사람들을 모을 수 있겠지만, 더 몸값이 높은 파워인플루언서가 되기 위해서는 나만의 확고한 팬덤을 만들어야 하기 때문에 다른 채널에서는 볼 수 없는 차별화된 콘텐츠를 보여줘야 한다. 그렇게 되기까지 어마어마한 시간과 정성이 들어간다. 하지만 블로그는? 1인 방송, 유튜브, SNS처럼 특출난 재능이나 자기만의 콘텐츠가 없어도 괜찮다. 물론 주특기가 있으면 포스팅 거리가 풍부해지기는 한다. 그러나 필수조건은 아니다. 블로그는 제휴 마케팅을 통해 내가 관심 있는 분야의 제품, 서비스를 소개하는 리뷰글만 올려도 수익을 만들 수 있기 때문이다. 이 방법으로는 SNS, 유튜브와 달리 일일방문자와 서로이웃이 0명인, 오늘 개설한 블로그에서도 바로 수익을 만들어낼 수 있다.

리뷰글이라고 해서 거창하게 생각할 것 없다. 해당 아이템을 남들보다 먼저 체험해보고 어떤 점이 좋고 나쁜지 등을 진술하게 표현하면 된다. 아마 다들 주변 친구들에게 자기가 좋아하는 노래, 영화, 드라마, 텔레비전 프로그램, 책, 게임 등을 추천해본 경험이 있을 것이다. 더 나아가 화장품, 생활용품, 스마트폰, 태블릿PC나 자주 가는 카페, 맛집, 미용실, 여행지 이야기를 한 적이 있을지도 모른다.

간혹 자기가 좋아하는 취미를 추천할 때 농담으로 '영업한다'는 표현을 쓰는 사람들도 있는데, 딱 그 느낌으로 포스팅을 작성하면 훌륭한 리뷰가 나온다. 아무리 내성적인 성격이라도 자기가 좋아하는 분야에 대해서는 몇 시간이고 떠들 수 있는 법이다. 블로그는 어렵게 생각할 것 없이 친구에게 좋아하는 연예인, 드라마, 맛집을 이야기하듯이 시작하면 된다.

필자 같은 경우 미국드라마를 좋아해서 다른 사람과 밥을 먹으면서도 〈왕좌의 게임〉이나 〈마르코 폴로〉에 대한 이야기를 하곤 한다. 최근에는 월 이용료만 내면 많은 드라마를 무제한으로 시청할 수 있는 넷플릭스에 빠졌다. 이런 일상적인 대화를 할 수 있고, 이를 글로 옮겨 적을 수 있는 사람이라면 누구나 블로그로 성공할 수 있다.

웬만한 온라인 부업을 다 시도해본 입장에서 블로그는 이상적인 투잡의 기준을 제일 많이 충족한다. 이미 개인 노트북이 있다면 초기자본도 들지 않고 진입장벽도 낮다. 네이버 아이디 하나만 있으면 누구나 시작할 수 있다. 글 1편을 써서 올리는 데 재능마켓, 1인 방송, SNS, 유튜브처럼 특출난 재능을 필요로 하는 것도 아니다.

투잡은 어디까지나 투잡일 뿐이다. 본업에 큰 지장을 줘서는 안 된다. 하루에 블로그 글 1편을 쓰는 데 얼마나 걸릴까? 처음에는 2시간 정도 걸리기도 하지만 점점 익숙해지고 숙달되면 포스팅 1개에 15분도 채 걸리지 않는다. 열심히 하면 하루에 3~4개의 포스팅도 할 수 있다.

포스팅이 쌓일수록 누적효과도 있다. 블로그는 글을 많이 쓰고 서로 이웃을 늘릴수록 최적화가 되어서 상위노출이 잘된다. 초기에 열심히 노력해서 키워드 한 100개 정도에 돈 버는 리뷰글을 올려놓으면 몇 달 정도 여행을 다녀와도 통장에 꼬박꼬박 현금이 쌓인다. 오프라인은 일을 쉬면 바로 수익이 끊기지만, 온라인은 내가 잠을 자는 사이에도 누군가는 네이버를 검색해서 포스팅을 읽고 물건을 사거나 DB(상품에 관심 있는 잠재고객이 상담 신청을 받기 위해 회사 측에 제공한 성함, 연락처, 주소지 등의 개인정보)를 남긴다. 더 노력해서 키워드 200, 300, 500, 1,000개를 잡으면 월급 이상의 수익을 만드는 것도 충분히 가능하다.

블로그는 제휴 마케팅 리뷰 말고도 수익모델이 다양하다. 일일방문자와 서로이웃이 많아지면 체험단으로도 돈을 벌 수 있고, 기자단으로 원고료를 받을 수도 있으며, 공동구매를 통해서도 돈을 벌 수 있다. 블로그의 원리를 깨우치면 스마트스토어를 병행하는 것도 좋다. 둘 다 스마트에디터 3.0을 공유하기에 블로그를 할 줄 알면 스마트스토어는 금방 배우기 때문이다. 그렇게 리뷰와 판매로 돈도 벌고 마케팅에도 익숙해지면 프리랜서 마케터나 마케팅 강사 활동을 할 수도 있다. 시간이 지난 뒤 돈 말고 남는 건 없는 다른 부업보다 훨씬 미래지향적이다.

일일방문자가 1,000명 넘어가는 블로그 하나만 있어도 매달 수십 통의 쪽지와 메일로 여러 제안이 들어온다. 원고를 대신 올려주기만 하면 몇 만 원을 주겠다는 제안부터 게시판을 만들어 임대해주면 한 달간 얼마를 월세처럼 주겠다, 체험단을 해줬으면 좋겠다, 블로그를 400만 원에 팔 생각 없느냐 등등……. 이 중 받아들여도 되는 제안이 있고, 블로그 지수에 악영향을 주기에 절대 받아들이지 말아야 할 제안도 있어 신중해야 한다. 또 요즘은 이런 제안을 공유하는 카페, 사이트, 단톡방 같은 커뮤니티도 많아 제안이 오기를 기다리기만 할 게 아니라 먼저 찾아가서 선택을 할 수도 있다. 이처럼 돈 벌 기회가 사방팔방에 널려 있기에 블로그 하나를 잘 키워놓으면 돈을 못 버는 것이 더 이상할 지경이다.

퇴근 후 억대 연봉 만들기 프로젝트 1

직장생활을 하면서 온갖 투잡에 도전한 끝에 필자는 지금 작은 온라인 마케팅 사업을 3개 운영하고 있다. 부모님이 조언해주신 길도 아니고 어린 시절의 꿈하고도 거리가 멀지만, 이 역시 자연스러운 운명의 흐름대로 살아오게 된 것 같다.

이제부터는 직장인에서 블로그 마케팅으로 억대 연봉을 만들기까지 필자의 개인적인 발자취에 대해 다뤄보고자 한다. 자기 자랑을 할 생각은 없다. 단지 이 책을 읽는 분들이 내가 어떤 사람인지 알아줬으면 한다. 또 나는 머리가 좋지 않아 항상 결과를 얻기까지 시행착오가 많았는데 현명한 여러분은 나의 경험담을 읽고 아무쪼록 같은 실수를 피하기를 바란다.

지금 와서 돌이켜보면 내 팔자는 블로그 투잡으로 폈다고 해도 과언이 아니다. 초년운이 안 좋은지 10대부터 IMF를 겪은 나는 부산 사상에 있는 신발공장단지에서 야간 일을 하면서 학업을 병행했다. 군대를 다녀오고 나서는 공사판에서 노가다를 하면서 대학교를 졸업했다.

전공은 중문학과였는데 어린 시절부터 삼국지나 무협 영화를 좋아했던 영향이 컸다. 거기에 앞으로 중국이 크게 발전해 미국 다음 가는 강대국이 될 거라는 어른들의 이야기를 들으면서 중국어 하나만 잘해도 커서 먹고사는 데 문제는 없겠다는 계산도 있었다. 대학을 졸업한 후에도 구체적인 진로를 그리지는 않았지만 막연하게 무역 일을 하면서 중국과 한국을 오가면 어떨까 상상했었다.

다행히 무역회사 한 곳에 취직이 되어서 용인으로 올라와 자취를 시작했다. 첫 직장에서 무역 마스터로 성장해 모든 일을 배운 다음 독립하겠다는 원대한 계획을 세웠지만, 당연히 현실은 사회초년생의 계획대로 돌아갈 만큼 만만하지 않았다. 어느 정도 일은 배웠지만 생각보다 큰 기회가 없다는 것을 알게 된 나는 29세에 쇼핑몰 창업에 도전했다.

인생 역전 해보겠다는 장밋빛 환상에 빠져서 저질렀지만 지금 생각하면 무모한 만용이자 섣부른 판단이었다. 하지만 젊은 혈기로 가득 찬 그때의 나는 무식해서 용감했다. 물론 아무런 계획도 없던 건 아니었다. 일하면서 중국 제품을 수입하기도 했었고 독학을 통해 블로그와 카페도 다룰 줄 알았다. 또 용인 쪽에 거래처로 있던 도매 사장님들을 알고 지냈기 때문에 괜찮은 제품을 소싱해서 온라인으로 팔면 큰돈을 벌 수 있을 것만 같았다.

당시 혼자 자취를 하며 살아서 그런지 적적함을 달래주는 애완동물에 관심이 많아서 창업 아이템으로 펫 용품을 선정했고, 신용대출을 받아 사이트를 개발해 애완용품 쇼핑몰을 론칭했다. 애완용품에 대한 수요가 요즘처럼 커지기 이전의 일이니 아이템 선정부터가 시기상조였던 셈이다.

'공급처도 확보했고, 상품등록도 했고, 사이트 디자인도 신경 써서 예쁘게 꾸몄으니 이제 물건이 팔리겠지?'

하지만 현실은 냉정했다. 쇼핑몰을 홍보하는 방법을 모르니 고객들은 많고 많은 쇼핑몰 중에 내 쇼핑몰이 있다는 사실도 몰랐다. 어쩌다가 들어온 방문객은 사이트에 구매해라, 사라, 지갑을 열어라 따위의 광고 메시지만 가득하니까 경계심을 품고 바로 나가버렸다. 사업가가 콘텐츠와 마케팅에 대한 개념이 아예 없으니 고객을 모으지도 못하고 판매도 못했던 것이다.

그 와중에 한 가지 신기한 경험을 했다. 발등에 불이 떨어진 나는 수단과 방법을 가리지 않고 선전을 했는데, 희한하게 쇼핑몰에서는 하나도 팔리지 않던 물건이 블로그에서는 1~2개씩 팔리기 시작했던 것이다. 그러다 보니 나중에는 블로그에 더 집중하고 본업인 쇼핑몰은 거의 손도 안 대는 주객전도 현상까지 일어났다. 이렇게 될 줄 알았으면 내가 왜 대출까지 받아서 쇼핑몰을 만들었나 하는 회의감이 엄습했다.

그나마 블로그에서라도 제품이 팔리는 덕분에 사업은 적자도, 흑자도 아닌 현상유지 상태가 쭉 이어졌다. 그렇게 1년을 질질 끌어봤지만 그 이상으로 매출이 느는 일은 없었다. 계속해봤자 무의미하겠다고 느낀 나는 폐업을 결정했다. 내 인생 첫 사업 실패의 씁쓸한 추억이다. 제구실도 못한 웹사이트 개발자금 때문에 대출까지 썼기에 폐업 직후 재정 상태는 만신창이였다. 어떻게든 원금과 이자를 상환하기 위해서 다시 직장을 구했다.

불행 중 다행으로 중소기업 물류 파트에 취직할 수 있었다. 눅눅한 반지하 방을 구해 살림을 최대한 절약하자 어떻게든 생계는 이어나갈 수 있었지만 마음속으로는 죽을 것만 같았다. 8자리 수의 원금을 어느 세월에 다 갚을 수 있을까, 걱정이 머리를 짓눌렀다. 그래서 일부러 더 바쁘게 지냈던 것 같다. 한가하게 방 안에 누워 있으면 근심과 불안이 스멀스멀 기어 나왔으니까.

첫 사업을 실패하고서 내가 깨달은 교훈은 '마케팅을 모르면 절대 사업을 해서는 안 된다'는 것이었다. 그렇지 않은가? 무역을 하면서 나름 많은 제품을 접해왔기에 품질 좋은 제품을 고르는 안목은 있었다. 하지만 아무리 상품이 좋아도 마케팅이 되지 않으면 팔리지 않는다. 쇼핑몰을 운영하는 1년 동안 시도한 여러 마케팅 가운데 가장 물건이 많이 팔린 블로그에 깊은 관심이 생길 수밖에 없었다.

'그래! 가만히 앉아 고민만 한다고 현실이 달라지나? 내 역량이 부족해서 실패했음을 인정하자. 그리고 다음에 또 미끄러지지 않기 위해 블로그 마케팅을 한번 제대로 배워보자! 블로그를 제대로 배우고도 또 실패하면 고향에 내려가자……'

이때부터 직장을 다니면서 퇴근 후 저녁시간과 주말은 블로그 삼매경에 빠졌다. 서점에 있는 블로그 관련 책은 전부 사서 읽었고, 블로그 마케팅 강의란 강의는 다 듣고 다녔다. 내가 아직 잘 모를 뿐이지 분명히 한국 어딘가에는 블로그 고수가 있을 거라고 생각했다. 마치 옛 중국 춘

추전국시대에 공자가 주유천하를 했듯이 유명한 마케팅 강사들이 있는 곳이라면 서울과 지방을 가리지 않고 어디든지 찾아갔다.

강의비가 결코 저렴하지 않았기에 식대라도 줄여야 수강비를 마련할 수 있었다. 이때 내 주식은 편의점에서 파는 1,000원짜리 김밥이었다. 월급을 받아서 월세, 생활비, 대출 이자를 내고 마케팅 교육까지 들으면 항상 돈이 모자랐기 때문에 배를 곯을 수밖에 없었다. 지금 생각해보면 당시 1,000원짜리 김밥이라도 있었기에 힘든 시기를 절약하면서 잘 버틸 수 있었던 것 같다.

강의는 주로 서울에서 있었기에 늦은 시간에 끝나면 찜질방에서 잠깐 눈을 붙이고 첫차를 타고 회사에 출근하는 일도 잦았다. 책과 강의에서 새로운 내용을 배우면 직접 적용해보면서 맞는지 아닌지를 감별했다. 반지하 자취방은 한여름에 에어컨도 없어서 너무 덥고 습했다. 하는 수 없이 팬티 한 장 차림으로 허름한 선풍기 한 대를 틀어놓고 온종일 노트북을 붙잡고 씨름했다. 블로그를 연구하느라 하루 평균 4~5시간을 잤던 것 같다. 그렇게 경건한 마음으로 계속 칼을 갈았다.

칼을 뽑아야 할 시기는 의외로 금방 다가왔다. 다니던 회사에서 신제품을 개발했는데, 당시 유행하던 황신혜 다이어트를 벤치마킹해 레몬 디톡스를 만들었다. 한창 티몬이 이슈였던 때라 회사 상층부에서는 트렌드에 맞는 제품을 소셜커머스에 등록하면 돈을 벌 수 있을 거라고 생각한 모양이었다. 일찍이 쇼핑몰 폐업의 쓴맛을 겪어본 나로서는 그냥 제품만 등록하고 반값 이벤트를 한다고 다 팔리는 게 아님을 잘 알고 있었지만, 물류팀 말단직원이라는 입장상 아무 말 않고 가만히 있었다.

아니나 다를까, 1주일이 좀 지나자 회사에 비상령이 떨어졌다. 딜 이 벤트를 두 번이나 열었는데 제품이 하나도 팔리지 않아서 악성재고로 전락할 판이었다. 마케팅부서뿐만 아니라 모든 임직원들에게 어떻게든 팔아치울 아이디어를 내라는 압력이 들어왔고, 평소 온라인 마케팅을 열심히 공부해뒀던 나는 대책을 기획서에 적어 상사에게 제출했다. 상 사의 반응은 냉담했다. 마케팅부서나 영업부서도 아닌 내가 뭘 알겠느 냐는 것이었다. 어찌어찌 위에 내 기획서가 보고되기는 했는데 이번에 는 내 가설을 입증할 데이터를 가져오라고 했다.

하는 수 없이 티몬과 네이버를 뒤져서 근거를 보충해 다시 올렸다. 내 대책은 다른 게 아니고 딜 이벤트를 블로그 체험단과 같이 병행해야 효 과가 난다는 내용이었다. 이벤트를 하면 당연히 제품 조회 수는 증가한 다. 하지만 소비자 구매경로를 따졌을 때 사람들이 이벤트 페이지에서 본 제품을 바로 사지는 않는다. 이 제품이 정말 믿을 만한지 네이버에 한 번 더 검색해서 리뷰를 확인한 다음에 구매한다. 실제 티몬과 네이버 에서 제공하는 검색량 그래프를 비교하면 알 수 있는 사실이다. 그래서 체험단 마케팅을 통해 해당 제품에 대한 블로그 리뷰를 최대한 많이 확 보하면 제품이 팔릴 거라고 열변을 토했다.

눈물겨운 프레젠테이션 끝에 드디어 회사 전체를 설득하는 데 성공 했고 체험단이 진행된 이후 바로 세 번째 딜 이벤트가 시작됐다. 며칠 이 지나자 또 비상이 떨어졌다. 월요일에 출근해보니 주말 동안 주문이

2,000건이나 밀려 있었다. 물류팀 막내가 쏘아올린 작은 공 때문에 직원 모두가 하던 일을 멈추고 한겨울에 내복을 껴입고 뛰쳐나와 박스에 테이프질을 했다. 이 사건을 통해 블로그 마케팅에 대한 내 확신은 더욱 굳어졌다.

창업 실패 당시 내 심정을 비유하자면 우물 안에 떨어진 느낌이었다. 깜깜한 지하에서 도저히 못 올라올 것만 같았는데 내 눈앞에는 블로그라는 동아줄이 하나 있었다. 그것이 튼튼한 동아줄인지 썩은 동아줄인지는 잘 모르겠지만 다른 대안이 없으니까 블로그 마케팅이라는 동아줄을 붙잡고 계속 기어 올라왔다. 재밌게도 블로그를 시작으로 온라인 마케팅 전문가가 될수록 계속 새로운 기회가 찾아왔다.

한 낚시업체에 마케터로 스카우트되기도 했다. 온라인 마케팅 전반을 총괄하는 팀장 자리에 앉혀주었던 것이다. 먹고살기 위해 어쩔 수 없이 하는 일이 아니라 내가 잘할 수 있는 일을 하자 즐거워서 최선을 다해 일했다. 쇼핑몰 SEO 최적화부터 오픈마켓 입점과 키워드 광고, 네이버 파워링크, 체험단, 블로그 상위노출까지 쭉 진행해서 한때 대한민국 낚시 쇼핑몰 top5 안에 등극시켰다.

마케팅으로 결과를 내자 옛날에 비해 상당한 대우를 받았지만 이 회사에 쭉 머무르지는 않았다. 회사의 특성상 낚시를 좋아하는 사람들이 모여 있어서 자연스레 나도 낚시를 배우게 되었고, 얼마 지나지 않아 푹 빠져서 낚시를 안 하면 이상하게 몸이 근질근질거렸다. 계속 재직했다가는 낚시 폐인이 될 것 같아 회사를 옮겼다. 예부터 어른들이 낚시와 바둑을 조심하라고 말한 데에는 다 이유가 있었던 것 같다.

한번은 교육회사에 마케팅 팀장으로 입사해서 사이트 콘셉트, 상호명, 콘텐츠를 기획하고 영업 프로세스 전반을 설계했다. 사내 마케팅부서를 세팅해 직원을 뽑고 교육까지 직접 시켜서 마케터가 DB를 모아오면 CS 직원이 스크립트에 따라 응대하는 큰 시스템을 만들고 나왔다. 이처럼 회사의 지원을 받으면서 마케팅 시스템을 도입해 여러 비즈니스를 성공시켜보자 점점 자신감도 생기고 몸값도 오르기 시작했다.

나중에는 블로그 강사 활동도 하게 되었다. 오랜 기간 블로그 마케팅을 하면서 실제 여러 회사의 매출을 올려보기도 하고, 로직이 바뀔 때마다 블로그를 수도 없이 날려먹다 보니 알고리즘을 체득하게 되었다. 네이버 마케팅 전반에 대해서는 대한민국 넘버원은 아니더라도 웬만큼 한다는 자신감이 있었다.

블로그 투잡에 처음 도전한 것도 이 시기였다. 블로그를 이용한 CPA 제휴 마케팅을 했는데 한창 블로그 상위노출을 하기 좋았던 시절이라 한때는 직장 월급과는 별개로 CPA로만 월 몇 백만 원을 벌었다. 직장인의 꿈인 억대 연봉의 실현이 코앞에 있었다.

블로그 부업을 하다 보면 예상치 못한 행운을 맞이할 때가 있다. 내가 다뤘던 머천트 가운데 드론 자격증이 있었는데, 당시 드론 관련 키워드에 이 자격증에 관한 포스팅을 전부 상위노출 해놓았다. 그런데 어느 날 SBS 〈미운 우리 새끼〉에서 김건모가 나와 노후 대비를 위해 드론 자격증을 준비하고 있다는 썰을 풀었다.

　네이버에서 드론 관련 키워드 검색량이 빗발치듯 올라가기 시작했고, 그 트래픽이 전부 미리 써놓은 포스팅으로 유입되었다. 많은 사람들이 드론 자격증에 관한 자세한 정보를 얻기 위해 DB를 남겼다. 월말정산 결과 놀라지 않을 수가 없었다. CPA로만 월 2,000만 원을 벌었던 것이다.

　밑 빠진 독에 물 붓기처럼 느껴지던 대출도 다 갚았다. 기쁘기보다는 이게 진짜 현실인가 싶어서 어안이 벙벙했다. 아무것도 안 하고 가만히 있자니 자꾸 안 좋은 생각만 나서 블로그 마케팅이라는 외길만 보고 달려왔다. 어느 순간 정신을 차리고 보니 가진 밑천 하나 없어도 오로지 온라인 마케팅 능력 하나만으로 돈을 벌 수 있는 사람이 되어 있었다. 회사를 다니면서 저녁시간과 주말에 미친 듯이 몰입했던 블로그 투잡이 인생의 터닝 포인트가 되어준 것이다.

　이것이 내가 여러분에게 전하고 싶은 비전이다. 처음에는 블로그 투잡으로 시작하되 나중에는 온라인 마케팅 전문가가 되었으면 좋겠다. 요즘처럼 미래가 불투명한 시대에는 어떤 상황에서도 돈을 벌 수 있는 경제력이 필요하다. 이를 갖추기 위해서는 자신의 전문성과 더불어 온라인 마케팅을 필수로 알아야 한다.

실제로 블로그 하나만 잘해도 인생에 많은 기회가 찾아온다. 거짓말이 아니다. 모든 회사는 자사의 상품을 팔아야 하는 숙명을 안고 있다. 그래서 항상 유능한 마케터를 필요로 하고 있으며, 그중에는 블로그를 잘하는 사람도 포함된다.

내 블로그를 잘 키운 사람은 기업 공식 블로그도 잘 키운다. 블로그를 이용해 회사의 상품을 관련 키워드로 상위노출 시키는 방법도 안다. 이런 인재를 마다할 회사는 거의 없다. 만약 직장인인데 나중에 내 취향의 개인 카페를 차릴 꿈이 있다면 창업을 할 때에도 내 가게를 스스로 홍보할 수 있기에 남들보다 유리한 고지를 선점할 수 있다.

실제로 SK 마케팅부서에 다니는데 블로그를 잘하게 되자 승진을 한 사례, 전업주부가 일자리를 구하기 힘든 지방에서 블로그로 남편 월급 못지않은 생활비를 벌게 된 사례, 직장에 다니면서 블로그로 연봉을 두 배로 높인 사례, 공부방이나 공인중개사 등 소상공인이 블로그를 제대로 배우고 매출을 늘린 사례 등 다양한 사례가 있다.

만약 투잡, 부업으로 불확실한 미래를 대비하고 싶은데 아직 목적도 모호하고 현실적인 방법론도 생각을 안 해두었다면 블로그 마케팅부터 해볼 것을 추천한다. 혹시 아는가? 나처럼 여러분에게도 인생의 터닝 포인트가 될지 모른다.

퇴근 후 억대 연봉 만들기
프로젝트 2

원수 같은 빚을 다 갚은 나는 얼마 지나지 않아 퇴사를 했다. 그전까지는 오로지 빚을 다 갚아야 한다는 일념으로 정신없이 살아왔지만, 목적을 달성하고 나니 이제는 앞으로 어떤 인생을 살 것인지 미래의 청사진을 그려보고 싶었다. 또 회사를 다니면서 제휴 마케팅과 마케팅 강사 활동으로 억대 연봉을 만들어보니 직장 바깥에서도 충분히 그만한 수익을 올릴 자신감이 생겼다.

내가 사는 아파트 주소로 개인사업자를 내고 광고 대행사 '소문나라'를 창업했다. 창업하고 첫 달부터 월 500만 원의 광고계약을 체결했다. 곧이어 더 좋은 조건으로 계약 두 건이 들어와 월 1,500만 원의 현금흐름을 확보했다.

처음에는 네이버 바이럴 마케팅과 CPA를 주로 하다가 나중에는 판매대행으로 전향했다. 클라이언트의 요구사항을 맞추다 보면 광고 대행사 입장에서는 마케팅을 하는 데 한계점이 있어서 아예 상품을 주면 자유롭게 마케팅해서 수익 셰어를 했던 것이다.

남부럽지 않게 돈을 벌었기에 이대로 쭉 사업을 하면서 집하고 땅이나 살까도 생각했었지만, 새로운 결심을 하게 만든 계기가 있었다. 한창 블로그 강의를 하던 무렵 예전에 내 수업을 들었던 수강생 한 분이 찾아왔다. 사업을 하면서부터 강의활동에 거의 손을 떼고 살았는데 블로그가 저품질에 걸린 것 같다며 좀 봐달라고 부탁을 해서 블로그 진단을 해드리기로 했다. 저품질만큼 블로거에게 있어서 심각한 사안도 따로 없기 때문이다.

만나서 블로그를 체크해보니 일일방문자도 급감하고, 새로 쓰는 글도 상위노출이 잘 안 되는 것이 영 상태가 시원찮았다. 아니나 다를까, 최근 포스팅 내역에 문제가 있었다. 영양가 없는 광고가 가득한 것이었다. 사연을 들어보니 내 강의 외에도 여러 블로그 강의를 들었는데 그중 수강생 수익인증을 내세우면서 주부도 블로그 CPA로 월 1,000만 원을 벌 수 있다는 업체에 비싼 돈을 주고 교육을 들었다고 했다. 배운 대로 광고글을 썼는데 돈이 벌리기는커녕 블로그 방문자만 감소해서 업체에 따지니까 환불도 안 된다고 했단다. 본전도 못 건지고 사기를 당한 것만 같아 밤에 잠도 못 잔다고 했다.

나도 한때 여러 강의를 들어본 만큼 실제 몇몇 무책임한 업체들이 있다는 사실을 잘 알고 있었다. 이 업계에서 나름 오래 몸담은 입장에서 괜히 나까지 미안해지는 느낌이었다. 그래서 일단 그 자리에서는 지금까지 쓴 무분별한 글을 비공개 처리하고 머천트 선정법과 구체적인 글쓰기 방법까지 알려드렸다.

헤어지고 나서도 기분이 굉장히 찜찜했다. 사연을 들어보니 부부가 열심히 맞벌이해서 아무리 돈을 모아도 자식 둘 대학등록금을 내고 나면 노후준비자금이 턱없이 부족해 투잡을 시작했다고 한다. 예전에 강의활동을 했을 때에도 비슷한 처지의 직장인이나 주부들이 많았다. 알고 보면 블로그만큼 돈 벌기 쉬운 게 없는데 다들 너무 어렵게 접근하고 있었다.

문득 한 가지 생각이 들었다. 내가 블로그 마케팅으로 억대 연봉을 만든 것처럼 이번에는 남들도 억대 연봉을 만들어보자는 기획이었다. 예전에 블로그 강사를 해봤기에 블로그 마케팅을 가르치는 건 어려운 문제가 아니었다. 계산해보면 직장인이 회사에서 200~400만 원 사이의 월급을 받는다고 가정할 경우 투잡으로 435~635만 원을 추가로 벌어야 억대 연봉이 가능해진다. 한 달에 400만 원이라면 매우 어려운 과제지만 실현 불가능한 프로젝트까지는 아니다.

이 아이디어를 실현하기 위해서는 무엇이 더 필요할까? 그날부로 옛 수강생들을 만나면서 시장조사를 시작했다. 생각보다 비슷한 경험을 겪은 사람들이 많았다. 그들의 불만은 다음 리스트로 요약할 수 있었다.

① 홍보할 맛 안 나는 업체투성이다. 대체 뭐가 좋아 써야 하는지 모르겠다.

② 교육이 너무 부실하다. 블로그 로직은 계속 바뀌는데 몇 년 전에나 통할 자료를 준다.

③ 수익인증만 보면 나 빼고는 다 돈 버는 거 같은데 고수익자를 만나서 비법이라

도 물어보고 싶더라.

④ 돈 때문에 광고글을 계속 써야 하는데 나 자신이 더러워지는 느낌이다.

⑤ 비용이 너무 짜다. 기껏 DB가 들어와도 중간에서 다 떼먹는 것 같다.

⑥ 대체 글을 어떻게 써야 할지 모르겠다. 결제하기 전에는 다 해줄 것처럼 굴더니 돈 내니까 태도가 딴판이다.

'이런 것들이 문제란 말이지. 그럼 이걸 정반대로 뒤집어서 해결해주면 되는 거 아냐?' 본의 아니게 몇 번의 미팅으로 시장조사와 소비자조사가 다 나온 셈이었다. 나는 ①~⑥의 문제점 아래 화살표를 긋고 해결책을 적기 시작했다.

① 홍보할 맛 안 나는 업체투성이다. 대체 뭐가 좋아 써야 하는지 모르겠다.

→ 사전심사를 통해 당당하게 내 지인, 가족들에게도 소개해줄 수 있을 만한 업체만을 가려서 선별한다.

② 교육이 너무 부실하다. 블로그 로직은 계속 바뀌는데 몇 년 전에나 통할 자료를 준다.

→ 초심자의 눈높이에 맞춰서 단계별로 커리큘럼을 설계한다. 또한 네이버의 변화에 맞춰 쉬지 않고 콘텐츠를 업데이트한다. 진짜 웬만한 블로그 교육 뺨치는 수준으로 블로그의 모든 것을 알려주자.

③ 수익인증만 보면 나 빼고는 다 돈 버는 거 같은데 고수익자를 만나서 비법이라
도 물어보고 싶더라.

→ 허상이 아닌 실체를 보여준다. 어떻게? 모임을 열어서 이제 막 시작한 분이 현
재 잘하는 분들을 직접 만날 자리를 만들어준다.

④ 돈 때문에 광고글을 계속 써야 하는데 나 자신이 더러워지는 느낌이다.

→ 광고가 아니라 콘텐츠 마케팅을 하는 방법을 알려준다. 콘텐츠만 올려도 누구
나 최소 50만 원 이상은 충분히 벌어갈 수 있음을 보여주자.

⑤ 비용이 너무 짜다. 기껏 DB가 들어와도 중간에서 다 떼먹는 것 같다.

→ 글을 발행하는 마케터들에게 인센티브를 듬뿍 준다. 방법은? 중간 유통 과정을
최대한 축소해서 업체랑 다이렉트로 연결을 해준다. 플랫폼이 먹는 수수료를
줄인다.

⑥ 대체 글을 어떻게 써야 할지 모르겠다. 결제하기 전에는 다 해줄 것처럼 굴더니
돈 내니까 태도가 딴판이다.

→ 입회비를 받지 않거나 받더라도 아주 조금만 받자. 마케팅 이전에 블로그 하는
방법과 어떻게 글 쓰는지부터 차근차근 알려주자.

이때 쓴 한 장의 노트 메모가 마케팅 동행의 시작이었다. '이제부터는 나
혼자만 돈 버는 게 아니라 남들과 같이 벌자. 혼자 외길을 가지 말고 같이

동행하자.' 진짜 블로그 투잡, 부업으로 돈 벌고 싶어 하는 사람들이 어디 가서 눈탱이 맞는 일 없이 돈을 벌게 해주겠다는 마음으로 시작했다.

비전과 사명감이 생기면서 종이에 적었던 시스템을 현실로 구현하기 위해 한참 골머리를 썩었다. 사람들이 블로그에 콘텐츠만 올려도 돈을 벌게 해주려면 일종의 '플랫폼'을 만들어야 했다. 내가 중간에서 블로그 마케터를 교육하면서 한편으로는 머천트를 제공할 업체를 중개해야 했다. 말로 하면 간단해 보이지만 이를 사이트에 솔루션으로 구현하는 건 쉬운 일이 아니었다. 갖은 노력 끝에 '제휴 마케팅 동행(http://adcontent. co.kr/partners/)'과 '리뷰머니(http://reviewmoney.net/partner/)'를 개발했다.

사실 맨 처음에는 더 큰 기획을 그리며 개발에 착수한 사이트가 있었지만 개발자의 역량 부족으로 돈만 날리고 무산되었다. 이 기간 동안 개발자만 몇 명이 바뀌었는지 모른다. 판매대행사를 하면서 한창 잘 벌 때였지만 플랫폼을 만드는 데 다 빠져나갔다. 간혹 그때 저금해서 땅을 샀으면 부자가 되지 않았을까 하는 생각도 들지만 역시 그때의 결정에 후회는 없다. 내가 좀 돈을 허비했어도 그 덕에 다른 여러 사람들이 돈을 벌었기 때문이다.

판매대행사를 했을 때에는 나하고 제조사만 좋았다면, 플랫폼을 만들고 나서부터는 나, 제조사, 블로거 모두가 윈윈이었다. 게다가 나는 어디까지나 광고가 아니라 콘텐츠 마케팅을 고집했기에 넓게 보자면 네이버와 소비자들까지 윈윈이었다.

사실 매출만 생각한다면 큰 사이트처럼 머천트와 회원을 가리지 않고 닥치는 대로 받으면 된다. 앞에서도 강조했듯이 블로그만큼 진입장벽도 낮고 노력하면 누구나 돈 벌 수 있는 부업도 흔치 않다. 하지만 상위 10퍼센트만 잘 벌고 나머지 90퍼센트는 땡전 한 푼 못 건지는 교육을 하고 싶지는 않았다.

동행을 운영한 지도 벌써 6년이 지났다. 프로젝트는 충분히 성공적이었다. 40명 가까운 사람을 컨설팅해서 대부분 월 50~100은 가볍게 벌었고, 누적금액 1,000만 원을 넘긴 분도 서른 분이 넘었다. 열심히 하는 분들은 투잡으로 회사 월급만큼을 벌어서 연봉을 두 배로 높였다. 아래 사진은 동행 회원의 수익 인증샷이다.

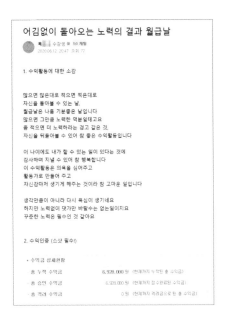

억대 연봉 달성자도 한 손으로 꼽을 만큼 나왔다. 그중 몇 명은 아예 직장을 그만두고 자기 사업을 시작했다. 사람마다 투잡에 쏟을 수 있는 시간이 다르고 열정과 목표금액이 다르기에 성과도 다를 수밖에 없다. 억대 연봉을 번 사람들의 공통점이라면 블로그, 스마트스토어, 바이럴 마케팅을 병행했다는 점이다. 최근에도 올해 2월부터 시작한 사무직 판매 종사자 한 분이 블로그로는 교육업체 CPA 머천트, 스마트스토어로는 고성능 무전기를 바이럴 마케팅해서 두 달 만에 월 1,000만 원을 달성했다.

여태껏 많은 분들을 상담해드리면서 느낀 바로는, 제일 중요한 건 결국 마인드인 것 같다. 안정적인 본업이 있어서 투잡에 집중할 수 있는 환경이 갖춰져 있고, 마음속에 이 길이 틀림없다는 확신이 있는 사람은 망설임이 없다. 그렇게 스스로 동기부여가 되면 그만큼 배운 것을 실천하고, 이해가 잘 안 되는 부분을 질문하고, 계속 결과를 피드백해서 다음번에는 더 좋은 결과를 만들려고 노력한다. 목표금액이 크기 때문에 남들보다 글도 더 많이 쓰고 상품등록도 더 많이 한다. 이처럼 마인드만 제대로 잡혀 있다면 방법은 차근차근 배우면 된다. 필자가 마인드셋부터 블로그 투잡, 부업으로 돈을 벌 수 있게 도와주는 순서는 다음과 같다.

마인드셋

기술을 알기 이전에 마인드부터 바로잡아야 한다. 돈은 쫓으면 쫓을수록 멀리 도망간다. 돈을 벌겠다는 집념만 가득한 사람은 자꾸 광고만 하게 된다. 내가 돈을 쫓는 게 아니라 돈이 날 따라오게 해야 한다. 블로그 이웃과 방문자들에게 양질의 콘텐츠를 제공하면 보상은 자연스럽게 따라온다는 사실을 항상 강조한다.

스킬

마인드가 갖추어졌어도 실력이 없으면 당연히 좋은 결과를 내지 못한다. 당장 어떤 회사에 블로그 마케터로 취직해도 문제가 없을 정도의 기술을 익혀야 한다. 나는 어려운 전문용어를 최대한 배제하고 알기 쉽게 풀어드리며, 실질적으로 하루에 어떤 작업을 해야 하는지 바로 적용하고 써먹을 수 있는 실용 기술을 가르쳐드린다.

머천트

아무리 실력이 좋은 마케터라도 소비자에게 어필할 매력이 하나도 없는 상품을 주고 나서 마케팅을 해달라고 하면 답이 없다. 당장 사고 싶다는 마음이 들게끔 하는 좋은 상품만을 엄선해서 모으도록 도와드리고 있다.

기획력

대부분의 제휴 마케팅 업체를 보면 업체의 기본 정보, 이미지, 랜딩페이지는 있지만 각각의 아이템에 대한 구체적이고 자세한 설명은 없어서 마케터들이 홍보하는 데 어려움을 겪는다. 이 머천트의 어디가 좋은지도 모르겠고 블로그에 뭐라고 써야 할지도 잘 모를 수 있다. 나는 가능하면 제품의 탄생 비화, 콘셉트, 특장점, 고객후기 등을 토대로 포스팅 가이드를 제작해서 나눠드린다. 가이드 안에는 어떤 키워드가 괜찮은 지도 추려서 넣는다. 이처럼 기획을 대신 해주면 초심자조차 좋은 성과를 내곤 한다.

커미션

중간 유통을 최대한 생략해 업체와 마케터를 다이렉트로 연결해줌으로써 커미션을 최대한 늘려준다. 큰 회사는 커미션을 5~10퍼센트 주는 반면 나는 20~40퍼센트까지 가져갈 수 있게 해드린다. 나도 블로그 투잡을 해봐서 알지만 커미션이 낮으면 의욕이 떨어진다. 마케터가 가져가는 마진을 높여줘야 동기부여가 되고, 오랫동안 블로그 부업으로 돈을 벌 수 있다.

커뮤니티

내가 운영하는 동행에는 가짜 수익인증, 실체 없는 후기란 없다. 누가 이번 달에 많이 벌면 실제 그 사람의 블로그를 확인할 수 있고 단톡방에서 이야기를 나눌 수 있다.

커뮤니티를 만들자 좋은 점이 한 가지 있었다. 새로운 회원이 들어와서 궁금한 것을 단톡방에 물어보면 먼저 해본 선배들이 알려준다는 것이다. 앞에서 끌어주고 뒤에서 밀어주는 지속적인 피드백이 일어나니까 다들 더 파이팅해서 글을 쓰게 된다.

블로그 진단

블로그를 하다 보면 어떤 때에는 일일방문자가 갑자기 확 줄어들기도 하고, 로직이 바뀌기도 하고, 저품질의 위기가 찾아오는 등 다양한 경우의 수를 마주치게 된다. 산전수전 다 겪은 블로그 고수들이라면 침착하게 대응할 수 있지만 블로그를 막 시작한 초심자들은 정확한 이유를 파악 못 하고 헤매는 수가 있다. 그래서 나는 요청을 해오면 언제나 블로그 진단을 해드리며 해결책을 알려드린다.

비전 공유

나의 바람은 여러분이 블로그 부업을 통해 콘텐츠 마케팅의 기초를 배운 다음 온라인 마케팅으로 배움을 확장하는 것이다. 그렇게 전문가가 되면 내가 그랬던 것처럼 다양한 기회가 찾아온다. 실제 블로그 투잡을 하다 범위를 넓혀 스마트스토어까지 쓰리잡을 하는 분도 있고, 마케팅 강사로 활동을 시작한 분도 있다. 충분히 실력이 되고 본인의 의지도 있다면 나는 필요한 지원을 아끼지 않으려고 한다.

블로그로 온라인 건물주가 될 수 있다

몇 년 전 청소년들의 진로희망 통계에 대한 뉴스기사를 보고 세상이 많이 변했음을 실감했다. 나 때만 하더라도 소방관, 경찰, 축구선수, 소설가, 학교 선생님, 대통령처럼 자신의 '꿈'을 적었는데 요즘 학생들은 1위로 '공무원', 2위로 '건물주'를 적는다는 것이었다.

댓글을 보니 한창 꿈과 야망을 가져야 할 젊은 청춘들이 벌써부터 현실적인 진로희망을 적는 모습이 안타깝다는 말부터, 나 때는 새벽부터 우유나 신문지를 돌리면서 학교에 다니고 회사에서 몸이 닳도록 일했는데 요즘 애들은 벌써부터 건물주가 되어서 편하게 월세 받을 생각만 한다고 나무라는 말도 있었다. 아직 사회 물도 들지 않은 어린 학생들이 뭘 알고 건물주를 적었을까? 분명 평소 어른들이 하는 말을 귀담아듣고 '철밥통 공무원'과 '조물주 위의 건물주'를 써냈을 것이다.

나도 아이가 두 명 있어서 하는 말이지만 아이들은 어른들이 생각하는 것보다 머리가 좋다. 항상 아버지의 뒷모습을 보면서 동시에 네이버, 유튜브에 공개된 정보들을 수렴해서 스스로 학습한다. 요즘 아이들은 옛날과 달리 좋은 대학을 졸업해서 취직하면 끝이 아니라는 사실을 이미 알고 가장 안정적인 공무원과 건물주에 대한 부러움을 표출하는 것이 아닐까 싶다.

대한민국 사람들에게 부동산은 꺼지지 않는 관심사다. 남녀노소를 가리지 않고 건물주 되기 싫다는 사람은 없으며, 대형서점에 가도 부동산 투자 신간코너에는 항상 사람들이 북적인다. 여러모로 불안한 요즘 시대에 주거라는 필수재로 임대소득을 만들 수 있는 부동산은 안심의 상징이기 때문이리라.

재테크 책에서 항상 강조하는 것이 자산의 개념이다. 나는 학창 시절부터 공장과 공사판에서 일하며 학교를 다녔기 때문에 비교적 이른 나이부터 자산을 만드는 것에 관심이 많았다. IMF 때 구두에 들어가는 고무 밑창을 만드는 공장에서 야간에 일했는데 뜨거운 열기계가 항상 돌아갔다. 한여름에 고무를 녹이고 틀에 부어 식히는 일을 반복하다 보면 온몸이 땀으로 흠뻑 젖으며 심박동이 빨라지고 머리가 어질어질했다.

더워서 미칠 것만 같은 시간을 어떻게든 버티면 일당 3만 5천 원을 받을 수 있었다. 문제는 그렇게 고생해서 한 달을 모아도 교통비를 뺀 나머지 금액은 집안 빚을 갚는 데 빠져나갔다. 집이 너무 가난해서 수개월을 라면으로 연명한 적도 있었다. 참 신기한 게 라면만 계속 먹다 보면 나중에는 라면 하나를 다 먹어도 포만감이 안 느껴지고 계속 배가 고프다. 아마도 라면은 영양가 없는 밀가루 덩어리라 바로 소화가 되어서 그런 것 같다.

이런 경험이 계속 반복되다 보니 자살하는 사람의 심정이 이해가 되었다. 사람이 절망을 느낄 때는 지금 당장 힘들어서가 아니라 미래의 희망이 보이지 않을 때다. 이대로 죽어라 일해도 평생 가난이라는 굴레에서 못 벗어날 것만 같았다. 지금 당장은 젊으니까 어떻게든 체력이 받쳐주는데 나이가 들어 육체가 노화되면 어떻게 살아야 할지 막막했다.

실제 요즘 많이 체감하는 부분인데, 40대만 되어도 2030 때처럼 머리가 빠르게 돌아가지도 않고 피로회복 속도도 현저히 느려진다. 이처럼 인체의 체력, 기운, 지능이라는 자원은 한정적인데 이것이 다 고갈되면 그때는 어떻게 돈을 벌어야 할까? 쭉 이대로 살 수는 없었기에 책이라도 찾아 읽으면서 계속 머리를 굴렸던 것 같다.

그렇게 찾은 정답은 젊을 때 벌어놓은 돈으로 빨리 빚을 청산하고 돈이라는 자산이 나 대신 일하는 시스템을 만들어야 한다는 것이었다. 처음엔 부동산으로 월세를 받고 싶었다. 그러나 건물주가 되는 건 보통 힘든 일이 아니었다. 종잣돈을 최소 몇 천에서 몇 억대를 모아야 하고, 고도의 지식과 의사결정을 요구했다.

실제 나이가 들어서 부동산 투자를 해보니까 보통 일이 아니었다. 지금이 투자하기 괜찮은 타이밍인지 경제 전망을 살펴야 하고 투자할 지역에 거품은 없는지, 또 교통, 학군, 상권, 환경, 수요와 공급, 프리미엄 등을 철저하게 따져 투자해야 돈을 손해 보지 않는다. 구입하고 나서도 세금을 내야 하고, 세입자와 계약한 다음에도 관리하는 데 시간과 노력이 들어간다. 이쯤 되면 마냥 불로소득이라고 부르기도 힘들다.

오프라인에서 건물주가 되기는 쉽지 않다. 그렇다면 온라인에서는 어떨까? 내가 아무것도 가진 것 없는 흙수저라도 지금 당장 온라인 건물주가 되어 월세를 받을 수 있다. 디씨인사이드 같은 웹사이트나 중고나라 같은 네이버 카페 운영자들의 광고 수입은 웬만한 중소기업 매출과 맞먹는다. 실제 이런 대형 커뮤니티는 직원을 뽑아 회사처럼 운영된다.

특히 온라인 마케팅 고수들 중에 온라인 건물주들이 제법 있는 편인데 다양한 분야의 네이버 카페를 키우거나 구독자 팔로워가 많은 페이스북, 인스타그램, 유튜브 계정을 다수 보유해 광고 대행으로 돈을 벌기도 한다. 물론 평범한 일반인이 사이트, 카페, SNS 계정을 다수 키우는 것은 불가능에 가깝고, 최소 광고 대행사 사장급의 실력이 요구된다. 하지만 블로그 하나를 잘 운영하는 건 누구나 가능하다. 서로이웃 5,000명, 구독자 10만 명, 일일방문자 몇 만 명이 들어오는 파워블로거는 몇십만 원이 넘어가는 공기청정기, 무선청소기, 스마트폰을 협찬 받거나 그에 상응하는 원고료를 받는다. 어렵다고 생각되는가? 블로그를 제대로 공부한 후 작정하고 2~3년 키우면 불가능한 일도 아니다.

더 간단한 방법도 있다. 파워블로그 대신 수익형 블로그를 만드는 것이다. 블로그에 대해 아직 잘 모르는 초보에게 파워블로그를 보여주고 이런 블로그를 만들자고 권해도 부담만 될 뿐이다. 동행 식구들 대다수가 게시글 0개, 일일방문자 0명에서부터 시작했다. 지금은 많은 분들이 월 100만 원 이상을 버는데 서로이웃 수도 100~200명, 일일방문자도 800~1,000명 정도다. 이 정도로만 블로그를 키워도 월세 100만 원을 받을 수 있다는 이야기다.

평균 투자수익률을 4퍼센트로 잡을 경우 부동산 투자로 월세 100만 원을 받으려면 약 3억이 필요하다. 만약 강남처럼 서울 알짜배기 지역이라면 훨씬 더 많은 자본이 필요할 것이다. 그런데 하루 1~2시간 블로그를 꾸준히 키우는 것만으로 3억이라는 자본 없이 100만 원의 월세를 받는다면 해볼 만한 장사 아닐까?

비결은 검색엔진 최적화SEO에 있다. 대한민국 국민의 대다수는 어떤 정보를 알아볼 때 네이버, 구글, 유튜브를 검색한다. 검색할 때에는 알고 싶은 내용을 키워드로 입력한다. 예를 들어 '강남 데이트 코스', '홍대 맛집', '남자 선크림 추천', '수원 컴퓨터 수리', '재난지원금 신청방법' 등과 같다. 아마 여러분도 평상시 어디를 놀러 가거나 뭐를 사기 전에 블로그를 통해 정보를 소비하고 의사결정을 내릴 것이다. 자본주의 사회에서는 분야를 막론하고 공급자는 돈을 받고, 소비자는 돈을 내게 되어 있다. 이제는 소비자가 아니라 공급자가 될 차례.

예를 들어 내가 전업주부 여성이라면 태아보험, 이삿짐, 다이어트 머천트에 큰 관심이 있을 것이다. 위의 3가지를 구매하거나 알아본 경험이 있으면 친구에게도 확실한 꿀팁을 줄 수 있다. 여기서 포인트는 사람들이 어떤 정보 한 가지를 알아볼 때 제각각 다른 키워드를 검색한다는 것이다. 예를 들어 한약 다이어트에 관심이 많다면 '다이어트 한약', '한약 다이어트', '한방 다이어트', '한의원 다이어트', '한방 다이어트 한약', '다이어트 한약 가격', '한약 다이어트 추천', '다이어트 한약재', '다이어트 한약 효과' 등의 키워드를 검색한다.

　뒤에서 더 자세히 설명하겠지만 마케터는 키워드를 파는 사람이다. 키워드 하나하나가 다 돈이다. 지인이 무엇을 사려고 알아보고 있다면 자기 상황에 맞게 어떤 것을 사야 하는지 최적의 어드바이스를 리뷰글로 만들어서 해당 키워드 전체에 배포한다. 머천트를 선정하고, 머천트 관련 키워드를 찾고, 리뷰글을 발행하기까지는 나의 노력과 시간이 소비되지만 한 달, 두 달 계속 리뷰를 쌓아나가면 어느 순간 가만히 있어도 월세가 차곡차곡 쌓이는 경험을 하게 될 것이다.

　오프라인 건물주가 되려면 여러 사람들이 선호하는 입지의 땅을 사서 건물을 올려야 하는 것처럼 온라인 건물주도 비슷하다. 빌딩을 지을 재료는 내가 잘 아는 머천트다. 남들이 선호하는 땅은 키워드다. 해당 키워드에 내 리뷰 포스팅을 상위노출 시키는 것이 건물을 짓는 것이다. 건물이 만들어지면 세입자가 거주하고 월세를 내는 것처럼, 온라인 공간에서도 키워드라는 땅에 포스팅이라는 건물을 세워놓으면 누군가는 포스팅을 읽고 상담 신청을 하거나 구매를 하면서 글을 쓴 리뷰어에게 커미션이 지급된다.

　커미션은 머천트마다 다르지만 8,000원에서부터 2만 원, 3만 원, 4만 원대까지 다양하다. 만약 한 달 동안 8,000원짜리 머천트로 쓴 포스팅을 100명이 봐서 10명이 상담을 신청하면 8만 원을 벌게 된다. 처음에는 월 5만 원, 10만 원밖에 못 벌지도 모른다. 하지만 블로그는 퀄리티 좋은 리뷰글을 많이 발행할수록 점점 최적화되어서 더 많은 사람들이 검색하는 키워드에도 상위노출을 할 수 있게 된다. 하루에 글을 1개씩만 포스팅 해도 한 달이면 30개의 키워드에 상위노출 할 수 있다. 더 힘내서 하루에 2개의 글을 쓰면 한 달에 60개, 두 달이면 120개가 된다.

키워드와 콘텐츠의 개념에 익숙해지면 스마트스토어도 같이 시작해보자. 평소 지마켓이나 쿠팡처럼 자주 쓰는 오픈마켓에서 물건을 사듯 요즘은 네이버페이 마일리지를 쓰기 위해 네이버 쇼핑을 검색하는 사람들이 많아졌다. 여러 도매 사이트를 이용하면 사업을 하지 않고도 스마트스토어로 바로 위탁판매를 할 수 있다. 이것 역시 관련된 키워드를 검색해서 하루에 1~2개씩 꾸준히 상품등록을 하면 된다.

100개, 1,000개의 키워드에 수익성 포스팅과 상품등록을 해보라. 처음 한두 번이 어렵지 계속하다 보면 단련되어서 하루 2시간 정도면 포스팅과 상품등록을 끝낼 수 있다. 속는 셈 치고 우직하게 세 달 정도만 실천해보자. 제대로 된 방법으로 100개의 키워드에 리뷰와 제품을 상위노출 시켰는데 돈을 못 벌었다면 내가 책임지겠다. 한국에서 네이버가 망하지 않는 한 일정 수준 이상 키워놓은 블로그와 스마트스토어는 여러분의 든든한 온라인 자산이 되어줄 것이다.

시작은 미약하였으나 끝은 창대하리라는 명언처럼 처음부터 일확천금이 쏟아지는 로또복권은 존재하지 않는다. 40년 넘게 살아보니 인생이 그런 것 같다. 단돈 1만 원이라도 벌어본 사람이 3만 원과 5만 원을 벌 수 있고, 5만 원을 벌어본 사람이 10만 원을 벌 수 있다. 10만 원을 벌어봐야 20만 원, 30만 원도 벌 수 있고, 30만 원을 벌어야 50만 원을 벌 수 있으며, 50만 원을 벌어봐야 70만 원, 100만 원을 벌 수 있고, 100만 원을 벌어봐야 200만 원, 300만 원도 벌 수 있다.

한국을 대표하는 스타강사 김미경 씨도 강연에서 비슷한 취지의 이야기를 한 적이 있다. 자신이 막 강사 생활을 시작한 햇병아리 시절, 그때 역시 한번 강연장에 나타나면 돈을 휩쓸어가는 스타강사가 있었다고 한다. 하지만 자신은 절대 주눅 들지 않았고, 그들이 먼저 강사 생활을 시작한 만큼 당연하다고 인정했단다.

"지금은 텔레비전에도 몇 번 얼굴을 비추고 책도 여러 권 내니까 사람들이 제가 처음부터 유명했고 처음부터 대박이 났을 거라고 생각해요. 정말 그럴 거 같죠? 천만에요. 저는요, 안 거쳐본 몸값이 없어요. 시간당 꼴랑 몇 만 원 받던 시절이 저에게도 있었어요. 계속 강사 활동을 하면서 이 가격이 갑자기 몇 십, 몇 백으로 확 올랐을 것 같나요? 시간당 3만 원, 5만 원, 7만 원, 10만 원, 20만 원……. 중간에 크게 확 점프하는 일은 절대 없었어요. 안 거쳐본 몸값이 없다니까요?"

나는 이 이야기가 삶의 진리라고 생각한다. 투잡, 부업으로 한 방에 본업 이상의 소득을 기대해서는 안 된다. 우리에게도 이렇게 벽돌을 한 장, 한 장 쌓아올려서 무너지지 않는 공든 탑을 만드는 시간이 필요하다. 시간이 지날수록 하락하는 인체의 그래프와는 정반대로 쌓으면 쌓을수록 우상향하는 그래프를 자산으로 가져가야 한다. 당장 건물주가 되기 힘들다면 네이버 키워드라는 땅에 건물을 세워 온라인 건물주가 되어보길 바란다.

마케팅은
평생의 무기가 되어준다

몇 년 전 커뮤니티 사이트에서 똑같은 내용의 글이 '한국 학생들의 진로', '기승전치킨집', '치킨집 수렴의 법칙' 등 다양한 제목으로 돌아다녔다. 또 JTBC나 YTN 뉴스에서도 보도되었다.

한국 학생들은 초등학교, 중학교를 거쳐 고등학교에서 문과와 이과로 갈리고 거기서 다양한 직업군으로 나뉘지만 모든 종착역은 치킨집으로 귀결된다는 내용이었다. 실제 치킨집 사장님의 말을 들어보면 시장이 과포화 상태라 생존도 힘들다고 한다. 그럼에도 많은 사람들이 프랜차이즈 창업을 하는 이유는 무엇일까? 바로 마케팅을 잘 모르기 때문이다.

네이버 사전에서 마케팅의 정의를 찾아보면 '제품을 생산자로부터 소비자에게 널리 유통하는 일련의 경영활동'이라고 나온다. 여기에는 시장조사, 기획, 상품화, 선전, 판매 촉진이 전부 포함된다. 치킨 하나를 팔더라도 시장조사를 통해 소비자들이 무슨 치킨을 원하는지 알아내 어떤 치킨을 만들지 기획하고 상품화하여 광고와 판촉으로 매출을 만들어내기까지가 전부 마케팅에 포함된다.

　예를 들어 BBQ가 올리브기름을 강조하고, 교촌이 간장양념을 내세우고, 호식이두마리치킨이 한 마리 가격에 두 마리를 주거나, 60계 치킨이 60마리를 튀기면 기름을 바꾼다고 하는 것은 기획과 상품화를 잘한 사례다. 이 콘셉트를 영상으로 만들어 텔레비전·온라인·옥외광고에 송출해 브랜딩을 하는 건 선전이고, 가격 할인 이벤트를 여는 건 판촉이다. 이처럼 개인이 시장에서 성공할 아이템을 개발해 광고하고 판매할 능력이 있다면 프랜차이즈보다는 자기 사업을 할 것이다.

　요즘 인스타그램을 보면 스타벅스 같은 체인점이 아니라 개인이 운영하는 감성적인 분위기의 카페가 인기가 많다. 소비자들이 원하는 맛과

인테리어 콘셉트를 상품화해서 인스타그램으로 바이럴을 하면 자연스레 돈이 따라붙는다.

마케팅 역량이 부족하면 레시피부터 홍보 판촉까지 프랜차이즈 본사에 의탁해 돈으로 해결할 수밖에 없다. 프랜차이즈 창업이 무조건 나쁘다는 말은 아니지만 나도 이제껏 여러 차례의 창업을 해보면서 깨달은 점이 있는데 사업은 ①내가 잘 아는 분야에서, ②잠재고객을 모을 수 있는 분야에서, ③처음부터 흑자를 내면서 해야 성공할 수 있다는 점이다.

부모님 세대만 하더라도 창업과 마케팅 걱정을 할 필요가 없었다. 다니는 회사가 제일기획이거나 마케팅부서 소속이 아니면 굳이 마케팅을 알 필요도 없었고, 회사만 잘 다녀서 저축만 잘해도 노후 대비에 큰 문제는 없었기 때문이다.

더 거슬러 올라가 할아버지, 할머니 세대에는 어땠을까? 아버지와 우리들 세대는 대부분의 성인들이 회사에서 급여를 받지만, 조부모 세대에는 대부분의 사람들이 농사를 지어서 먹고살았다. 말하자면 인구 태반이 자영업자였던 셈이다. 자급자족을 하다 보니 자연스럽게 마케팅을 몸에 체득하며 살았던 시절이다.

경쟁력 있는 농작물을 생산해서 식구들 먹을 분량을 저장하고 잉여 생산물은 시장에 가서 돈으로 거래해 생필품을 사야 했다. 시장에서 열심히 호객해서 선전과 판촉을 하고, 평생 거래할 동네 사람들이니까 알게 모르게 고객관리도 했을 것이다. 마케팅, 세일즈, CRM(Customer Relationship Management, 고객관계관리)을 두루 섭렵했던 셈이다. 그래서일까? 문명의 이기가 발달한 요즘처럼 물질적으로 풍요롭지는 않아도 사회가 각박하게 돌아가지는 않았던 것 같다. 그런데 지금 세대는 직장에 들어가 일을 하니 마케팅을 배울 기회가 많지 않다. 부모님이 가르쳐주지도 않고, 경영학·마케팅·광고를 전공하지 않으면 학교에서도 배울 수 없다. 회사에 들어가도 마케팅부서나 영업부서가 아니면 마케팅을 접할 기회가 없다.

회사는 여러 사람을 직원으로 채용해 그들의 인력을 시스템화해서 돈을 벌고 각자의 몫을 분배해준다. 구성원 모두가 상품을 만들고 유통하는 과정에 직접 참여하지 않아도 월급을 받을 수 있다. 문제는 많은 직장인들이 마케팅을 1도 모르는 상태에서 퇴직 이후의 생활비 때문에 강제적으로 창업시장에 내몰린다는 것이다. 돈을 벌려면 취업을 하거나 창업을 해야 하는데, 은퇴하고 더 이상 취업도 안 되니 어쩔 수 없이 생계형 창업을 한다. 평소 상품을 개발하고 잠재고객을 찾아 거래를 체결하고 널리 유통하는 트레이닝이 되어 있지 않기 때문에 고생길을 걸을 수밖에 없다.

치킨집 수렴의 법칙으로 대표되는 직장인의 위기는 직장인 스스로 마케팅을 배워 자생력을 기르는 것으로 대처해야 한다. 조부모님 세대가 직접 상품을 생산하고 시장에 판매했던 것처럼 직장을 다니는 기간 동안 시장의 반응을 얻을 만한 상품을 개발하고 이를 필요로 하는 고객층에 유통할 온라인 마케팅 실력을 갖추면 평생 밥을 굶을 걱정은 없다.

어떤 상품을 개발할지는 내가 답해줄 수 있는 문제가 아니다. 각자 잘하는 분야와 관심 있는 분야가 다르기 때문이다. 마케팅 강의활동을 할 때 보면 자기가 좋아하는 건강기능식품을 유통하는 사장님도 있고, 수제 케이크를 만들어 온라인으로 파는 분도 있고, 공인중개사 자격증을 따서 블로그 투잡과 병행하는 사장님도 있었다. 한 가지 확실한 것은 누가 봐도 괜찮은 아이템이라도 마케팅을 하지 못하면 돈과 맞바꿀 수 없다는 점이다.

우리는 그 어느 세대보다 경제활동을 길게 해야 하는 시대를 살고 있다. 이제 마케팅을 마케터의 전유물로 생각해서는 안 된다. 조부모들이 그랬던 것처럼 모든 경제활동을 하는 성인들이 기본으로 아는 기초 소양으로 생각해야 한다. 옛날에는 내 비즈니스를 알릴 방법이 신문, 잡지, 텔레비전, 라디오처럼 비싼 매스미디어밖에 없었지만 요즘은 사정이 다르다. 우리에게는 블로그, 페이스북, 인스타그램, 유튜브가 있다. 앞으로도 공짜 혹은 적은 금액으로 광고할 수 있는 마케팅 채널들은 점점 많아질 것이다.

길고 긴 인생에서 마케팅을 한번 배워둔다면 평생 써먹을 수 있는 무기가 되어줄 것이다. 여러 마케팅 채널 가운데 내가 어떤 것을 가장 잘할 수 있는지 생각해보고 잘 모르겠으면 블로그부터 시작해보길 바란다. 마케팅 고수가 되기 위해서는 알아야 할 것들이 산더미지만 블로그만 잘해도 기본은 한다고 볼 수 있다.

안정적인 월급을 주는 직장을 절대 그만두지 말고 투잡으로 시작해서 수익 다각화에 도전해보자. 내가 직장을 다니면서 월급 300~400만 원을 받았을 때 온라인 마케팅으로 월급 이상을 벌었다. 내가 버는 금액 중 월급의 비중이 40~50퍼센트 이하로 내려가자 과감히 퇴사를 결심할 수 있었다. 부업으로 본업 이상의 돈이 나오니까 망설일 필요가 없었던 것이다. 직장을 그만두고 남는 시간에 부업을 본업화하면 더 많은 돈을 벌 자신도 있었고, 남의 일이 아닌 나만의 프로젝트를 하고 싶었다.

어떤 사람은 블로그로 월 1,000을 달성하고서 자기 사업에 더 집중하고 싶다고 퇴사를 했다. 또 어떤 사람은 직장 월급이 250만 원인데 블로그로 250만 원을 달마다 벌고 있다. 한 달에 월급을 두 번 받는 셈이다. 월급이 250만 원에서 500만 원으로, 연봉이 3,000만 원에서 6,000만 원으로 뛰자 세상이 달라 보인다고 했다. 어떤 점이 다른지 묻자 그녀는 다음과 같이 말했다.

"예전에는 내가 직장을 다니지 않으면 어떻게 먹고살지? 언젠가는 회사를 그만둘 날이 올 텐데……, 걱정만 많았어요. 미래가 너무 두렵고 불안했어요. 하지만 이젠 무섭지 않아요. 내가 직장 밖에서 직장인 월급만큼을 벌 수 있는 사람이구나 하는 자신감이 있으니까요. 뭔가 마음이 홀가분하고 자유로워진 느낌이에요. 아, 지금 말하고 보니 이게 가장 맞는 표현 같아요. 전 지금 자유로워요. 저는 이제 어쩔 수 없이 직장을 다니는 게 아니라 제 뜻대로, 제 의지대로 다니고 싶은 직장을 고를 수 있고 선택할 수 있게 됐어요."

여러분도 부디 이처럼 자유로운 기분을 체험해보기 바란다. 이분은 다니는 회사가 적성에도 맞고 일도 재밌어서 직장을 그만두지 않고 있다. 재밌는 사실은 직장 밖에서도 충분한 돈을 벌게 되자 물질적으로도, 정신적으로도 여유가 생겨서 쓸데없는 걱정이 사라지다 보니 예전보다 회사생활이 더 즐겁고 일도 더 열심히 하게 되었다고 한다.

또 달라진 점 한 가지는 돈을 쓰는 체질에서 모으는 체질로 바뀌었다는 것이다. 이전에는 월급을 받고 고정지출을 다 빼면 남는 게 얼마 없어 '이 푼돈을 모아봐야 어디다 쓰겠어?' 하고 욜로족처럼 다 써버렸지만, 지금은 퇴근 후 저녁시간과 주말에도 돈 버는 데 집중을 하다 보니 자연스레 돈 쓰는 시간이 줄어들면서 돈이 점점 모이고 있다고 한다. 그런 그녀의 앞으로의 계획은 혼자만의 힘으로 내 집 마련에 도전하는 것이다.

블로그 부업,
이것만은
알고
시작하자

콘텐츠는
어떻게 해서 돈이 되는가?

지금까지 글을 쭉 읽으면서 투잡으로 돈 벌어주는 마케팅 플랫폼을 가질 결심이 섰을 것이라 믿는다. 그렇다면 나는 어떤 매체로 돈을 벌 것인가 고민해야 한다. 필자 같은 경우 블로그를 선택했다. 누군가는 페이스북, 인스타그램, 유튜브가 체질에 맞을 수도 있다. 어떤 매체든 활성화만 된다면 수익을 만들 수 있으므로 자기가 가장 자신 있고, 또 질리지 않고 꾸준히 할 수 있는 채널을 선택하면 된다.

〈논어〉를 보면 아는 사람은 좋아하는 사람만 못하고, 좋아하는 사람은 즐기는 사람만 못하다는 말이 나온다. 어떤 매체든 인플루언서가 되기까지는 노력과 시간이 들어간다. 블로그의 경우 단기간에 돈을 벌 수 있지만, 큰 수익을 만들기 위해서는 역시 최적화 기간이 필요하다. 투잡 자체가 즐겁지 못하면 인플루언서로 성장하기까지의 과정을 이겨내지 못할 것이다.

파워인플루언서가 되려면 행운도 따라야 하지만, 마이크로인플루언서 정도는 누구나 올바른 방법을 알고 노력하면 될 수 있다. 자신의 마케팅 매체를 가지고 있으면 돈 벌 방법은 얼마든지 많다. 매체 자체의 광고수익도 있고, 바이럴 콘텐츠 배포 수익, 제휴 마케팅 등 다양한 활동을 할 수 있다. 계속 직장을 다니면서 재택부업으로 연봉을 높여도 되고, 훗날 자기 사업을 할 때 활용할 수도 있다. 따라서 먼 훗날을 위해 큰 비전을 갖고 지금 시간을 내 자산을 구축하는 데 써야 한다.

네이버 수익모델

국민 검색엔진인 네이버에는 다양한 서비스가 있다. 온라인 마케팅과 연관 있는 서비스만 추려보면 블로그, 카페, 지식인, 포스트, 스마트스토어, 밴드 등 6가지가 있다. 이 중 개인이 투잡, 부업 용도로 시작하기 좋은 건 블로그, 카페, 스마트스토어 정도인데 개인적으로 블로그와 스마트스토어 2개를 병행하는 것을 추천한다.

지식인은 질문을 남기면 다른 유저가 답변을 달아주는 서비스로 오늘날의 네이버를 만든 1등 공신이지만 수익모델이 애매하다. 글의 내용이 팩트만 알려줄 뿐 제품을 사게 만들지는 못한다. 어쨌든 검색영역에 노출은 되기 때문에 마케팅 대행사에서 자문자답 식으로 서비스를 해주지만 단가가 그렇게 비싼 것도 아니다. 대행사라면 모를까, 개인이 하기에는 부적합하다.

밴드는 4050 연령대에서 많이 사용하는데 블랙마켓이라고 해서 네이버에 노출되지 않는 제품이 다수 판매된다. 또한 가격이 네이버 최저가보다 저렴한 경우가 많아서 싸게 사려면 밴드를 이용하기도 한다. 나도 예전에 밴드를 1,000여 명 정도까지 모아서 운영을 해본 적 있었으나 이는 판매대행사를 운영했기에 가능했지, 밴드에 적합한 제품을 골라서 소싱하기 힘든 개인에게는 버겁다.

포스트는 네이버가 다음 브런치를 벤치마킹해서 만든 서비스다. 블로그처럼 PC와 모바일 노출이 둘 다 되면서도, 특히 블로그로 상위노출하기 힘든 키워드가 포스트에서 작성하면 모바일 상위노출이 잘되던 시절이 있었다. 그래서 필자는 한 2~3년 전에 포스트를 열심히 키워서 원고 1건당 20~30만 원을 받거나 CPA 제휴 마케팅으로 한 달에 DB를 약 200개 모은 적이 있었다. 그런데 지금은 포스트 구독자를 많이 모으지 않으면 일단 PC 노출이 되지 않는다. 또 블로그하고 비교해서 딱 이거다 싶은 차별화 포인트가 없어서 이도 저도 아닌 어정쩡한 플랫폼이 되어버렸다.

포스트로 PC와 모바일 노출이 잘되려면 블로그처럼 최적화를 시켜야 하는데 공식 포스트만 최적화를 시켜주고 개인 포스트는 최적화가 잘 안 되고 있다. 나는 비교적 일찍 만들어 최적화를 시켰지만 후발주자는 최적화가 쉽지 않다. 미래에는 어떻게 될지 모르겠지만 지금 시점에서는 포스트를 하느니 차라리 블로그를 권장한다.

네이버 블로그

블로그는 앞에서 이미 설명한 만큼 길게 이야기할 필요는 없을 것으로 보인다. 내가 특정 키워드로 글을 썼을 때 PC와 모바일 통합검색 영역에서 1~5위 안에 들어가는 최적화 블로그를 가지고 있으면 다양한 방법으로 수익을 낼 수 있다.

잘 키운 최적화 블로그는 광고 대행사를 통해 최소 200~300만 원에 거래가 된다. 개인적으로 블로그 판매는 황금알을 낳는 거위의 배를 가르는 일이라고 생각한다. 잘 키운 블로그를 하나 가지고 있으면 장기적으로 더 많은 돈을 벌 수 있기 때문이다.

일단 애드포스트 수익이 있다. 포스팅 중간이나 하단에 네이버가 알아서 광고를 붙여줘서 글을 읽는 사람이 중간에 클릭하면 블로거가 돈을 받고, 일일방문자가 많아질수록 애드포스트 금액이 늘어난다.

블로그를 하나 잘 키워놓으면 쪽지와 메일로 무수히 많은 의뢰가 들어온다. 광고 대행사로부터 건 바이 건, 블로그 임대 문의가 특히 많은데 어뷰징 작업으로 블로그가 저품질에 걸리기 때문에 가급적이면 앞에서 소개한 대로 제휴 마케팅, 체험단, 기자단 활동으로 수익을 내는 것이 안전하다.

네이버 카페

블로그가 1인 미디어라면, 카페는 공통된 관심사를 가진 여러 네이버 회원이 모이는 플랫폼이다. 다들 아는 중고나라와 지역 맘카페부터 시작해서 분야가 다양하다. 만약 자동차 카페를 만들었다면 자동차 관련 용품이나 서비스를 제공하는 업체에서 제휴 광고 신청을 한다.

카페 대문에 붙은 배너광고들이 다 월 임대비용을 받고 진행되는 광고상품들이다. 자세한 액수는 회원 수와 카페 등급에 따라 다르고, 또 광고 유형에 따라 다르다. 평균 15~300만 원 사이로 알고 있다. 대문에 배너광고를 하는 것, 회원들에게 전체 쪽지를 뿌리는 것, 게시판 하나를 만들어서 임대하는 것 모두 다 돈을 받는다.

중고나라나 맘카페 같은 커뮤니티를 만들기 위해서는 마케팅 대행사 사장 급의 실력과 장비가 필요하다. 그렇다고 초보가 카페를 키워서 수익화할 방법이 아예 없는 것은 아니다. 나 같은 경우 한때 1만 7,000명 규모의 슈가 글라이더 카페를 운영하다가 지인에게 양도를 했다.

슈가 글라이더가 뭔지 아마 들어본 적도 없을 것이다. 날다람쥐의 일종인데, 한때 매니악한 애완동물에 꽂혀서 키우기 시작했다. 하도 희소하다 보니 어떻게 키우면 되는지 국내에는 제대로 된 자료조차 없어서 카페 하나를 개설한 다음 해외 사이트의 자료를 번역해서 정리하고 사육일지와 가이드를 모았다.

애완동물 관련 카페는 많지만 슈가 글라이더라는 작은 카테고리만 전문적으로 다루는 카페는 내 카페밖에 없었고, 네이버에 슈가 글라이더 관련 키워드를 검색하면 내 카페가 우선적으로 노출되었기에 빠르게 회원이 모였다. 이처럼 경쟁 카페가 하나도 없는 희소한 취미가 있다면 블로그만큼 카페도 충분히 승산이 있다고 본다. 내가 했던 것처럼 흔치 않은 레오파드 거북이 전문 카페를 만든다든지, 아니면 아는 사람이 거의 없는 신생 아이돌 그룹 팬카페를 만드는 등 철저하게 니치마켓을 노리는 것이다.

스마트스토어

블로그와 더불어 가장 추천하는 플랫폼이 스마트스토어다. 사실 가장 전통적인 온라인 투잡 방법이 제품을 파는 e커머스다. 쇼핑몰 창업을 하려면 웹사이트 개발, 디자인, 사입을 해야 하는데 오픈마켓을 이용한 위탁판매 방식은 그럴 필요가 없다. 온라인 도매처에서 제품을 가져와 등록만 하고 누군가 사면 구매자 정보를 본사에 전달해준다. 배송은 본사에서 알아서 해준다.

국내 도매몰에서 제품 정보를 가져와 등록하면 온라인 유통이고, 중국의 알리바바에 있는 제품을 가져와 등록하면 해외직구가 된다. 반대로 한국의 제품을 미국의 아마존이나 이베이 같은 해외 오픈마켓에 등록해서 파는 방법도 있다. 초보자라면 일단 온라인 유통부터 익힌 다음 차근차근 커머스의 범위를 넓혀나가면 된다.

유통과 커머스를 1도 모른다면 무조건 스마트스토어를 추천한다. 지마켓, 옥션, 11번가, 위메프 같은 오픈마켓은 제품을 등록만 한다고 팔리지 않는다. 오픈마켓 자체 광고를 해야 제품이 노출되는데 경쟁이 치열해서 적자를 면하기가 어렵다. 그에 비해 스마트스토어는 광고비 싸움을 하지 않아도 사람들이 네이버에서 키워드 검색을 하다가 쇼핑으로 흘러들어와 사는 경우가 많다.

네이버 쇼핑에서는 동일한 제품을 다른 오픈마켓에 등록된 것까지 다 엮어서 최저가를 알려준다. 하지만 수수료 문제 때문에 자사 스마트스토어를 가장 우선적으로 노출시켜준다. 그러다 보니 많은 소상공인들이 스마트스토어로 몰려들었으며, 소비자들도 간편하면서 마일리지 적립도 많이 해주는 네이버페이 때문에 점점 물건을 스마트스토어에서 사는 추세다. 내 생각에 치열한 국내 오픈마켓 시장은 앞으로 네이버페이를 내세운 스마트스토어와 로켓배송이라는 강력한 무기를 장착한 쿠팡으로 양분되지 않을까 싶다.

스마트스토어로 돈을 벌려면 독점 상품을 몇 개 가져와 바이럴 마케팅을 통해 많이 파는 방법이 있고, 꾸준히 최대한 많은 제품을 등록해서 뭐 하나 얻어 걸리라고 그물을 치는 방식이 있는데 초보자는 후자의 방법으로 돈을 벌어야 한다. 블로그에 매일 수익성 포스팅을 1~2개 올리듯이 스마트스토어도 롱테일 키워드를 발굴해서 하루 1~2개씩 꾸준히 등록하면 점점 수익이 늘어난다. 이에 대한 이야기는 뒤에서 자세히 다루도록 하겠다.

SNS 수익모델

SNS는 사회적 관계망을 이용한 마케팅 채널이다. 한때 카카오톡과 연동이 되는 카카오스토리가 인기를 끌었으나 오래가지 못하고 몰락하여 페이스북으로 유저가 옮겨가더니 지금은 인스타그램으로 많이 이동했다. 네이버나 유튜브 같은 검색엔진의 핵심이 키워드라면 SNS의 핵심은 사람들이 좋아할 소재를 퍼뜨려서 얼마나 많이 도달률과 클릭률이 발생하느냐다. 도달률을 늘리기 위해서는 개인 계정 팔로워를 늘리거나 유료광고를 쓰는 방법이 있는데, 단돈 10만 원만 써도 광고가 가능해서 소상공인들이 매우 선호한다.

이처럼 광고비를 안 쓰거나 적은 비용으로도 마케팅을 할 수 있다는 장점이 있지만 해당 SNS 계정이 영향력을 가지는 인플루언서로 성장하기까지는 많은 시간과 노력이 든다. 또한 일일방문자 0명인 상태에서도 바로 수익화를 할 수 있는 블로그와 달리 계정이 어느 정도 성장하기 전까지는 수익화가 힘들다.

페이스북

페이스북은 한때 국민 SNS였으나 지금은 1020 학생들이나 4050 중장년층이 애용한다. 젊은 층은 주로 유머 콘텐츠를 보러 들어오고 중장년층은 정치 이야기를 많이 한다. 페이스북으로 돈을 벌려면 개인 계정이 아니라 비즈니스 계정인 페이지를 키워야 한다. 카페처럼 페이지도 주제가 다양해서 내가 관심 있는 분야를 정해 꾸준히 사진과 영상 콘텐츠를 업로드해서 팔로워를 모으면 광고 대행과 협찬이 붙는다.

판매대행사를 하던 시절에 페이스북을 키웠는데 당시에는 도달률이 매우 좋았다. 로직도 관대하고 페이스북 이용자도 많았던 시절이라 좋아요, 댓글, 공유가 활발하게 일어났다. 요즘은 페이지 팔로워가 많지 않으면 도달률이 많이 떨어진다. 페이지를 키우기 위해서는 재밌는 카드뉴스와 짧은 동영상을 만들 줄 알아야 하고 유료광고도 해야 한다.

구독자가 늘어나면 돈을 받고 광고 대행을 할 수 있어서 번 돈을 투자하면 되지만, 그렇게 되기 전까지는 사비를 털어서 페이지를 키워야 하는 점을 감안해야 한다. 평소 페이스북을 자주 이용해서 사람들이 반응하는 콘텐츠를 잘 알고 있고, 간단한 이미지와 영상 편집을 할 줄 알면 내가 자신 있는 분야로 페이지를 키워보는 것도 괜찮다.

인스타그램

인스타그램은 원래 SNS 시장의 후발주자로 페이스북에 인수되었으나, 지금은 주객이 전도되어서 페이스북보다 대세가 되었다. 감성적인 필터로 사진을 공유하는 플랫폼으로 제일 구매력 높은 2030 여성들이 몰려 있다. 그러다 보니 이들이 좋아할 맛집, 뷰티, 패션, 미용, 여행, 반려동물 카테고리로 계정을 키우는 것이 효과적이다.

본인의 외모가 뛰어나다면 가장 빠르게 팔로워를 늘릴 수 있지만, 그렇지 않더라도 특정 주제로 꾸준히 사진과 해시태그를 올리고 다른 유저들과 소통을 하다 보면 팔로워가 쌓인다. 팔로워가 1,000명, 2,000명 넘어가는 마이크로인플루언서가 되면 DM을 통해 이런저런 협찬 제의가 들어온다. 아니면 체험단 단톡방에 들어가 인스타그램을 검색하면 게시물 1건당 원고료를 적게는 5만 원에서 많게는 15~20만 원까지도 받을 수 있다.

인플루언서 중에는 인스타그램과 블로그를 결합해 블로그마켓을 하는 사람들도 있다. 주로 패션, 화장품에 조예가 깊어서 '이 언니가 추천하는 건 믿고 써볼 만하다'는 팬층을 가진 사람들이다. 블로그마켓에 대해서는 뒤에서 자세히 알아보도록 하겠다.

구글 애드센스 수익모델

네이버에 애드포스트가 있다면, 구글에는 애드센스가 있다. 구글 애드센스는 대표적인 CPC(Cost Per Click, 인터넷에 특정 키워드를 검색한 사람들에게 광고가 노출되게 하는 키워드 광고) 제휴 마케팅 방법으로, 애드포스트보다 더 먼저 나왔고 클릭당 비용도 더 많이 준다.

온라인 공간에서는 어딜 가나 배너광고가 보인다. 네이버는 정책상 구글 애드센스를 사용할 수 없어서 애드센스 광고가 보이지 않지만 DC인사이드 같은 대형 커뮤니티 사이트, 유튜브, 인터넷 뉴스기사, 티스토리 블로그 등에서 자주 광고를 보았을 것이다. 평소 웹서핑을 하면서 보는 광고 대부분이 구글 애드센스 광고라고 보면 된다.

만약 일일방문자가 많은 대형 인터넷 신문사, 커뮤니티 사이트 소유자라면 구글 애드센스 수익만으로 먹고살 수 있다. 스마트폰 무료 어플리케이션도 돈을 내지 않는 대신 광고를 봐야 하는데 이것 역시 애드몹이라는 구글 애드센스의 일종이다. 유튜버들의 주된 수익도 구글 애드센스다. 동영상을 보기 전에 광고를 스킵하지 않고 끝까지 보거나 클릭하면 수익이 쌓인다.

만약 자신이 웹이나 앱 개발을 잘하고, 많은 사람들이 사이트와 어플을 이용하게 만들 자신이 있다면 구글 애드센스에 도전해보는 것도 괜찮다. 개발과 마케팅을 잘 모르는 평범한 사람이 구글 애드센스로 돈을 벌려면 티스토리 블로그와 유튜브가 가장 현실적인 방법이다.

티스토리

티스토리는 다음에서 만든 블로그로, 네이버 블로그와는 달리 블로그 안에 구글 애드센스를 연결할 수 있다. 네이버 블로그가 제휴 마케팅, 체험단으로 수익을 낸다면 티스토리는 사람들이 많이 들어올 만한 키워드로 꾸준히 글을 써서 일일방문자를 늘려야 한다. 누군가는 글을 읽는 도중에 포스팅 안에 삽입된 광고를 클릭한다.

가장 대표적인 방법이 'How to'에 관한 정보성 키워드 포스팅이다. 가령 '인터넷으로 주민등록등본 발급받는 방법', '엑셀 함수 만드는 방법', '은행 토요일 영업지점 찾기' 등이 있다. 티스토리 블로거들은 많은 사람들이 들어와 블로그에 오래 머물러야 CPC 커미션을 받을 확률이 높아지기에 글을 굉장히 정성 들여 쓰는 편이다.

한 가지 아쉬운 점은 트래픽이다. 최근 들어 구글의 검색점유율이 올랐다고는 하지만 사람들은 여전히 네이버와 유튜브를 많이 사용한다. 장사로 치자면 네이버나 유튜브가 강남, 명동, 홍대 상권에 가게를 내는 거라면 구글은 부산에 내는 셈이다. 예전에는 네이버에서도 티스토리 블로그가 상위노출 된 적이 있었는데, 네이버가 점점 폐쇄적인 플랫폼으로 바뀌어서 자사 채널 위주로만 노출이 되고 있다. 검색점유율이 제일 높은 네이버의 트래픽을 제대로 활용하지 못하는 점이 참 아쉽다.

원래 구글 검색점유율은 다음과 합치더라도 20퍼센트 정도밖에 되지 않았지만, 최근에는 네이버의 광고글에 실망한 사람들이 점점 구글 검색을 많이 해서 구글 검색점유율이 30퍼센트까지 늘었다고 하니까 장기적인 관점으로 보면 티스토리를 하기 괜찮은 시기라고 생각된다. 일단 검색 트래픽이 제일 많은 네이버 블로그를 먼저 시작한 다음 글쓰기가 익숙해지면 티스토리 블로그를 같이 키우는 것을 추천한다.

네이버 블로그에도 애드포스트가 있기 때문에 정보성 포스팅 쓰는 법을 충분히 연습할 수 있다. 정보성 포스팅과 수익성 포스팅을 꾸준히 작성하다 보면 글감을 선정하고 키워드를 찾아서 본문 내용을 구상해 글을 써 발행하기까지의 과정이 점차 익숙해진다. 처음에는 글 1편당 2~3시간 걸리던 일이 나중에는 1시간, 30분으로 단축된다. 이때 네이버 블로그에 쓴 정보성 포스팅 내용을 조금 각색해서 티스토리 블로그에 같이 올려보자. 구글 애드센스 수익까지 덩달아 챙길 수 있을 것이다.

유튜브

사이트와 어플리케이션을 개발하기 힘든 개인이 구글 애드센스 수익을 내기 제일 괜찮은 플랫폼이 유튜브다. 네이버, 인스타그램, 유튜브 top3 가운데에서도 가장 전도유망한 채널을 꼽으라면 당연히 유튜브가 대장이다. 처음엔 아프리카tv에서 방송하는 BJ들이 지난 방송 다시보기를 위한 저장용으로 시작해서 점점 고수익자가 나타나더니 이제는 온갖 장르의 콘텐츠가 몰려들면서 황금기를 열었다.

나올 만한 콘텐츠는 다 나왔고 레드오션이 아니냐는 말도 있지만, 그 이상으로 유튜브 이용자가 급증하고 있기 때문에 충분히 기회가 남았다고 본다. 만약 조회 수와 구독자를 끌어모을 자기만의 필살기가 있다면 지금 바로 시작할 것을 권장한다.

참고로 자녀가 있다면 공감할 이야기인데, 육아를 하다 보면 아이들에게 유튜브를 안 보여줄 수가 없다. 유튜브를 쥐어주면 계속 보채던 아이도 얌전해지기 때문이다. 이런 아이들은 훗날 커서도 유튜브를 이용할 확률이 높다. 내가 유튜브의 전망이 밝다고 생각하는 결정적인 이유가 이 때문이다.

유튜브 채널을 키우면 구글 애드센스로도 수익을 올릴 수 있고, 분야에 따라 협찬도 많이 들어온다. 예를 들어 자기개발 채널을 보면 주인장이 특정 분야 전문가들을 게스트로 모시고 인터뷰를 하는데 게스트의 퍼스널 브랜딩을 목적으로 돈을 받고 출현시켜주는 경우가 많다. 또는 리뷰 유튜버들이 올리는 언박싱 동영상도 콘텐츠를 업로드해주는 대신에 제품과 돈을 지급받는다.

2가지 수익모델을 전부 챙기려면 스스로를 드러내는 게 맞지만 개중에는 만천하에 얼굴을 공개하는 게 부담스러운 사람도 있을 것이다. 찾아보면 적당히 ppt 화면을 띄워놓고 목소리로 말만 하는 영상도 있고, 플로리스트가 꽃꽂이를 하는 영상, 희귀 애완동물에게 먹이를 주는 영상, 심지어 언박싱과 리뷰도 자신은 찍지 않고 손하고 제품만 나오는 영상도 있다. ASMR처럼 비주얼과 무관하게 개인의 목소리와 연기 실력으로 승부하는 분야도 있다.

일각에서는 조회 수를 노리고 제목과 썸네일로 어그로를 끌어놓고 정작 내용은 영양가 없는 부실한 동영상을 업로드하거나, 일부러 과격한 정치적 이야기를 하거나 특정인을 저격해서 비난하는 자극적인 영상으로 돈을 버는 사람도 있다. 선택은 개인의 자유라지만 별로 권장하고 싶지는 않은 방법이다. 잘 찾아보면 남에게 피해를 끼치거나 감정을 상하게 만드는 일 없이도 얼마든지 콘텐츠 소스가 있다.

예를 들어 사람들이 좋아하는 노래 영상을 1~2시간 반복 재생한다거나, 최신 인기가요를 여러 개 붙이고 편집해 올린다거나, 〈겨울왕국2〉가 유행을 타면 관련 OST를 편집해 올린다거나, 재밌는 유머 영상 모음집, 귀여운 강아지 영상 모음집을 만들어볼 수 있을 것이다. 동영상 편집 기술을 배운 다음 사람들이 구글로 많이 검색하는 것들을 찾아내서 꾸준히 업로드하면 된다.

콘텐츠 창업

마지막으로 넓은 범위에서 콘텐츠로 돈 버는 방법을 알아보자. 나와 같이 처음에는 투잡을 하던 사람들이 돈을 많이 벌게 되면 최종적으로는 자기 브랜드와 자기 상품을 만들어서 독립하려는 경향을 보인다. 시장에서 충분히 돈과 교환할 수 있는 나만의 콘텐츠가 있으니 자연스러운 일이다.

옛날에는 콘텐츠로 돈을 벌 수 있는 방법이 한정적이었다. 가령 교육 사업을 하거나 책을 써서 인세를 받는 정도였다. 하지만 요즘 시대에는 자기 콘텐츠가 확실하면 굶어죽을 일이 없다. 요즘은 콘텐츠를 수익화할 수 있는 방법이 많아졌다. 재능마켓 사이트를 통해 프리랜서 활동을 하거나 원데이 클래스를 열 수도 있고, 1인 미디어를 통해 인터넷 방송이나 유튜브를 할 수도 있다.

블로그를 잘 키워 투잡 수익도 얻으면서 공부방, 부동산 중개, 필라테스, 쇼핑몰 같은 개인 사업을 홍보해 본업 수익을 올리는 사람들도 있다. 시장성 있는 분야에 자기 실력이 있다면 이제는 좋아하는 일로도 충분히 돈을 벌 수 있는 시대다. 네이버, SNS, 유튜브처럼 개인이 활용할 수 있는 마케팅 인프라가 다 구비되어 있다.

아직 이렇다 할 나만의 콘텐츠가 없을 수도 있다. 내가 뭘 하면서 돈을 벌고 싶은지, 뭘 잘하는지 진로를 찾지 못했을 수도 있다. 그런 분들은 일단 블로그 투잡부터 시작할 것을 추천한다. 블로그를 하다 보면 상품을 리뷰하는 것만으로도 돈을 벌 수 있는 데다가 꾸준히 자기 본업과 취미에 대해 포스팅하면서 점점 스스로에 대해 더 잘 알게 되고, 나만의 콘텐츠와 브랜드가 만들어지기 시작한다. 그것이 누적되어서 훗날 사업화가 가능한 시기에 도달하면 자연스럽게 1인 창업에 도전하면 된다. 그러면 창업을 한 이후에도 나처럼 낭패를 보는 일은 없을 것이다.

사업이 실패하는 이유는 매출을 만들어내지 못해서이고, 매출이 없는 이유는 마케팅과 세일즈를 못해서다. 더 자세히 들어가면 내 상품을 사줄 잠재고객을 만나지 못해서다. 그러나 블로그 CPA 마케팅 하나만 잘해도 내 상품을 구매해줄 잠재고객 DB를 모으는 건 일도 아니기 때문에 최소한 마케팅이 안 되어서 사업을 망칠 일은 없다.

블로그를 키워두면 투잡에서 창업으로 넘어가는 브릿지 역할이 될 뿐만 아니라 창업을 하고 난 이후에도 고객들에게 신뢰를 주는 든든한 포트폴리오가 된다. 현명해진 요즘 소비자들은 어떤 상품에 관심이 있는데 그와 관련된 블로그가 있으면 들어가서 과거에 쓴 글까지 꼼꼼하게 읽어본다. 이 블로거가 믿을 만한 사람인지 점검하는 것이다. 블로그에서 옛날부터 성실하게 자기 분야를 공부해왔고, 칼럼을 보니까 전문성도 확실하고, 이웃활동을 하는 모습을 보면서 인간미도 느껴지면 구매 전환률이 대폭 상승한다.

블로그는 이제 한물간 채널이다?

앞서 살펴본 것처럼 직장인이 할 만한 온라인 부업은 네이버, SNS, 구글 애드센스 크게 3종류가 있다. 이 가운데 블로그는 가장 전통적인 매체지만 최근 인스타그램과 유튜브의 약진에 따라 상대적으로 트렌드에 뒤처졌다고 생각할 수 있다. 그런데 SNS와 유튜브가 대세라고 해서 블로그가 구시대의 유물로 전락한 건 아니다.

SNS와 유튜브의 시대에 블로그를 추천하는 이유를 다시 요약하자면 ①진입장벽이 낮고 누구나 노력만 하면 확실하게 돈을 벌 수 있고, ②한번 키워두면 콘텐츠가 누적되고 최적화가 되면서 다양한 수익모델을 발생시키는 자산이 되어주며, ③블로그만큼 온라인 마케팅 입문에 적합한 매체가 또 없기 때문이다.

현재의 환경에서는 네이버, 인스타그램, 유튜브가 3대장이다. 주변에 온라인 마케터가 있다면 한번 물어보라. 블로그가 온라인 마케팅의 기본이라는 사실을 부정하는 마케터는 없을 것이다. 블로그는 3대장 중 가장 역사가 깊기에 그만큼 친숙하고 사람들이 원하는 정보를 찾는 전통적 매체다. 네이버는 여전히 대한민국 인구의 80퍼센트가 사용하고 있으며, 우리나라 검색점유율 60퍼센트를 차지하는 1등 검색엔진이다.

구글과 다음의 검색점유율이 올라가는 것이 꼭 네이버에 불리할까? 그렇지도 않다. 아래의 사진을 보면 필자가 블로그에 써놓은 포스팅이 다음 검색결과에 노출되고 있다. 실제로 블로그의 유입통계를 보면 일일방문자는 네이버를 검색해서 들어오는 사람만 있는 것이 아니다. 구글이나 Zum 같은 외부 검색엔진에서도 검색방문자가 있다. 네이버는 폐쇄적인 플랫폼이라서 내부 콘텐츠를 최우선적으로 노출시켜주는데 다음과 구글은 네이버의 콘텐츠를 적극적으로 노출시켜준다. 그렇기 때문에 대한민국 환경에서 네이버를 모르고서는 온라인 마케팅을 거론할 수 없는 것이다.

SNS나 유튜브로 성공한 것 같은 사람들 중에 블로그를 같이 하는 경우도 많다. 왜 그럴까? 내 비즈니스 홍보나 퍼스널 브랜딩을 위한 콘텐츠들을 담아놓을 베이스캠프 역할로 블로그만 한 채널이 없기 때문이다. 홈페이지는 제작이 상대적으로 힘들고 유지비도 들지만 블로그는 인터페이스에 익숙해지면 디자인도 간단하고 비용도 들지 않는다. 그러면서 우리나라 1등 포털인 네이버에 자연스럽게 노출된다.

SNS는 스폰서 광고나 공유 기능을 통해 간단한 카드뉴스나 영상을 최대한 많은 사람들에게 전파할 수 있지만 휘발성이 강하다는 단점이 있다. 또 맘에 드는 크리에이터를 찾아내도 그 사람의 작업물을 체계적으로 정독하기가 힘들다. 유튜브는 영상 콘텐츠 특성상 글, 사진에 비해 조작이 힘들고 생생하다는 장점이 있지만 시청시간이 길다는 단점도 있다. 그래서 SNS와 유튜브는 브랜드를 알리는 일종의 영업채널로 사용하고, 링크를 통해 게시판과 콘텐츠가 잘 정리된 블로그에서 비즈니스를 진행하는 경우가 많다.

20대 후반에 쇼핑몰 창업 실패라는 너무도 뼈아픈 실책을 저지르고 알게 된 교훈은 마케팅을 모르고서는 절대 창업을 하면 안 된다는 것이다. 마케팅은 크게 키워드 마케팅과 노출 마케팅으로 나눌 수 있다.

검색엔진에 키워드를 검색해 그 결과로 뜬 콘텐츠를 보게 하는 것이 키워드 마케팅이다. 네이버, 유튜브, 파워링크와 구글 애드워즈의 CPC 광고가 여기에 해당한다. 한편 노출 마케팅은 검색을 안 하고 가만히 있어도 자연스럽게 광고가 노출되게 하는 것이다. 페이스북과 인스타그램을 보면 친구들이 올린 글 말고도 중간중간 스폰서 광고가 뜬다. 또 웹서핑을 하다 보면 자연스럽게 여러 광고들을 보게 된다. 즉, SNS 스폰서 광고, 구글 애드센스의 디스플레이 광고, 유튜브 동영상을 보기 전에 뜨는 5초 스킵 광고들이 다 노출 마케팅에 속한다.

이 2가지를 잘 다루면 온라인 마케팅을 제법 한다고 볼 수 있는데, 블로그 하나만 잘해도 이 중 절반에 해당하는 키워드 마케팅을 마스터할 수 있다. 특히 실질적으로 매출을 만들어내는 건 키워드 마케팅이라 더 각별히 신경 써야 한다. 우리나라 온라인 소비자들의 행동패턴을 조사해보면 맨 처음 온라인 광고를 보고 특정 상품을 인지한 다음, 더 자세히 알아보고 싶으면 검색엔진에 키워드 검색을 해서 디테일한 정보를 얻고 최종적으로 구매하기 때문이다.

블로그든 스마트스토어든 유튜브든, 큰 틀에서 보면 검색엔진이기 때문에 블로그에 대한 이해도가 높으면 나머지는 금방 습득할 수 있다. 또 노출 마케팅의 핵심은 타깃팅과 광고 설정을 잘하는 것이지만, 더 중요한 건 사람들의 마음을 움직이는 콘텐츠 소재를 만드는 것이다. SNS로 물건을 사본 경험이 있다면 알 것이다. 아무리 광고 세팅을 잘해도 처음 접하는 콘텐츠가 별로면 클릭하지 않고, 클릭해서 이동된 제품의 상세 페이지가 매력적이지 않으면 구매하지 않는다.

나는 아쉽게도 키워드 마케팅과 노출 마케팅이라는 큰 개념을 잘 모르는 상태에서 무턱대고 쇼핑몰 창업을 했다. 만약 20대 후반에 블로그 투잡을 알았다면 절대 섣부르게 쇼핑몰 창업을 하지 않고 블로그 투잡으로 콘텐츠 마케팅 내공부터 쌓았을 것이다.

콘텐츠가 돈이 되는 원리는 간단하다. 특정 상품을 사용해보고 진솔한 리뷰를 통해 DB를 수집하거나 제품을 대신 팔아서 돈을 버는 방법이다. CPA를 통해 잠재고객 DB를 모아보면 사람들이 어떤 유형의 글에 이끌리고, 어떤 카피라이팅에 반응하는지 체감할 수 있다.

앞에서 드론 자격증 이야기를 잠깐 했는데, 동일한 개념을 여러 개의 키워드마다 다르게 표현하자 글마다 반응이 다 달랐다. 어떤 포스팅은 DB가 많이 나오고, 어떤 포스팅은 DB가 적게 나오는 것을 보고 이유를 찾으면서 통찰력을 키울 수 있었다. 이런 경험이 꾸준히 누적되다 보면 사람들의 마음을 움직이는 글을 쓸 수 있게 된다. 그 원리를 깨우치고 글로 정리하면 모든 콘텐츠를 만들 수 있다. 글을 기반으로 스토리보드를 짜면 SNS에 업로드할 이미지와 카드뉴스를 만들 수 있고, 영상 대본을 만들어놓고 스마트폰 동영상으로 촬영하면 유튜브 영상이 되기 때문이다. 텍스트를 카드뉴스, 영상화시키는 작업을 통해 원소스 멀티 유즈(One-Source Multi-Use, 한 가지 소재를 여러 장르에 적용해 파급효과를 노리는 마케팅 전략)가 가능해지는 셈이다.

체험단을 하다 보면 다양한 제품을 이웃들에게 소개하게 되는데 포스팅 조회 수, 공감, 댓글을 보면 요즘 사람들은 어떤 제품을 선호하는지 귀중한 데이터를 얻을 수 있다. 그렇게 다양한 제품에 대한 반응을 살핀 다음 포스팅 반응이 괜찮았던 제품 위주로 공동구매를 해보자 아니나 다를까 판매량이 제법 나왔다. 이렇게 마케팅 트레이닝이 된 상태에서 쇼핑몰을 했다면 나의 인생은 많이 달라지지 않았을까? 인생에 있어서 가정문은 의미가 없다지만 적어도 1년 만에 폐업하지는 않았을 것으로 예상된다. 블로그를 통해 잠재고객을 모을 수 있고, 상품 리뷰로 나도 꼭 사고 싶다는 반응을 이끌어낼 수 있는 마케터는 어떤 사업을 하더라도 평타 이상은 치기 때문이다.

정리하자면 블로그는 여전히 대한민국 온라인 마케팅 시장의 3대 천왕이며, 마케팅의 기초라고 할 수 있다. 블로그 하나만 잘해도 키워드 마케팅 전반을 잘하게 되고, CPA와 체험단 등으로 단련이 되면 노출 마케팅 효과를 극대화할 소재 제작에도 큰 도움이 된다.

우리가 온라인에서 접할 수 있는 콘텐츠는 크게 3가지로 한정된다. 바로 글, 사진, 동영상이다. 이제는 '영상의 시대'라고 하지만 모든 콘텐츠의 기초는 결국 다 글에서 나온다. 웹툰작가들도 만화를 그리기 전에 글과 스케치로 콘티를 짜고, 방송국에서도 영상을 제작하기 전에 대본부터 쓴다. 모든 회사는 사업을 시작하기 전에 기획서부터 작성한다. 블로그를 통해 콘텐츠 기획이 충분히 훈련된 사람은 SNS 카드뉴스와 유튜브 영상 콘텐츠도 남들 이상으로 잘 만들 수 있을 것이다.

블로그, 공들여 키워봤자 어차피 죽는다?

블로그 강사 시절부터 동행을 운영하는 지금에 이르기까지 투잡, 부업으로 블로그를 제안할 때 많은 사람들이 거부감을 표하는 1등 이유가 저품질 문제다.

"블로그요? 음……. 그거 키우는 것도 고생인데, 어차피 광고글 쓰다 보면 언젠가는 저품질 걸려 죽잖아요?"

과거에 블로그를 하다가 저품질에 빠진 경험이 있는 분들은 특히 더 민감하게 반응한다. 그럴 수밖에 없다. 예쁜 사진을 넣어 정성껏 쓴 글을 하루에 2~3편씩 올리기를 3개월, 6개월, 1년 반복해서 간신히 최적화 블로그를 만들었는데, 그렇게 애지중지 키워서 서로이웃도 4자리를 넘겼고 일일방문자도 몇 천 명대로 만들었는데 어느 날 갑자기 아무도 들어오지 않는 블로그가 되어버리면 보통 충격이 아니다.

나도 지금은 블로그를 하나만 운영하지만 한창 블로그를 연구할 때에는 다양한 실험을 위해 다수의 블로그를 키웠었다. 몇 십 번도 넘게 저품질을 겪어봤고, 그때마다 내가 들인 몇 달의 시간과 노력이 일순간에 물거품이 된 것 같아 괴로웠다. 블로거들 중에는 저품질 문제 때문에 정신과 치료를 받은 사람도 있다고 한다.

가끔 다수의 블로그가 한 번에 죽어버리는 '저품질 대란'이 일어난다. 이때 마케터들의 커뮤니티 사이트에 들어가면 네이버에 대한 원성이 하늘을 찌른다. 개중에는 광고글을 하나도 올리지 않고 정보성 포스팅만 올렸는데 블로그가 죽었다는 사연도 있어서, 은연중에 다들 '블로그는 어차피 언젠가 죽는다. 아무리 잘 키워도 최적화와 저품질은 순전히 네이버 맘이고 마케터가 컨트롤할 수 있는 영역이 아니다'라는 인식이 퍼지는 것 같다.

그럼 이제 또 다른 진실을 살펴보자. 정말 블로그가 언젠가는 죽을 운명이라면 파워블로거들은 어째서 10년이 지나도 방문자가 많을까? 네이버가 선정하는 이달의 블로그는? 네이버가 특정 블로그를 편애해서? 그래야 할 이유도 없을뿐더러 관리해야 할 네이버 아이디가 워낙 많기에 어떤 블로그는 핍박하고 어떤 블로그는 우대하는 편애는 현실적으로도 힘든 일이다. 장사가 잘되는 가게가 있고 파리만 날리는 가게가 있는 것처럼 블로그도 잘하니까 10년 넘게 방문자가 많고, 못하니까 사람들 발길이 뚝 끊긴다고 보는 것이 더 타당하다.

처음부터 블로그는 무조건 죽는다는 신념을 가지면 저품질에 빠지는 블로그만 보이지만, 반대로 생각하면 그렇지 않은 사례도 얼마든지 발견할 수 있다. 마케터 커뮤니티에서 너도 나도 저품질에 걸렸다는 말이 나올 수밖에 없는 이유가 있다. 대부분의 회원들이 광고글을 올리려는 목적으로 블로그를 키우거나 혹은 광고 대행사 직원이기 때문이다. 대행사는 블로거하고 블로그를 운영하는 방식이 다르다. 처음부터 블로그를 소모품으로 생각해 죽을 것을 각오하고 광고한다. 상위노출만 잡으면 광고비를 받을 수 있기 때문에 그렇게 번 돈으로 죽은 블로그를 대체할 여러 블로그를 사들인다.

블로그를 운영하는 포커스 자체가 '최대한 오랫동안 광고글을 쓰는 것'에 맞춰져 있기에 정보성 포스팅을 3회 발행한 다음 광고글을 1회 발행하는 공식에 맞춰서 블로그를 운영한다. 결론적으로 애당초 저품질이 걸릴 수밖에 없는 방식으로 블로그를 한다. 이것이 나쁘다는 말이 아니다. 직장을 다니면서 여유를 갖고 투잡으로 블로그를 키워도 되는 회사원과 달리 대행사는 최적화 블로그를 사서 빨리 상위노출 대행으로 돈을 벌어 월세와 직원들 월급을 줘야 한다. 각자 자신의 목적에 맞는 효율적인 방법을 선택할 뿐이다.

문제는 처음부터 블로그가 죽을 수밖에 없다는 전제로 블로그를 키우면 블로그 구매에 쓴 비용 이상의 수익을 뽑아내기 위해 블로그를 최대한 안 죽이기 위한 이런저런 공식들을 개발하면서 점점 '어뷰징이 체계화'되기 시작하고 그 정보들이 커뮤니티, 유튜브, 오프라인 강의 등을 통해 널리 퍼져서 대행사 스타일로 블로그를 키울 필요가 없는 사람들에게조차 영향을 준다는 것이다.

뒤에서 자세하게 밝히겠지만 네이버 블로그에도 전자제품 살 때 딸려오는 일종의 매뉴얼(사용설명서) 같은 것이 있다. 이미 네이버 본사에서 뭘 하면 블로그에 해롭고, 어떤 행동을 해야 블로그에 좋다는 기준을 다 만들어냈다. 로마에 가면 로마의 법을 따르라는 말처럼 네이버가 하지 말라는 것을 안 하고, 장려하는 것을 골라서 하면 블로그는 죽을 일이 없다. 정보성 포스팅과 일상글은 괜찮은데 광고글은 무조건 블로그에 해로운 걸까? 마케팅 강사들이 자의적으로 해석한 게 아닌 네이버가 말하는 공식 입장을 따라야 한다.

실제로 그동안 나는 네이버의 공식 발표자료를 근거로 블로그 운영법을 가르쳐왔다. 네이버가 하지 말라는 것을 기어코 실행한 몇몇을 제외하고 나머지는 저품질에 걸리는 일 없이 블로그를 잘만 운영하고 있다. 꾸준히 포스팅해서 일일방문자가 3,000~4,000명 넘는 사람도 많다. 노하우라고 할 것도 없다. 지극히 단순하고 상식적인 방법이니까. 블로그를 꼴 보기 싫은 광고판으로 만들지 않고, 남들이 끝까지 정독할 콘텐츠를 꾸준히 발행하면서 진심 어린 이웃 교류를 하는 것이 전부다.

우리의 목적은 어디까지나 투잡, 부업임을 잊지 말자. 만약 광고 대행사를 차릴 목적이라면 저품질을 각오하고 빠른 길을 선택하는 것도 한 가지 방법이지만 부업이 목적이라면 블로거처럼 해도 된다. 블로그를 죽이지 않고 꾸준히 월 100만 원 이상의 수익을 가져갈 수 있는 방법이 분명 있다. 그렇다면 저품질에 걸리지 않기 위해서는 대체 무엇을 해야 하고, 무엇을 하면 안 되는지 차근차근 풀어나가도록 하겠다.

광고와 상위노출만으로는 절대 돈 벌 수 없다

필자는 블로그 강사 시절부터 동행을 운영하는 지금에 이르기까지 수많은 사람들의 블로그를 진단해드렸다. 전체 개수를 카운트해본 적은 없지만 한창 강사로 활동할 때 블로그 무료진단 서비스를 열자 전국 방방곡곡에서 신청이 몰려들어 하루 평균 30개 정도의 블로그를 진단한 적도 있다. 저품질 대란이 일어나던 시기에 공짜로 봐준다고 하니까 주문이 많았던 것 같다. 이 서비스를 하던 기간에만 블로그를 몇 천 개는 본 듯하다. 당시에는 내가 이걸 왜 시작했을까 후회도 되었지만 이 일을 계기로 블로그를 보는 눈이 단련되어서 나중에는 10분만 봐도 핵심을 간파하는 능력이 생기더니, 지금은 블로그에 쓴 글만 봐도 대충 그 사람의 심리가 짐작된다.

간혹 특정 행동을 유도할 의도가 다분한 낚시글이나, 이게 좋으니까 사라는 광고만 가득한 블로그가 있다. 네이버로 돈을 벌기 위해서는 광고 상위노출을 해야만 한다는 생각을 갖고 있거나, 경제적 여유가 없어서 빨리 돈을 벌어야 한다는 조급함을 갖고 있기 때문일 수도 있다. 그래서 당장 생계부터 해결하고 난 이후 마음의 여유를 갖고 투잡으로 해야 한다고 누누이 말한 것이다.

부업은 비즈니스보다는 리뷰로 돈을 버는 쪽에 가까워서 그나마 괜찮지만, 소상공인들은 내 아이템과 연관된 키워드로 상위노출을 하면 마케팅 효과가 어마어마할 거라는 꿈을 가지고 있다. 많은 사람들의 인식에 '상위노출=수익'이라는 공식이 자리 잡은 원인은 1세대 바이럴 마케팅 환경의 영향이 크다. 한 파워블로거가 지방에 여행을 가서 아무 식당이나 들어갔는데 밥이 너무 맛있어서 사진을 찍고 포스팅을 올리자 누구나 아는 맛집이 되어 손님이 문전성시를 이루더라는 성공 스토리가 나돌던 시절이다.

실제 식당은 인테리어, 플레이팅, 음식 맛만 괜찮으면 키워드 상위노출이 큰 효과를 발휘하는 대표 업종이다. 손님들이 밥 먹으러 가기 전에 '○○ 맛집' 키워드를 검색해서 블로그를 읽고 가게를 결정하는 경우가 많으니까 말이다.

콘텐츠에 엄청난 정성을 들일 필요도 없다. 사람들이 글보다는 사진을 소비하기 때문에 가게 안과 음식 사진을 신경 써서 올리고 글은 가게 분위기가 좋고 음식도 맛있어서 다음에 또 오고 싶다고만 적어도 충분하다. 그러나 모든 업종이 이처럼 광고, 상위노출만 하면 쉽게 돈을 벌 수 있을 거라 생각한다면 큰 오산이다. 제품, 서비스마다 특징이 다르고 이에 따라 소비자들이 최종 구매에 다다르는 과정 역시 변화하기 때문이다.

방금 예시로 든 맛집은 대표적인 저관여 제품에 해당한다. 나도 매일 직원들과 함께 점심을 먹으러 나가는데 항상 가던 곳만 가면 질리니까 새로운 식당을 찾아 나선다. 당연히 가끔은 꽝을 뽑지만 그렇다고 리스크가 큰 것도 아니다. 그냥 다음부터 그 식당을 안 가고 항상 가던 곳에 또 들르면 될 뿐이다.

반면 중고차를 생각해보자. 가격부터가 최소 몇 백만 원인 대표적인 고관여 제품이다. 또 한번 사두면 하루 이틀 쓰는 게 아니다. 출퇴근 때마다 써야 하기에 사용빈도도 높고 몇 년을 쓰게 될지도 모른다. 딜러는 분명 아무 문제 없다 장담했는데 상태가 불량하고 툭하면 고장 나서 수리비가 왕창 깨지기라도 하면? 돈도 돈이지만 운전 도중 브레이크라도 고장 나면 생명의 위험으로 이어질 수도 있는 문제다. 꽝을 뽑았을 경우 감당해야 할 리스크가 막중하다는 뜻이다. 자연스레 생각도 복잡해질 수밖에 없다.

중고차 하나를 사기 위해 굉장히 많은 키워드를 검색해볼 것이다. '1,000만 원대 중고차', '500만 원대 중고차' 키워드로 차 모델부터 알아보고, '쉐보레 스파크 중고', '쉐보레 스파크 중고 가격' 키워드로 예산을 짜고, '중고차 살 때 조심해야 할 점', '중고차 사기 안 당하는 법', '중고차 바가지 쓰지 않는 법' 키워드로 하자가 있는 매물을 피해 바가지 쓰지 않는 법까지 학습한 다음 딜러를 만나게 된다.

점심 메뉴를 고를 때에는 '가산디지털단지역 맛집' 키워드에 나온 상위노출 포스팅 몇 개를 대충 훑어보면서 빠르게 선택하겠지만, 딜러를 고를 때에는 절대 아무에게나 전화하지 않을 것이다. 포스팅 한 글자, 한 글자 꼼꼼하게 읽어보고 한술 더 떠서 그 사람이 블로그에 올린 다른 포스팅까지 전부 체크한 다음 신용할 수 있는 사람을 선별할 것이다. 이 것이 무작정 광고와 상위노출만 한다고 돈을 벌 수 없는 이유다.

아이템에 따라 고관여 제품일수록 소비자들은 단방에 구매결정을 내리지 않는다. 다양한 키워드로 검색해 충분한 학습과정을 거치고 경쟁사 제품들을 비교한 끝에 최종 결정을 내린다. 예를 들어 날씨가 추워져 난방기구 하나를 사더라도 전기히터, 석유난로, 온풍기를 비교하고, 전기히터를 사기로 결정했다면 또 그 안에서 여러 회사의 전기히터 모델들을 계속 비교한다.

물론 1페이지 상위노출을 잡으면 2, 3페이지에 있는 글보다 더 많은 사람들이 클릭해서 볼 것이다. 그러나 이 키워드를 검색하는 사람들이 진정으로 원하는 정보가 무엇인지 고민도 하지 않고 바로 배너광고부터 보여주면서 '사라, 구매하라, 결제하라, 지갑을 열어라' 같은 메시지만 던지면 고객의 뇌리에서 실시간으로 복잡다단하게 진행되고 있는 비교 토너먼트에서 바로 탈락해버린다.

사실 상위노출만 한다고 돈을 벌 수 있다면, 파워링크 광고를 하면 누구나 돈을 벌었을 것이다. 검색을 해보면 알겠지만 키워드 광고는 블로그보다도 더 상단에 뜬다. 그러나 어떤 회사는 아무리 키워드 광고를 해도 광고비만 빠져나가고 팔리지는 않는다고 한다. 이 경우 경쟁사의 제품과 콘텐츠에 밀려 최종 선택을 받지 못할 가능성이 크다.

물론 상위노출이 중요하지 않다는 말은 아니다. 아무리 훌륭한 아이템이나 머천트도 노출이 되어야 투잡을 하든 사업을 하든 할 것이다. 여기서 하고 싶은 말은 상위노출에 집착하기에 앞서 마음을 움직이는 콘텐츠가 우선이라는 것이다. 소재가 형편없으면 노출 마케팅을 해도 소용없다는 말과도 일맥상통한다.

오프라인 매장과 달리 온라인에서는 물건을 직접 보고 만질 수 없다. 결국 소비자들은 제품과 서비스에 대해 글, 사진, 영상을 보면서 판단할 수밖에 없다. 모든 상품은 다 만들어진 이유가 있고, 소비자들이 찾는 이유가 있다. 또 소비자들마다 필요로 하는 상황과 배경이 있다. 글, 사진, 영상으로 이 내용들을 다뤄주면서 상품이 약속하는 소비자 이익이 실제로 기능하는지 보여주는 것이 필수다.

과거에는 이런 언급 없이 제품이나 서비스 관련 키워드를 검색하면 바로 상세페이지부터 보여주는 광고글이 범람하던 시절이 있었다. 온라인 초창기 시절에는 효과가 있었을지도 모르지만 지금은 소비자들의 광고 피로도가 올라갈 만큼 올라가서 대놓고 광고가 보이면 바로 뒤로 가기를 누른다.

C-rank(씨랭크, 주제별 전문성을 판단하는 것)와 DIA(다이아, 글 1개당 점수를 매겨 상위노출 하는 것) 로직이 생기고 나서부터 실제 체험한 리뷰나 후기형 콘텐츠가 아니면 상위노출이 점점 힘들어지고 있다. 이에 맞춰 광고글도 가짜 리뷰, 가짜 후기의 형태로 진화하고 있지만 요즘 소비자들은 이조차 귀신같이 알아채는 것 같다. 포스팅을 좀 자세히 보면 이 사

람이 진짜 이 제품을 체험하고 쓴 글인지, 아니면 업체로부터 사진과 정보를 받아 진정성 없게 쓴 글인지 티가 나고 블로그 전체글 내역을 보면 대행사 블로그인지, 진짜 개인이 운영하는 블로그인지 감별할 수 있기 때문이다.

그렇다면 마음을 움직이는 콘텐츠는 어떻게 만들어야 하는 걸까? 사람들은 누구나 광고를 싫어하고 정보를 좋아한다. 이 글이 진짜 나에게 도움이 된다고 느끼면 공감을 누르고, 댓글을 달고, 스크랩을 해간다. 화려한 카피라이팅으로 치장하기보다 본질을 알아야 한다. 소비자가 왜 이 키워드를 검색하는지를 읽어내서 유익하면서도 차별화된 정보를 줘야 한다. 그저 눈에 보이는 게 광고라고 해서 나까지 광고를 하면 읽는 사람들이 불편을 느껴 돈을 못 번다.

사람들은 왜 검색을 하는 걸까? 좀 전에 말한 식당과 중고차 이야기에 답이 있다. 모든 구매에는 필연적으로 리스크가 따른다. 맛없는 식당에 가서 기분을 잡칠 수도 있고, 상태가 심각한 중고차를 사서 큰 피해를 입을 수도 있다.

특히 난생처음 사는 제품이나 서비스라면 경험이 없기 때문에 제3자가 구매한 리뷰와 후기를 열심히 읽을 수밖에 없다. 실제 누군가의 체험담, 경험담을 읽으면서 시행착오를 줄이고 후회 없는 구매결정을 내리고 싶은 것이다. 따라서 머천트나 글감을 선정할 때 내가 체험한 것을 쓰거나, 유사한 경험이 있어서 이해도가 높은 분야를 써야 한다. 그래야 '이 상품이 어떤 사람에게 적합하다', '해결하고 싶은 문제점이 이런 거라면 차라리 다른 상품을 알아보는 것이 좋다', '잘못 구매할 경우 어떤 피해가 있으며 그것을 미연에 방지하려면 어떻게 하면 된다', '만약 제품 불량이라면 어떻게 AS를 받으면 된다', '최저가에 사려면 어떻게 하는 게 좋다' 등등 읽는 사람에게 도움이 되는 글이 나온다.

진정성이 있으면 글은 좀 투박해도 상관없다. 글 자체에 이 상품을 찾게 된 사람들의 고민과 시행착오를 피하고 싶다는 심리를 그대로 만족시켜주는 내용이 포함되어 있기 때문이다. 사람들은 리뷰와 후기를 읽으면서 항상 머릿속으로 자신의 상황에 대입한다. 리뷰어의 상황과 문제해결이 자신과 비슷하다고 느낄 경우 공감과 신뢰를 갖게 되고, DB를 남기거나 제품을 구매하는 행동이 나오는 것이다.

좀 막연하다고 느낄 분들을 위해 구체적인 예시 하나를 들어보겠다. 예전에 네이버에 '중고차 싸게 사는 법'을 검색한 적이 있다. 이 키워드를 검색한 내 배경심리는 무엇일까? 평소 생각해둔 모델은 있었으나 워낙 중고차 업계에 바가지가 넘친다고 하니 합리적인 가격으로 중고차 사는 방법을 알아두고 싶어서다.

상위노출 된 검색결과를 전부 읽는데 내가 원하는 답을 주는 포스팅이 하나도 없었다. 중고 매물로 나온 렉스턴을 홍보하는 글, 중고차를 싸게 사고 싶으면 자기가 운영하는 중고차 카페에 가입해서 상담하라는 글, 중고차 사이트 홍보글만 있었다. 모든 글이 중간중간 배너광고와 URL 홍보가 들어 있으니 신뢰가 가지 않았다.

7번째 글에 이르러서 정답에 가까운 포스팅을 발견했다. 한 병원 블로그에서 쓴 글이었는데, 자기도 나처럼 차가 한 대 필요해서 중고차를 싸게 살 수 없는지 방법을 한참 알아봤단다. 그 결과 요즘은 중고차 딜러들도 팀으로 움직이며, 유통마진을 높게 붙여서 나눠 갖기 때문에 마음에 드는 매물이 있으면 차주에게 직접 연락해 딜러를 끼지 않고 직거래를 하라는 내용이었다. 만약 이 글을 중고차 딜러가 썼다면 나는 아마 그 블로그 주인장에게 전화나 문자를 했을 것이다.

사람들은 콘텐츠를 볼 때 다소의 광고는 감안한다. 그러나 그건 일단 그들이 진정으로 필요로 하는 정보를 준 다음의 이야기다. 여러 키워드로 검색해보면 생각보다 많은 블로거들이 키워드에 딱 매칭되는 콘텐츠 대신 광고글을 올린다. 광고를 해야 돈을 벌 수 있다는 생각 때문일 것이다. 그러나 돈이라는 것은 쫓으면 쫓을수록 멀리 달아나는 성질을 가지고 있다.

나도 돈을 쫓아 쇼핑몰 창업을 했을 무렵 단 한 푼도 벌지 못했다. 훗날 마케팅 전문가가 되어서 사람들이 필요로 하는 노하우를 아낌없이 베풀 때 비로소 빚을 다 갚을 수 있었다. 돈의 공식은 앞에서 말한 대로 '가치×전달 수'다. 그들의 고민과 문제점을 해결해주고 니즈를 충족해주는 글을 여러 개 써서 많은 사람들에게 전달되면 돈은 자연스럽게 따라온다. 그러기 위해서는 내 타깃 고객이 무엇을 불편해하는지 이타적인 관점에서 관찰할 줄 알아야 한다.

블로그에 들어갔는데 레이아웃과 디자인도 보기 불편하고, 블로그 주인장이 뭐 하는 사람인지도 잘 모르겠고, 글은 온통 광고글밖에 없으면 아무도 그 블로그를 환영하지 않는다. 심지어 서로이웃조차 외면한다. 그런 블로그는 필연적으로 일일방문자가 감소하고 저품질에 빠질 수밖에 없다.

반대로 나는 어떤 사람이고 무엇을 잘하며, 혹시 블로그를 방문한 분들 가운데 무언가로 고민하는 분들이 있다면 도와드리겠다는 내용이 주인장 소개에 있으면 어떨까? 일단 첫인상부터가 좋다. 글 읽는 사람들을 배려해서 레이아웃 디자인과 문장 배열도 가독성이 좋으면 금상첨화다. 전체글 내역을 봐도 리뷰를 비롯해 주인장의 여러 면모를 볼 수 있는 글이 많으면 사람들은 실체가 있는 블로그라고 생각해 서로이웃 추가를 한다.

정기적으로 이웃들과 방문자들에게 도움이 되는 리뷰와 콘텐츠를 작성하고, 서로이웃 활동도 이웃의 글을 제대로 읽고 댓글을 남긴다면 자연스럽게 팬덤이 형성되면서 블로그가 C-rank 최적화될 수밖에 없다. 광고 내용이 포함된 수익성 포스팅을 작성하더라도 자신이 이것을 왜 사용했고, 사용해본 결과 누구에겐 적합한데 누구에겐 안 맞는 거 같다는 진솔한 정보를 함께 제공한다면 사람들은 그것을 광고글이 아니라 콘텐츠로 인식한다.

네이버 입장에서도 검색방문자나 이웃들이 들어오자마자 제대로 읽지도 않고 나가버리는 광고글만 가득한 블로그를 괜히 상위노출 해줄 이유가 없다. 그런 블로그들이 많이 노출될수록 사람들은 '역시 믿고 거르는 네이버, 뭘 검색해도 광고판이네. 그냥 유튜브에나 가서 검색해야겠다' 하고 외부 플랫폼으로 이탈해버리기 때문이다. 대신 계속해서 사람들이 찾아오고 글을 정독하는 블로그를 만든다면 우선적으로 상위노출을 시켜줄 것이다.

이런 온라인 투잡, 부업은 조심하자

평소 블로그 교육과 컨설팅을 하다 보면 다양한 사연을 품은 사람들이 찾아온다. 벌써 작년의 일이지만 하도 인상 깊어서 잊히지 않는 한 분이 있다. 직장 월급만으로는 부족함을 느껴 네이버에서 직장인 투잡, 부업 관련 키워드를 검색하다가 재택부업이라는 것을 알게 되었단다.

어느 블로그 글을 접하게 되었는데 대체 무슨 일을 하는지는 몰라도 자기가 월 1,000만 원을 번다는 것이었다. 그것을 증명이라도 하듯이 월 몇 백에서 많게는 천만 원 단위가 찍힌 통장 내역을 보여주고, 5만 원짜리 현금다발 사진, 돈 벌어서 여기저기 해외여행을 다니는 사진, 비싼 고급요리를 먹는 사진, 명품백을 어머니에게 효도선물로 드렸다는 사진을 연이어 보여주더란다.

누가 봐도 부러움을 느낄 만한 라이프 스타일을 보여주고 난 후에는 재택부업을 하면 누구나 자신처럼 될 수 있다면서 자기 후배라는 사람들이 보낸 카카오톡을 보여주는데 주로 '멘토님 덕분에 돈 벌었다', '멘토님을 만난 것이 내 인생의 복'이라는 내용들이었다. 자기도 결혼하고 육아를 하다 보니 경력이 단절되어서 재취업도 안 되고 힘든 시절이 있었는데 재택부업은 집에서 아이들을 돌보면서 쉽게 고수익을 올릴 수 있고, 초보라도 걱정할 필요 없다면서 방법을 다 가르쳐주니까 후배들도 큰돈을 벌더라는 것이었다.

나는 그 이야기를 들으면서 감탄을 금치 못했다. 인간의 심리를 정확하게 파고드는 마케팅 상세페이지의 노하우가 전부 담겨 있었다. 그분도 그 사실을 인정했다. 보는 순간 정신이 쏙 빨려드는 느낌이었다나? 자세한 방법을 알고 싶으면 카카오톡으로 문의하라는 말에 실제 연락을 했고, 재택부업 사이트에 가입했는데 그다음 놀라운 일이 일어났다.

재택부업은 쉽게 말해 온라인으로 하는 네트워크 마케팅이라고 보면 된다. 네트워크 마케팅에도 암○이, 뉴○킨, 허○라○○○, 애○미 같은 다양한 회사가 있는 것처럼 재택부업도 쇼핑몰 분양, 광고 시청, 원고 타이핑, 핸드폰, 화장품, 비트코인까지 종류가 다양하다. 예를 들어 쇼핑몰 분양은 초반에 가입비를 내면 쇼핑몰을 하나 만들어서 주는데 팔 수 있는 물건까지 지원해준다. 재고관리도 할 필요 없이 물건이 팔려서 주문을 넣으면 배송도 본사에서 알아서 해주고 판매수당을 준다. 일종의 위탁판매 방식인 셈이다.

언뜻 들으면 참 괜찮아 보인다. 문제는 무엇일까? 일단 전문 마케터가 아닌 사람들은 쇼핑몰로 물건을 파는 것 자체가 쉽지 않다. 열심히 커뮤니티 사이트나 SNS를 돌아다니며 URL을 홍보해도 판매가 잘되지 않는다. 하루 종일 매달려도 한 달에 10만 원 벌기도 쉽지 않다고 한다. 그런데 모든 재택부업에는 또 다른 수익모델이 있다. 다른 사업자를 데려와 가입시킬 때마다 커미션을 주는 리셀러 수익이다.

이 리셀러 수익이 생각 외로 짭짤해서 어떤 등급에 가입시키느냐에 따라 몇 십에서 몇 백만 원이 넘는 수당이 떨어진다. 그래서 재택부업을 좀 한 사람들은 본래의 수익모델보다는 나를 추천인으로 적어서 가입할 사업자 모객에 열을 올린다. 이 모객을 잘하는 사람들은 실제 월 1,000만 원 넘게 번다고 한다.

높은 등급에 가입시킬 때마다 1명당 100만 원이라고 치면 10명에게만 세일즈를 성공해도 월 1,000을 만들 수 있다. 한데 생각해보면 신규 가입자 입장에서는 굳이 기존 가입자를 추천인 코드에 넣어서 쇼핑몰을 시작할 이유가 없다. 그래서 기존 가입자들이 만들어낸 것이 멘토 제도다. 나를 통해 가입하면 재택부업으로 돈을 많이 벌 수 있도록 꾸준히 교육과 피드백을 해주겠다고 조건을 거는 것이다.

실제 이분도 멘토에게 월 1,000만 원 버는 방법을 전수받았다. 기상천외하기 짝이 없는 방법이었는데, 먼저 은행에 가서 마이너스 통장을 만드는 것이다. 그다음 전액 현금 인출을 한 후 사진만 찍고 바로 상환한다. 마이너스 통장은 만들어놓으면 원하는 때 쓰고 갚을 수 있기에 사진만 찍고 바로 넣을 경우 하루치 이자만 지불하면 된다. 그리고 찍어놓은 사진을 이용해 '재택부업을 하면 이렇게 돈을 많이 번다'는 내용의 상세 페이지를 제작하라는 것이었다. 포토샵을 못하면 크몽에서 가장 단가가 낮은 전문가에게 의뢰하면 된다고 했다.

이분은 여기까지만 딱 듣고 가입비가 아깝기는 하지만 재택부업을 때려치우기로 결심했다. 마지막으로 이건 나더러 남을 속여먹는 사기를 치라는 말 아니냐고 한마디 했는데 멘토는 그래야 돈을 벌 수 있다고 답했단다. 확실히 멘토가 알려준 이 방법을 쓰면 월 1,000만 원을 벌 수 있을지도 모르겠으나 그렇게까지 돈을 벌고 싶지는 않았다고 한다.

한번은 이런 경우도 있었다. 가입비 200만 원을 내고 재택부업을 하면 한 달에 최소 20만 원을 벌 수 있다는 것이었다. 매달 20만 원이면 10개월만 부업을 해도 본전이고, 11개월부터는 흑자다. 그런데 나중에 알고 보니 원고 작성 부업을 1건 할 때마다 3,000원을 준다는 이야기였다. 즉, 20만 원을 벌기 위해서는 한 달에 원고 67건을 작성해야 했다. 그런데 그 원고도 작업량이 만만하지 않았다. 사진 10~20장에 글자 수 2,000~3,000자 되는 글을 한 달 안에 67개를 만들어야 20만 원을 받을 수 있었다. 한 달을 31일로 잡고 67 나누기 31을 해보면 하루에 약 2~3개의 원고를 만들어야 한다는 계산이 나온다. 보통 숙달되지 않으면 2,000~3,000자 원고를 만드는 데 3시간 정도가 걸릴 텐데 하루 2~3개면 6시간에서 9시간 정도가 걸린다. 집에서 할 수 있기는 하지만 아르바이트 최저시급과 비교해도 한 달에 20만 원은 너무 짠 액수였다.

이 책을 쓰면서 한국의 투잡, 부업 시장이 얼마나 큰지 알아보기 위해 네이버 검색광고 센터에서 투잡과 부업 관련 키워드 159개를 추려서 총 몇 번 검색되는지 계산을 해보았다. 다 합쳐보니 월 214,320번, 즉 하루 7,144번 검색된다는 통계가 나왔다. 미처 포함하지 못한 연관 키워드까지 생각해봤을 때 결코 작은 시장이 아니다.

시험 삼아 몇 개의 키워드를 검색하자 온라인 재택부업에 관한 포스팅이 굉장히 많았다. 특히 리셀러 수익모델이 있는 부업의 비중이 컸다. 요즘은 네이버 못지않게 사람이 많이 몰려 있는 인스타그램에서도 다음과 같은 글이 심심찮게 올라온다.

앞의 두 사례처럼 투잡, 부업 시장에는 들인 돈과 시간 대비 수지가 안 맞는 일도 많다. 당연히 문의를 해봐도 업체는 영업을 해야 하기 때문에 절대 나쁘게 이야기하지 않는다. 이것을 해서 진짜 돈을 벌 수 있는지에 대한 판단은 스스로 내려야 하는 것이다. 어떻게 하면 현명한 결정을 내릴 수 있을까?

우선 달콤한 유혹을 의심할 줄 알아야 한다. 어느 회사든 세일즈맨들은 항상 꿈과 희망을 불어넣으며 성공사례만을 이야기한다. 이들이 거짓말을 하는 건 아니기 때문에 팩트 체크는 소용이 없다. 실제 재택부업 멘토의 후배 중 누군가는 멘토가 시키는 대로 마이너스 통장을 만들어서 리셀러 모집으로 돈을 벌고 있을 것이다. 또 누군가는 장문의 원고를 한 달에 67개 써내서 20만 원을 받을 수도 있다.

대신 논리를 체크해야 한다. '재택부업으로 월 1,000만 원을 벌 수 있다'는 사실에는 '가짜 수익인증으로 리셀러를 모집하면 가능하다'는 논리가 숨어 있었다. '교육비 200만 원을 내면 한 달에 20만 원을 벌 수 있다'는 사실에는 '장문의 원고를 하루에 3개씩 작성해야 한다'는 논리가 숨어 있었다. 이처럼 세일즈맨이 말하는 '사실'을 있는 그대로 믿지 말고 이면에 숨은 논리를 정확하게 검토한 다음 부업을 할지 말지 결정해야 한다. 그리고 앞에서 이야기한 이상적인 투잡의 기준에 맞는지 살펴보자.

필자가 블로그를 제일 추천하는 이유는 초기 자본금도 많이 필요하지 않고, 특출난 재능이 없어도 누구나 노력한 만큼 돈을 벌 수 있어서다.

동시에 사람마다 주특기와 처한 상황이 다르므로 다양한 온라인 부업 중 내가 잘할 자신이 있는 것을 택하면 된다. 이런 의미에서 생각해보면 앞에서 말한 부업 2가지도 전적으로 틀렸다고는 할 수 없다. 내가 리셀러 모집에 자신 있다면 재택부업으로 월 1,000만 이상을 벌 수 있고(물론 모집책으로 거짓말과 과장광고를 하지 않는 조건에서), 글쓰기를 엄청나게 잘해서 3,000자 원고 2편을 순식간에 끝낼 수 있는 사람에게는 하루 1시간 일하고 월 20만 원을 버는 꿀알바가 될 수도 있다.

내가 다른 건 몰라도 글쓰기는 도저히 못하겠다는 사람에게는 블로그조차 정답이 아니다. 오랜 시간 강의와 컨설팅을 하면서 느낀 점은 사람마다 어떤 투잡에서 잭팟이 터질지는 아무도 모른다는 것이다. 누구는 나처럼 블로그로 돈을 벌지만 누구는 스마트스토어, 누구는 인스타그램, 누구는 유튜브 등 다 다르다.

재밌는 점은 그것으로 돈을 벌 줄을 본인조차 몰랐다는 점이다. 사회 초년생도 아르바이트부터 시작해서 여러 가지 일을 겪어봐야 내가 뭘 잘할 수 있고, 뭘 하면 안 되는지를 깨닫는 것처럼 투잡, 부업도 마찬가지다. 블로그에 글도 써보고, 인스타그램에 사진도 올려보고, 스마트폰으로 촬영한 영상을 유튜브에도 올려보면서 내 적성에 맞는 채널을 찾아가야 한다. 그래서 사실 그냥 아무것도 안 하고 가만히 있는 것보다는 설령 재택부업이라도 해보는 게 인생에 더 도움이 된다고 생각한다. 대신 개중에는 명확한 사기도 있기 때문에 리스크가 큰 건 처음부터 안 하는 게 맞다.

다행히 요즘은 재테크, 투잡, 온라인 마케팅 유튜버들도 많아져서 그 것을 먼저 해본 사람들의 솔직한 체험담을 들을 수 있다. 위의 사진은 유튜브에 '제휴 마케팅'을 검색해본 결과인데 똑같은 제휴 마케팅에 대 해서도 빨간색 네모 칸은 반대 의견, 파란색 네모 칸은 찬성 의견으로 갈린다.

예를 들어 '재택부업'이라고 검색해보면 주로 재택부업에 찬성하는 영 상이 나오고 'OOO현실', 'OOO실체', 'OOO단점' 키워드로 검색하면 반 대하는 영상이 나온다. 찬성과 반대 의견을 둘 다 들어보면 좀 더 냉정 하고 객관적인 시각으로 내가 이것을 해서 돈을 벌 수 있겠다 아니다, 내 적성에는 안 맞는다 등의 결론을 내릴 수 있을 것이다.

긍정적인 찬론에만 귀를 기울여서 장밋빛 환상을 품지 말고, 그렇다 고 부정적인 반론에만 집중해서 포기할 필요도 없다. 내가 포기한 그곳에서 잭팟이 터질지도 모르기 때문이다. 남의 말은 어디까지나 참고용이지 뭐든지 직접 해봐야 알 수 있다. 어떤 투잡이든 항상 그걸로 돈을 못 번 사람도 있지만 돈을 번 사람도 있기 마련이다. 나도 해볼 만할 것 같으면 무조건 소액으로 시작해야 한다. 처음부터 100만 원이나 되는 가입비를 내거나, 200만 원이나 되는 교육비를 내지 말라는 뜻이다.

만약 시작부터 큰 자본금을 필요로 한다면 그냥 하지 마라. 어차피 그거 말고도 투잡으로 할 수 있는 건 널리고 널렸다. 처음에는 유튜브 무료강의를 듣거나 관련 도서를 읽으면서 독학할 수 있는 투잡이 좋다. 공부하고 직접 실습하다 보면 한 달만 해봐도 내가 이걸 계속 해야 할지, 아니면 포기하고 다른 부업으로 환승해야 할지 감이 잡힐 것이다.

뭐든지 투자는 100퍼센트 확신이 설 때 비중을 늘려야 하는 법이다. 처음부터 큰돈을 들어서 야심차게 시작했는데 좀 해보니 도무지 내 적성에 맞지 않다면 어떻게 할 것인가? 이때 가장 미련한 건 낸 돈이 아까워서 본전을 건지겠다고 하기도 싫은 것을 억지로 하는 경우다. 내가 잘못된 선택을 했음을 빠르게 인정하고 다음 기회를 찾아야지 질질 끌면 내 마음만 힘들어진다.

소액으로 작게 시작해서 적성에 안 맞는다는 것을 깨달으면 최소한 억울하지는 않다. 많아봐야 몇 만 원 정도 되는 손해만 봤기 때문이다. 아마존의 CEO 제프 베조스는 처음부터 실패할 것을 생각하고 투자한다고 한다. 그러면 진짜 실패를 하더라도 빠르게 복구하고 또 다른 기회에 도전할 수 있다.

함부로 디지털 노마드에 도전하지 마라

근래 2030 직장인들을 강타한 화제의 키워드는 '워라밸'과 '욜로'일 것이다. 워라밸은 'Work and Life Balance'의 줄임말로 야근과 주말 근무를 밥 먹듯이 하는 회사생활에서 탈출해 저녁이 있는 삶을 누리고 싶다는 의지의 표현이다. 욜로YOLO는 'You Only Live Once'의 줄임말로 어차피 한 번 사는 인생, 금욕적으로 살지 말고 지금 하고 싶은 것을 다 하면서 즐기자는 뜻이다.

이 둘과 밀접한 개념으로 떠오르는 또 하나의 키워드가 바로 '디지털 노마드'다. 번역하자면 '디지털Digital 장비를 들고 떠도는 유목민Nomad'이라는 뜻이다. 이들은 회사에 정시 출근하는 일 없이 집 혹은 여행지에서 노트북 한 대만 갖고 원격근무를 한다. 인터넷, 노트북, 협업 툴이 발달한 환경이기에 가능한 일이다. 해외에서는 업종에 따라 몇몇 기업들은 유연근무제나 원격근무제를 도입하고 있다고 한다.

디지털 노마드! 듣기만 해도 달콤한 울림이 아닐 수 없다. 정말 노트북 한 대만 들고 유목민처럼 분위기 있는 카페를 돌아다니거나 해외여행을 다니면서 남부럽지 않게 돈까지 벌 수 있다면 얼마나 좋을까? 나도 직장생활을 할 때 그런 생각을 했었다. 졸린 눈을 비비며 아침 일찍 일어나 지옥철에 탑승해 사람들 사이에 샌드위치 당하고, 진이 다 빠진 상태에서 출근하면 업무와 상사에게 시달린다. 회사는 항상 직원 수에 비해 일이 많아 9~10시까지 야근하고 집에 도착하면 11시, 씻고 침대에 누우면 12시가 된다. 눈을 잠깐 감았다가 뜨면 내일도 오늘과 같은 하루가 되풀이된다.

친구들을 만나면 회사가 어떠한지 항상 물어보는데, 업무부터 근무환경까지 만족스럽다고 말하는 친구는 10명 중 1~2명 있을까 말까다. 그런데 '디지털 노마드족'이 된다면 지옥철 출근도, 잔소리하는 상사도, 야근도 없이 내 할 일에만 집중하고 월급을 벌 수 있다고? 직장인이라면 누구나 솔깃하지 않을 수 없는 이야기다.

어떤 직업은 특성상 유목민처럼 살아가는 것이 가능하다. 디자이너, 프로그래머, 영상 편집자, 웹툰 작가 등은 재택근무를 해도 되고 재능 마켓을 통해 프리랜서 활동을 할 수도 있다. 이 직업군의 공통점은 포트폴리오가 중요하다는 것과 데드라인 이내에 작업물을 넘기는 일이라는 점이다. 영업직도 꼭 필요할 때만 회사에 머무르고 대부분의 시간은 외근을 하기 때문에 일반 사무직보다는 근무 분위기가 자유롭다고 할 수 있다.

텐핑을 비롯한 제휴 마케팅 플랫폼이 생기자 온라인 마케터들 사이에서도 디지털 노마드 열풍이 불기 시작했다. 오로지 전업 제휴 마케팅으로 직장인 월급 이상을 벌어 먹고사는 사람들이다.

제휴 마케팅 사이트에 가보면 마치 옛날 학창 시절 복도에 붙여놓은 시험 등수처럼 제휴 마케터들의 수익 내역을 확인할 수 있다. 탑 랭커들의 수익은 그야말로 어마어마하다. 아래 사진에서 보다시피 한 시즌에 1억을 찍는 사람도 있으니 말이다. 그래서인지 이에 자극을 받아 이제는 온라인 마케터뿐만 아니라 직장인, 주부, 학생들까지 부업에 뛰어들고 있다.

한 가지 알아둬야 할 점은 월 1,000만 원 이상 버는 제휴 마케터는 아무나 가능하지 않다는 점이다. 이들은 수단과 방법을 가리지 않고 머천트를 홍보하는데, 상위 랭커들은 SNS 유료광고를 주특기로 활용한다. 예를 들어 재밌는 모바일 게임이 새로 출시되었다고 가정하자. CPI 머천트는 사람들이 제휴 링크를 통해 설치할 때마다 몇 천에서 몇 만 원 사이의 돈을 받을 수 있다.

2019년 시즌1
영물·최고수 스페셜 미션 **100,000,000원** 리그 미션 **40,000,000원**

① gk*******@****.com	✦	101,015,818원
② co*********@****.com		82,228,731원
③ en******@****.com		73,865,990원
4 rl********@****.com 앤하스큘수경		63,667,440원
5 ar*****@****.com		59,493,960원
6 co******@****.com		50,921,400원

고수는 일단 머천트와 관련된 키워드로 네이버 상위노출을 다 잡아놓고, 직접 상품 상세페이지와 광고 소재를 만들어 카피라이팅을 입히고 SNS 광고를 한다. 공유가 꼬리를 물고 이어지면 친구의 친구, 친구의 친구의 친구까지 확산되면서 몇 만 명에게 광고를 보여줄 수 있다. 100명이 설치하면 100만 원, 1,000명이 설치하면 1,000만 원을 버는 것이다.

어지간한 마케팅 도사가 아니면 힘든 일이다. 간단히 말해서 제휴 마케팅 최상위 랭커들은 애시당초 직장을 다닐 필요 없이 대행사를 창업해도 될 정도의 전문 마케터라고 보면 된다. 이들은 오랜 공부와 실무 끝에 다져진 랜딩페이지 제작 및 카피라이팅 능력은 물론, 다수의 최적화 블로그와 SNS 비즈니스 계정을 소유하고 있기에 평범한 일반인이 쉽게 따라 할 수 없다.

최근에는 전성기 시절에 비해 SNS 유료광고 도달률이 점점 떨어지면서 굳이 제휴 마케팅 플랫폼에 집착하지 않고 온라인으로 수익을 만들 수 있는 수단을 총동원해서 직장인을 뛰어넘는 월급을 만드는 방향으로 트렌드가 바뀐 것 같다. 블로그와 스마트스토어로 월 1,000만 원을 찍고 디지털 노마드가 된 사람도 있듯이 말이다.

투잡으로 딱 월급만큼만 벌어도 직장을 그만두고 전업 블로거로 활동하고 싶다는 사람들이 많다. 가령 지금 직장에서 월급 300만 원을 받고 블로그 투잡으로 200만 원을 버니까 그냥 직장을 그만두고 부업에 올인하면 500~600만 원 정도의 벌이는 가능할 거라는 식으로 생각하는 것이다. 하지만 디지털 노마드가 되고 싶다고 무작정 직장을 때려치워서는 안 된다.

모든 비즈니스에는 성수기와 비수기가 있다. 아마 여러분이 다니는 직장도 사업이 잘되는 시즌과 매출이 잘 안 나는 시즌으로 나뉠 것이다. 하지만 회사가 부도나지 않는 이상 직장인은 어쨌든 한 달을 버티면 꼬박꼬박 월급이 나온다. 사장은 고민이 많겠지만 말이다. 그에 비해 온라인 투잡은 어떤가? 달마다 실적이 들쑥날쑥하다.

수익성 포스팅과 상품등록을 많이 하면 할수록 월 평균 최소 얼마 이상의 수익은 생기지만 결국 DB가 많이 나오고 물건이 많이 팔린 달은 수익이 높고, 그렇지 않은 달은 수익이 낮다. 무조건 일정 금액이 고정적으로 들어오는 직장에 비해서는 안정적이지 못하다. 온라인 마케팅은 IT처럼 트렌드 변화가 매우 빠른 분야다. 지금이야 네이버, 인스타그램, 유튜브가 빅3지만 미래에 어떻게 될지는 아무도 모르는 일이다.

만약 당신에게 압도적인 실력이 있어서 투잡으로 200~300만 원도 아니고 500만 원, 800만 원, 1000만 원을 번다면 직장을 그만둬도 괜찮다. 그러면 직장을 다닐 바에야 차라리 나처럼 마케팅 대행사를 차리는 게 적성에도 맞고 돈도 많이 벌 수 있을 것이다.

혹은 내가 한 달에 버는 수입이 다각화되어서 직장을 제외하고도 최소 2개 이상 분산이 되어 있다면 전업 디지털 노마드를 해도 괜찮다. 무슨 말이냐면, 직장에서 300만 원을 벌고 블로그로 200만 원을 벌고 있다면 또 다른 수익모델로 100~200만 원을 벌어보라는 것이다.

내가 한 달에 버는 돈 전체를 100퍼센트로 잡았을 때 직장과 투잡이

50:50 비율일 때에는 섣불리 독립해서는 안 된다. 쓰리잡을 해서 30:35:35 비율을 만들면 과감히 디지털 노마드에 도전해도 괜찮다. 직장을 그만둬도 전체 수입의 30퍼센트밖에 잃지 않고, 나머지 70퍼센트도 35퍼센트, 35퍼센트로 나뉘어 있기에 만약 트렌드가 바뀌거나 비수기가 와서 어느 한쪽의 매출이 급감해도 다른 한쪽에서 든든하게 지지해준다.

맞벌이 부부를 생각하면 된다. 남편이나 아내 둘 중 한쪽이 직장에서 잘려도 남은 한쪽이 돈을 버니까 재취업을 할 때까지 도와줄 수 있지 않은가? 내가 마케팅 관련 사업을 3개 하는 이유도 이 때문이다. 솥에 발이 3개가 달려야 비로소 설 수 있는 것처럼 1~2개로는 위태위태할 수밖에 없다.

디지털 노마드들을 보면 알겠지만 다들 수입 다각화에 도전한다. 예를 들어 스마트스토어로 성공했으면 자신의 성공비결을 공개하는 유튜브 채널을 만들어 광고 수익을 얻고, 책을 집필해서 인세를 받으며, 온라인으로 마케팅 강의를 찍어서 추가소득을 만들고, 번 돈을 합쳐서 부동산에 투자하는 식이다. 무려 5군데에서 돈이 나오는 셈이다. 이렇게 된다면 디지털 노마드를 할 맛이 나지 않겠는가?

마지막으로 자신이 프리랜서 체질인지도 생각해봐야 한다. 재택근무가 가능한 직업은 마냥 행복할 것 같지만 뭐든지 얻는 것이 있으면 잃는 것도 있는 법이다. 디지털 노마드가 자유로운 근무 시간으로 분위기 좋은 카페나 여행지에서 노트북 한 대로 일할 수 있는 건 사실이다. 반면 일감을 따내지 못하면 돈을 벌 수 없어서 가끔은 직장인 시절 따박따박 나오던 월급이 그리워질 수도 있다. 퇴사를 하고 나서야 회사의 중요성을 알기도 한다. 회사는 모든 인프라를 제공해줘서 내 일에만 딱 집중하면 끝인데, 독립하는 순간부터 모든 일을 내가 직접 다 처리해야 한다.

프리랜서는 능력을 인정받지 못하면 아무도 일을 의뢰하지 않기에 마감일에 맞춰 하자 없는 작업물을 제출하지 못하면 생계가 위협을 받는다. 직장에서는 상사에게 시달리지만 프리랜서가 되면 오더를 주는 클라이언트에게 시달리는 것이다.

몸은 하나인데 돈을 위해 3~4개씩 일을 벌이다 보면 하루 종일 머릿속이 일 생각으로 가득해 여행지의 풍경은 눈에 들어오지도 않는다. 회사처럼 출퇴근을 비롯한 온갖 규칙에 매여 있지는 않지만 자기를 스스로가 통제해야 한다. 자기관리 능력이 없어서 게으름에 빠지는 순간 수입이 무너진다. 이런 이유로 인해 디지털 노마드에 도전했다가 다시 직장으로 돌아가는 사람들도 많다고 한다. 비슷한 이유로 마케터들 중에도 전업 제휴 마케터를 하다가 다시 직장을 구해 투잡을 하는 사람들이 있다.

우선 매출의 다각화로 월급이 별로 아쉽지 않다고 생각되기 전까지는 부업으로 하자. 그다음 내가 직장인 체질인지 디지털 노마드 체질인지를 고민해도 늦지 않다.

실체 없는 마케팅 교육을 조심하라

앞에서 소개한, 큰 교육비를 지불했지만 자세한 내막을 듣고 실망해 재택 부업을 포기했다는 사례처럼 고가의 마케팅 교육에 실망한 사례도 많다. 피해를 보는 사람이 생각 외로 많아서 이렇게 페이지를 따로 마련하기로 했다.

온라인 부업으로 돈 벌 수 있는 수익모델은 네이버, e커머스, SNS, 구글 애드센스에 이르기까지 다양하다. 요즘은 이 모든 분야에 관한 교육과 강의가 넘쳐난다. 여기저기서 돈을 벌 수 있다는 유혹이 끊이지가 않는 시대다. 마케팅 강사들은 자신의 성공 스토리와 희망찬 메시지, 그리고 자신에게 배운 제자들도 돈을 벌었다는 수익인증을 내세워 사람의 심리를 공략한다. 돈을 버는 것과 직접적인 관계가 있어서 그런지 수강료도 만만치가 않다.

물론 잘하는 사람에게 마케팅을 배우는 게 나쁘다는 말은 아니다. 내가 갈 길을 먼저 앞서서 걸어본 스승에게 지도를 받으면 시행착오를 최대한 줄여서 더 빨리 정상에 도달하는 것이 가능하다. 확실한 실력을 갖췄고 끝까지 수강생을 책임지고 외면하지 않는 스승을 만나면 비싼 교육비도 아깝지 않다. 든든한 멘토가 되어주기 때문이다.

안타까운 사실은 실력과 책임감을 겸비한 강사를 만나는 건 하늘의 별 따기만큼 어렵다는 점이다. 한때 전국의 블로그 강의란 강의는 전부 듣고 다녔지만 내가 스승으로 인정하는 분은 이상원 선생님 단 한 분이다. 1세대 바이럴 마케팅의 체계를 구축한 전문성에 인성까지 갖춘 강사이시기 때문이다. 어떤 사람은 운이 좋아서 나처럼 여기저기 헤매는 시행착오 없이 처음부터 진짜를 만날 수도 있을 것이다. 하지만 제자가 충분히 준비되어 있지 않으면 아무리 스승이 훌륭해도 좋은 인연이 되기는 힘든 것 같다.

블로그를 비롯한 온라인 마케팅은 이론이 아니라 실전이다. 비유하자면 수능 필기시험이 아니라 수영에 가깝다. 여러분이 박태환 선수에게 원데이 클래스로 수영 강습을 받는다고 생각해보자. 바로 수영을 잘하게 될까? 물론 선생님이 선생님인 만큼 다양한 고급 노하우를 배울 수 있을 것이다. 그러나 물에 뜨는 것도 못 하는 사람이 아무리 대단한 것을 배운들 몸에 체득시키기까지는 시간이 필요하다.

만약 수영을 한 1년 연습해서 모든 동작을 터득했는데 타임이 줄어들지 않아 답답한 사람이 박태환 선수의 원데이 클래스를 듣는다면 훨씬 더 도움이 될 것이다. 온라인 마케팅도 크게 다를 바가 없다. 블로그 지식이 많은 것과 블로그를 이용해 수익을 만드는 건 별개의 문제다. 마케팅을 잘하기 위해 100가지가 필요하다고 하면 1가지를 배우고 그것을 적용해 결과를 만들어낸 뒤 다시 다음 것을 배우는 숙성 과정이 필요하다. 고가의 N주 과정을 듣는다고 바로 마케팅 고수로 변신할 거라는 기대는 접어야 한다.

흔히 특정 분야에서 전문가가 되려면 1만 시간의 노력이 필요하다고 한다. 1만 시간은 하루 3시간, 10년이 흘러야 하는데 온라인 마케팅에 대입해보면 과장이 심하다. 하지만 적어도 1년 정도는 배운 내용을 스스로 실습해보는 시간이 필요하다. 물에 뜨는 법도 모르는 사람이 처음부터 박태환 선수에게 배울 필요가 없는 것처럼 맨 처음에는 책과 유튜브 강의로 독학을 해보고, 막히는 부분이 있으면 그보다 조금 더 비싼 온라인 강의를 들으면서 연습을 하는 것이 좋다.

나도 오랜 기간 강의와 컨설팅을 해오면서 혼자서 열심히 마케팅을 독학하다가 이런저런 벽에 부딪쳐 한계를 느낀 수강생이 찾아오면 불과 몇 개월 만에 큰돈을 벌게 만들어드렸지만, 아무것도 모르는 왕초보가 오면 수익을 만들어주는 데 좀 더 오랜 시간이 걸렸다. 명심하자, 적어도 온라인 마케팅에 있어서는 단지 몇 주 교육을 수료한다고 돈을 많이 벌어 부자 되는 마술은 없다는 것을. 돈은 실력에서 나오고, 실력이 탄탄해지기까지는 시간이 걸린다. 교육은 어디까지나 본인의 실력을 향상시키기 위한 촉진제에 불과할 뿐 결과를 장담하지 않는다.

세상에는 이런 진실을 감추고 '왕초보도 교육만 다 들으면 월 얼마를 버는 마케터가 될 수 있다', '나한테 교육비 얼마를 내면 한 달에 최소 얼마를 벌게 만들어주겠다'는 유혹이 많다. 마인드 세팅이 제대로 되어 있지 않다면 이렇게 사람의 욕망을 전문적으로 사냥하고 다니는 무리의 먹잇감이 될 뿐이다.

어떻게 하면 지뢰를 피할 수 있을까? 교육은 첫째로 누가 가르치느냐가 제일 중요하고, 그다음으로 교육기관의 신뢰도가 중요하다고 생각한다. 그래서 실체가 없는 마케팅 강사만 피하더라도 반은 성공했다고 볼 수 있다. 이들은 대개 네이버 카페에서 필명으로 활동한다. 회사의 대표가 누군지, 사무실은 어디에 있는지, 교육하는 주체는 누군지 알 수가 없다. 운영자의 사진도, 사업자등록증도, 홈페이지도 없다. 오로지 수익인증과 수강후기로 강사를 찬양하는 내용만 가득하다.

실제 카페라는 폐쇄적인 커뮤니티의 특성을 이용해 운영자를 우상화하여 고액의 교육상품을 판매하는 곳이 더러 존재한다. 포토샵과 다수의 네이버 계정만 있으면 이런 유령카페를 세워서 수익인증을 보여주는 건 일도 아니기에 지나치게 신비주의 경향을 보인다면 경계할 필요가 있다. 강의를 꼭 들어야겠다면 모든 것을 공개하는지, 강사와 수강생의 실체가 있는지, 강사가 실제 현장에서 그 일로 돈을 버는 사람인지, 아니면 교육으로 돈을 버는 사람인지 꼭 체크하길 바란다.

블로그 부업,
본격 강의

블로그 4대 지수: 알고 보면 블로그도 점수제?

1장에서는 올바른 투잡 선정의 기준과 블로그를 추천하는 이유에 대해 이야기했고, 2장에서는 블로그를 하기 전 주의해야 할 점을 쭉 둘러보았다. 3장부터는 본격적으로 블로그에 대해 설명하고자 한다. 3장만 잘 숙지해도 시중의 웬만한 블로그 강의 2~3개를 수강한 효과가 있을 것이다.

우선 어려운 전문용어부터 정리를 해보자. 블로그 마케팅을 하다 보면 로직, 알고리즘, 최적화, 저품질, C-rank, DIA, 상위노출 같은 생소한 단어들이 많다. 마케팅 강사들이 만든 용어이지만 어렵게 생각할 필요 없다. 상위노출을 중심으로 생각해보면 나머지도 자연스럽게 이해되는 개념이다.

블로그 투잡으로 수익을 내려면 누군가 내 포스팅을 읽고 애드포스트를 클릭해주거나 DB를 신청해야 한다. 그러기 위해서는 최대한 많은 사람들이 내 글을 읽어야 한다. 제일 좋은 방법은 사람들이 많이 검색하는 키워드에 상위노출을 하는 것이다. 상위노출의 기준은 PC 기준 1페이지 5등, 모바일 뷰 기준 1페이지 7등으로 잡는다.

위의 사진과 같이 강남 맛집을 검색할 경우 PC 기준 1페이지 5위, 모바일 기준 7위를 넘어가면 포스팅이 잘린다. 그 이상의 포스팅을 읽으려면 '더보기'를 클릭해야 한다. 포스팅을 발행했을 때 상위노출을 잘 시키는 블로그를 '최적화 블로그'라고 부르고, 아무리 글을 써도 저 멀리 뒤쪽에 뜨거나 아예 검색결과에서 제외되는 블로그를 '저품질 블로그'라고 한다.

지금 이 순간에도 수많은 블로거들이 문서를 생산하고 있다. 개중에는 이웃과 방문자들이 선호하는 좋은 글을 자주 생산하는 블로그도 있고, 허구한 날 광고글만 양산하는 블로그도 있을 것이다. 네이버 입장에서는 전자를 최적화 블로그로 만들고, 후자를 저품질 블로그로 만들어야 한다. 유저들이 네이버에 키워드 검색을 했을 때 유익한 글이 많아야 계속 네이버를 사용할 것이기 때문이다.

최적화와 저품질을 구별하는 이 작업은 당연히 사람이 수동으로 할 수 없다. 블로그는 네이버 아이디 개수만큼 있기 때문이다. 그래서 하루 24시간 바둑 기보만 공부하는 알파고처럼 네이버에도 블로그를 감시하고 분류하는 시스템이 있다. 이를 '로직' 혹은 '알고리즘'이라고 부른다. 뒤에서 설명하겠지만 네이버의 블로그 로직은 계속해서 변해왔다. 가장 최신 로직이 'C-rank'와 'DIA'다.

처음 블로그를 개설하면 최적화도, 저품질도 아닌 0의 상태다. 이때 블로그를 어떻게 운영하느냐에 따라 저품질(-)이 되기도 하고, 최적화(+)가 되기도 한다. 우리의 목적은 당연히 0에서 마이너스를 피해 플러스로 나아가는 것이다. 그러려면 점수를 따야 한다. 네이버 로직C-rank, DIA에게 내 블로그는 이웃과 방문자들에게 좋은 정보를 제공하는 블로그임을 각인시켜야 한다는 말이다. 그렇다면 네이버는 대체 무엇을 기준으로 블로그를 평가할까? 그 실마리가 되는 것이 바로 4대 지수 개념이다.

우리 눈에는 보이지 않지만 모든 블로그에는 일종의 마일리지가 있다. 블로그 활동성 지수, 블로그 인기도 지수, 포스트 주목도 지수, 포스트 인기도 지수의 4가지 영역에서 점수를 많이 딸수록 최적화 블로그가 되고, 반대로 실점할수록 저품질에 가까워지는 것이다.

블로그 활동성 지수

블로그 운영기간, 포스트 수, 포스트 쓰기 빈도, 최근 포스트 활동성을 본다. 블로그를 얼마나 오랫동안 운영했고, 전체글 수가 많고, 갑자기 포스팅 활동을 중단하고 장기간 잠수하는 일 없이 꾸준히 글을 작성했고, 최근에도 계속 블로그를 업데이트하고 있으면 활동성 지수를 높게 준다.

이해하는 데 상식적으로 큰 어려움은 없을 것이다. 다만 활동성 지수를 높이겠다고 아무 글이나 막 써서는 안 된다. 어디서 베껴오거나 남의 글을 스크랩한 글이 아니라 본인이 직접 작성한 오리지널 문서여야 한다. 인터넷 아무 글이나 베껴와도 점수를 준다면 다들 활동성 지수를 높이기 위해 여기저기서 글을 퍼올 것이고, 다른 곳에서 본 글만 많아진다면 소비자들은 굳이 네이버를 이용할 필요성을 못 느낄 것이기 때문이다.

블로그 인기도 지수

방문자 수, 방문 수, 페이지 뷰, 이웃 수, 스크랩 수를 따진다. 사람들이 내 블로그에 방문하는 경로는 크게 3가지다. 내가 쓴 포스팅을 검색하고 들어오거나, 이웃 혹은 서로이웃을 맺어서 새 글이 갱신된 것을 보고 들어오거나, 아니면 네이버 바깥에서 내 블로그 URL을 통해 들어오는 것이다.

이 3가지 경로로 사람들이 많이 들어오면 방문자 수, 방문 수, 이웃 수가 많다는 뜻으로 블로그 인기도 지수가 올라간다. 누군가 내 글을 읽고 스크랩을 해간다면 금상첨화다. 인기도 지수에서 중요하게 보는 건 방문 수와 페이지 뷰다.

방문 수와 방문자 수를 헷갈릴 수도 있을 텐데 방문자 수는 일일방문자이고, 방문 수는 한 사람이 내 블로그에 꾸준히 들어오는 것을 말한다. 또 페이지 뷰는 일일방문자가 내 블로그에서 글을 몇 개를 읽고 나갔는지를 나타낸다. 만약 평균 페이지 뷰가 3이라면 많은 방문자들이 내 블로그에 들어와 글을 최소 3개는 읽고 나간다는 뜻이 된다.

우리가 평소 블로그를 소비하는 패턴을 보면 궁금한 것을 키워드 검색하고 상위노출 된 블로그에 들어가 끝까지 다 읽으면 바로 나가버린다. 그 블로그를 다시 찾을 일은 거의 없을 것이다. 즉, 방문자 수 1, 방문 수 1, 페이지 뷰 1 패턴이 대다수다. 그런데 글을 너무 잘 써서 다른 글도 덩달아 읽어보고, 즐겨찾기에 추가해서 가끔씩 블로그를 들르는 사람이 많다면 네이버가 인기도 점수를 더 준다.

포스트 주목도 지수

내가 블로그에 써놓은 글들이 공감, 댓글을 많이 받을수록 포스트 주목도 지수가 올라간다.

포스트 인기도 지수

포스트 주목도 지수가 블로그 전체 포스트의 공감 댓글을 따진다면 포스트 인기도 지수는 포스트 1개 단위로 조회 수, 공감, 댓글, 엮인글, 스크랩 반응을 따진다. 공감 댓글을 내가 썼는지, 이웃이 써줬는지, 방문자가 써줬는지도 따진다.

정리하자면 내가 좋은 콘텐츠 1개를 올려서 이웃과 방문자들이 보고 공감과 댓글을 많이 남기면 포스트 인기도 지수가 올라간다. 이렇게 포스트 인기도 지수가 좋은 글 10개를 올렸다면 포스트 주목도 지수가 상승한다. 포스트 인기도 지수와 주목도 지수가 올라가면 자연스럽게 블로그 활동성 지수와 블로그 인기도 지수도 올라간다.

즉, 꾸준히 소통할 서로이웃을 늘리면서 사람들이 정독하고 공감과 댓글을 달아줄 좋은 글을 계속 써나가면 4대 지수 전체에서 점수가 쌓여 블로그가 점점 최적화되어간다. 반대로 아무도 이웃신청도 하지 않고 올리는 글마다 공감 댓글도 안 남기고 대충 읽다 나간다면 4대 지수가 깎여 저품질 블로그로 전락하게 된다.

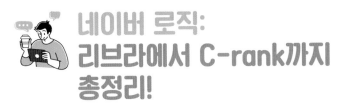

네이버 로직: 리브라에서 C-rank까지 총정리!

필자가 블로그를 시작한 지도 어느새 10년의 세월이 지났다. 20대 후반 무렵부터 했으니까 거의 2000년대 중후반부터 블로그를 해온 셈이다. 10년이면 금수강산이 바뀐다는 말처럼 블로그도 많은 변화를 거쳤다. 이번에는 그 변화의 과정에 대해 설명할까 한다.

바로 최신 로직을 말하지 않고 지나간 로직부터 정리하는 이유가 있다. 일단 네이버는 과거의 로직을 폐기하고 아예 새로운 로직을 만들기보다는 과거에 만들어놓은 로직을 개량해서 새로운 로직을 만든다. 따라서 로직이 어떻게 변해왔는가를 알면 현재의 로직도 더 쉽게 이해할 수 있고, 앞으로의 로직이 어떻게 변할지도 짐작할 수 있다.

로직에 대해 배우기 전에 가장 먼저 알아야 할 본질이 있다. 네이버는 이윤을 추구하는 기업이지 공공기관이 아니라는 점이다. 국민 모두가 검색엔진을 무료로 사용하니까 가끔 공기업이라고 생각하는 사람도 있다. 네이버의 본질은 광고회사다. 네이버가 계속 돈을 벌려면 네이버를 이용하는 사용자가 많아야 한다. 그래서 검색엔진, 지도, 블로그, 카페,

지식인, 쇼핑, 웹툰, 사전, 클라우드 서비스 등을 무료로 제공해 유저를 모으고 이를 기반으로 광고상품을 팔거나 스마트스토어 수수료, 네이버 페이 수수료 등으로 이익을 낸다.

현재 네이버에 닥친 위기는 과거 80퍼센트였던 검색점유율이 60퍼센트까지 하락했다는 점이다. 뭘 검색해도 광고만 뜬다, 실시간 검색어도 조작하는 것 같다는 여론이 꾸준히 있었고, 최근에는 구글과 유튜브의 약진으로 20퍼센트의 점유율을 빼앗겼다. 사람들이 다음, 구글, 유튜브 같은 경쟁사로 빠져나갈수록 네이버의 수익은 줄어든다. 자사의 불리한 소비자 인식을 개선해서 점유율을 되찾는 것이 네이버의 영원한 과제라고 할 수 있겠다.

네이버는 2018년에 C-rank와 DIA 로직을 만들었다. 검색결과에 무의미한 광고를 최대한 줄이고, 사람들이 선호하는 콘텐츠가 나오게 하기 위함이다. 개편은 성공적이어서 요즘 검색결과는 과거에 비하면 그나마 광고가 후기 위주 글로 많이 교체된 모습을 볼 수 있다. 지금도 여전히 광고가 많다는 사람도 있지만 내가 처음 네이버를 접했던 시절을 떠올려보면 장족의 발전을 이뤘다.

국내에서 네이버가 본격적으로 활성화되기 시작한 건 2002년에 지식인 서비스가 나온 후였다. 그 이전까지는 사람들이 야후를 쓰다가 다음으로 넘어갔으며, 커뮤니티 카페도 전부 다음에 모여 있었다. 지식인이 생기면서 궁금한 것을 올리고 답하는 데이터가 네이버에 쌓이자 사람들이 네이버 검색을 많이 하기 시작했고, 1년 후에는 블로그 서비스가 나왔다.

점점 네이버에 사람들이 몰리면서 1세대 바이럴 마케팅 환경이 만들어지기 시작했다. 개인 홈페이지 정도로 사용되던 블로그에 광고글을 쓰는 사람들이 생기기 시작한 것이다. 그때는 무법지대나 다름없어서 문서하나에 키워드를 여러 개 반복해서 넣으면 전부 상위노출이 되었다.

꽃집을 예로 들면, '꽃집' 앞에 인근 지역 키워드를 다 넣으면 사람들이 어떤 'ㅇㅇ 꽃집'으로 검색하든 다 보여주었다. 문서 중간에는 광고 내용과 함께 전화번호를 적고 위아래에는 유입용 키워드를 빽빽하게 써놓으니 가독성도 안 좋고 불쾌함을 느낄 수밖에 없었다. 더 대단한 것은 그런 광고글을 여러 개 발행하면 한 키워드 1페이지에 똑같은 블로그 글이 2개, 3개도 노출됐었다.

결국 네이버가 칼을 뽑았다. 소나와 리브라 로직을 만든 것이다. 소나는 당시 범람했던 유사중복 문서를 체크하는 기능을 강화시킨 알고리즘이었다. 또 리브라는 당시 자주 보였던 광고글 어뷰징 패턴을 막는 알고리즘이었다. 소나와 리브라 덕분에 어디서 퍼온 복사 붙여넣기글과 도배글이 대폭 감소했고, 상위노출을 위해 키워드를 단순 반복하던 광고글들도 필터링되었다. 무법지대에서 서서히 기준이 잡히고 질서가 생기기 시작한 것이다. 하지만 로직의 허점이 있어서 여러 마케팅 대행사는 몇 번에 걸친 실험 끝에 리브라 로직의 취약점을 파악해 키워드 상위노출 광고 대행으로 돈을 벌었다.

이때 생겨난 것이 최적화 블로그 공장이었다. 지금과 달리 당시에는 최적화 블로그를 만들기가 매우 쉬웠다. 딱 45일 동안 하루도 빼먹지 않고 유사중복에 걸리지 않는 독창적인 문서를 쓰면서 서로이웃을 늘리면 매달 특정일에 블로그가 최적화되었다.

이 법칙을 발견한 대행사들은 아르바이트생까지 뽑아가며 대량의 최적화 블로그를 공장처럼 찍어냈고, 일부는 자기네들 상위노출 대행에 사용하고 나머지는 최적화 블로그를 필요로 하는 다른 회사에 판매해서 어마어마한 수익을 올렸다. 최적화 블로그를 사간 회사들은 당연히 그 블로그를 자사 비즈니스 홍보에 이용했고, 검색량이 좀 되는 상업 키워드에는 어김없이 광고가 넘쳐흘렀다.

물론 예전과 달리 리브라 로직이 생겼기 때문에 광고글의 패턴을 바꿔야 했다. 요즘도 자주 볼 수 있는 흔한 광고글 포맷이 이때 처음으로 정착했다. 대충 제품이나 가게 안을 찍은 사진에 상품의 장점과 구매하라는 내용의 글을 만들고, 그 안에 상위노출을 잡기 위한 키워드를 5~10개 정도 끼워 넣는 스타일 말이다. 연구를 거듭한 대행사는 급기야 무의미한 글에 키워드만 맞춰놓고 상세페이지 사진으로 광고하는 방법까지 개발하게 되었다.

그러자 네이버가 두 번째 칼을 빼들었다. 2015년도 9~10월을 기점으로 최적화 블로그가 더 이상 나오지 못하도록 막아버린 것이다. 또 리브라 로직을 강화시켜서 로직의 틈을 찔러 상위노출 시키는 대행사의 온갖 꼼수를 잡아내기 시작했다. 이 과정에서 최적화 블로그 가격이 많이 뛰었다. 최적화 블로그를 필요로 하는 수요는 많은데 더 이상 신규 최적화는 잘 안 나오면서 기존에 있던 것은 저품질로 죽으니 수요와 공급의 법칙이 작용한 것이다. 하지만 워낙에 풀린 최적화 블로그가 많기도 했고, 예전보다 만들기 어려워졌을 뿐이지 블로그 4대 지수를 쌓아나가면 상위노출을 잡을 수 있는 건 여전했기에 네이버와 대행사 간의 창과 방패의 싸움은 좀처럼 끝나지 않았다.

대행사들은 마케팅 프로그램까지 개발해서 문서생성기와 서로이웃 자동 추가를 돌려 블로그를 키웠고, 스크랩이 상위노출에 큰 영향을 미친다는 사실을 파악하자 이를 절묘하게 이용해 게시글 순위까지 조작했다. 그 시절 대행사 사람들이 궁리해낸 별의별 방법들을 듣다 보면 사람이 작정하고 머리를 쓰면 이렇게까지 창의적일 수 있구나, 감탄을 금치 못했다.

결국 세 번째 칼인 C-rank와 DIA 로직이 만들어졌다. 최적화 블로그 공급을 막는 것을 넘어서서 아예 모든 블로그에 C-rank 개념을 도입해 버렸다. 블로그를 한 분야의 전문으로 특화시켜야 상위노출 할 수 있도록 근본을 바꿔버린 것이다. 이 정책은 대행사의 영업이익에 돌직구를 날렸다.

무슨 말인가 하면, 리브라 로직 시절에는 최적화 블로그 하나만 있으면 분야와 업종을 가리지 않고 상위노출이 가능했다. 한 블로그에 전자기기, 뷰티, 식품, 부동산, 애완용품, 맛집 등 가리지 않고 모든 키워드를 상위노출 할 수 있었다. 그런데 C-rank가 생기고 나서부터는 이야기가 달라졌다. 내가 IT·전자 관련 키워드에 상위노출 하고 싶으면 평소 블로그에 전자제품 관련 포스팅을 열심히 올려서 C-rank 최적화를 시켜야한다. 그렇게 IT 전자기기 쪽으로 C-rank 최적화가 된 블로그는 그쪽 방면의 키워드는 상위노출을 잘 잡지만 나머지 뷰티, 식품, 부동산, 애완용품, 맛집 관련 키워드로는 여전히 상위노출이 힘들다.

당연히 C-rank 블로그를 모든 분야별로 다 갖고 있는 대행사는 극히 소수에 불과했고, 많은 대행사들이 상위노출 가능한 범위가 극도로 축소되어서 순이익이 떨어져 문을 닫았다. 살아남은 대행사는 C-rank와 DIA 로직을 분석한 다음에 각 분야별로 C-rank 블로그를 육성하고 있다고 한다.

정리하자면 현재의 블로그 로직은 이전에 개발된 소나와 리브라를 기반으로 그 위에 C-rank와 DIA가 두텁게 덮여진 형태이며, 언젠가 대행사가 C-rank와 DIA까지 파훼한다면 새로운 알고리즘이 또 업데이트될 것이다.

미래의 로직은 어떻게 변화할까? 가장 큰 특징 한 가지를 꼽자면 알고리즘이 점점 AI로 대체될 것이다. C-rank와 DIA가 생기기 이전까지 네이버 로직은 알고리즘으로 작동했다. 사전에 프로그래밍된 작업내용을 기계적으로 반복했다는 뜻이다. 창과 방패의 싸움에서 항상 뚫렸던 이유가 이 때문이다.

알고리즘은 프로그래머가 미리 상정해놓은 범위 이상의 일을 처리해내지 못한다. PC 온라인 게임을 예로 들어보자. 대부분 온라인 게임에는 핵이나 버그 등을 통해 취약점을 파고들어 부당한 이득을 취하는 유저들이 꼭 있다. 이에 대해 게임 운영자들이 실시간으로 대처를 하지는 못한다. 개발자가 코드를 다시 짜서 문제의 근본원인을 제거하고, 이를 업데이트 패치해야 비로소 해결할 수 있다. 하지만 AI가 보편화되면 판도가 달라진다. 알고리즘에는 없는 딥러닝 기술을 갖고 있기에 학습해 놓은 빅데이터를 기반으로 이레귤러가 발생하면 실시간으로 차단할 수 있다. 온라인 게임으로 치자면 버그와 핵의 패턴을 학습해둬서 누군가 불법 프로그램을 사용하면 즉시 조치를 취한다고 보면 된다.

실제 지금도 네이버 블로그 AI는 독자들의 반응이 좋은 글의 패턴과 외면당하는 글의 패턴을 학습하고 있다. 예전처럼 특정한 조건을 만족시키면 상위노출이 되던 방식에서 점점 읽는 사람들이 진정한 반응을 보이는 글이 중요해지기 때문에 로직의 허점을 파고드는 테크닉은 앞으로 점차 사장될 것이다.

이상 10년 동안 현업에 머무르면서 필자가 지켜봐온 블로그 로직의 변천사와 미래의 방향에 대해 다뤄보았다. 그렇다면 현재의 알고리즘인 C-rank와 DIA는 정확히 무엇을 의미하는지 다음 내용에서 알아보도록 하겠다.

C-rank:
신뢰할 수 있는
크리에이터가 되자!

C-rank 로직은 앞에서 언급했듯이 블로그를 한 분야의 전문으로 특화시켜야 상위노출에 유리한 정책이다. 비유하자면 리브라 시절 최적화 블로그가 김밥천국이었다면, C-rank 이후 최적화 블로그는 김밥집, 라면집, 떡볶이집, 돈까스집 기타 등등으로 분업화가 진행되고 있다고 보면되겠다.

그렇다면 참 문제다. 당장 CPA 부업을 하더라도 머천트 종류가 다양하기 때문이다. 만약 내가 드론 자격증 포스팅을 자주 올려서 내 블로그가 IT·전자와 교육 쪽으로 C-rank화 된다면 다른 분야는 상위노출이 불가능한 것일까? 다행히 그렇지는 않다.

필자의 블로그 https://blog.naver.com/c4men98를 보면 한 분야의 글만 올리지는 않는다. 마케팅, 육아, 영화, 일상, 교육, 독서 등등 다양한 분야의 내용을 포스팅한다. 이 6가지 분야에 대해 계속해서 꾸준히 포스팅을 하면 6가지 영역 모두 C-rank 최적화가 일어나면서 상위노출이 쉬워진다.

여기에 부동산을 추가로 쓰기 시작하면 처음엔 내 블로그가 부동산에 대해 써본 역사가 없으니까 상위노출이 쉽지 않겠지만, 꾸준히 부동산과 관련해서 좋은 콘텐츠를 발행하면 부동산 쪽으로도 상위노출이 잘 잡히기 시작한다.

C-rank에 대해 정확하게 알기 위해서는 마케팅 강사들의 가설이 아닌 네이버가 발표한 공식자료를 봐야 한다.

- 주제별 출처의 신뢰도와 인기도를 반영하는 C-Rank 알고리즘

  (https://m.blog.naver.com/naver_search/220774795442)

- C-Rank는 지금도 끊임없이 진화중입니다

  (https://m.blog.naver.com/naver_search/221256521161)

- 블로그 검색 C-Rank 알고리즘에 대해 궁금한 점 알아보기

  (https://m.blog.naver.com/naver_search/221008093810)

위의 3개 글은 네이버 측에서 직접 C-rank에 대해 설명한 공식 발표 자료다. 지금 이 자리에서는 C-rank 이해에 꼭 필요한 부분만 발췌해서 살펴볼 예정이다. 전체 내용은 나중에 따로 URL에 접속해 읽어보길 권하는 바이다.

C-rank는 'Creator Rank'의 줄임말이다. 포스팅을 생산해내는 크리에

이터가 얼마나 신뢰와 인기가 있는지를 따져서 랭크를 평가한 다음, 점수가 좋은 출처(블로그)에서 나온 글은 상위노출에 가산점을 준다는 말이다. 이 가산점은 DIA 로직에도 있는데 C-rank가 블로그를 평가하는 로직이라면, DIA는 문서를 평가하는 로직이다.

이 둘을 합치면 평소 신뢰할 수 있는 블로거가 좋은 콘텐츠를 쓰면 그것을 우선적으로 상위노출 해준다는 결론을 내릴 수 있다. 블로그에 대한 점수와 포스트에 대한 점수를 구분한 4대 지수가 더 심화되었다고 보면 된다.

DIA는 뒤에서 다루도록 하고 일단 C-rank부터 자세히 알아보도록 하자. 그렇다면 어떻게 해야 신뢰도와 인기도가 높은 크리에이터가 될 수 있을까? 네이버는 이에 대해 맥락Context, 내용Content, 연결된 소비/생산 Chain이라는 '3C'를 제시한다.

- **맥락(Context)** 사람들이 네이버에 들어와 키워드 검색을 해서 나온 콘텐츠를 소비하는 일련의 과정을 말한다.
- **내용(Content)** 맥락을 통해 내 블로그에 들어온 사람이 읽는 포스팅을 말한다.
- **연결된 소비/생산(Chain)** 콘텐츠를 읽고 남기는 공감, 댓글, 스크랩을 말한다.

한마디로 내가 작성한 내용이 소비자들이 검색하는 맥락에 맞아 연결된 소비/생산 작용을 일으키면 출처의 신뢰도/인기도Creator가 상승한다는 말이다.

예를 들어 사람들이 '중고차 싸게 사는 법'을 검색하는 맥락은 중고차를 사려는데 바가지 쓰지 않는 방법이 궁금해서 찾아보는 것이다. 여기에 대해 매물을 확인한 뒤 딜러를 거치지 않고 차주에게 직접 전화해 도매값으로 싸게 살 수 있다는 내용으로 글을 썼다면 사람들의 검색의도와 부합하니까 방문자가 집중해서 글을 끝까지 읽을 것이다. 그러면 공감과 댓글이 달리고 운이 좋으면 누군가가 스크랩을 해가거나, 카페 혹은 외부에 URL을 홍보할 것이다. 이런 작용이 연결된 소비/생산이다.

반면 검색하는 사람들이 궁금해하는 것에 답해주는 노하우가 아니라 카페, 사이트를 홍보하는 글은 맥락에 맞지 않는 내용이기에 방문자들이 글을 제대로 안 읽고 쉽게 이탈한다. 연결된 소비/생산 활동도 상대적으로 적게 일어나 출처의 신뢰도/인기도에 안 좋은 영향을 미친다. 즉, 블로그 지수에 타격을 입는다.

참고로 네이버는 우리가 로그인하는 순간부터 무엇을 누르고 어떻게 스크롤을 올리고 내리는지까지 전부 체크해서 데이터를 수집하고 있다. 미리 수집해놓은 데이터와 비교분석 할 수 있기에 이 아이디가 프로그램으로 움직이는 유령계정인지, 실제 사람이 접속해서 쓰는 중인지 다 분간할 수 있다. 그렇기에 맥락, 내용, 연결된 소비/생산을 인위적으로 높이기는 힘들다. 결론은 맥락에 맞는 독창적인 콘텐츠로 반응을 얻는 것이 핵심이다. 3C를 좀 더 디테일하게 들어가면 C-rank에서 참조하는 데이터, 즉 가점을 주는 6가지 항목이 나온다.

블로그 컬렉션(BLOG Collection)

네이버에는 이미 몇 억 건의 문서 데이터가 쌓여 있다. 제목, 본문, 이미지, 링크 등을 따져서 글이 독창적인 문서인지, 아니면 복사 붙여넣기 한 유사중복 문서인지 가려낸다는 의미다.

항목	설명
BLOG Collection	블로그 문서의 제목 및 본문, 이미지, 링크 등 문서를 구성하는 기본 정보를 참고해 문서의 기본 품질을 계산
네이버 DB	인물, 영화 정보 등 네이버에서 보유한 콘텐츠 DB를 연동해 출처 및 문서의 신뢰도를 계산
Search LOG	네이버 검색 이용자의 검색 로그 데이터를 이용해 문서 및 문서 출처의 인기도를 계산
Chain Score	웹문서, 사이트, 뉴스 등 다른 출처에서의 관심 정도를 이용해 신뢰도와 인기도를 계산
BLOG Activity	블로그 서비스에서의 활동 지표를 참고해 얼마나 활발한 활동이 있는 블로그인지를 계산
BLOG Editor 주제 점수	딥러닝 기술을 이용해 문서의 주제를 분류하고, 그 주제에 얼마나 집중하고 있는지 계산

* C-Rank에서 참고하는 항목들은 알고리즘 개선을 위해 계속 변경 적용됩니다.

<현재 블로그 C-Rank 알고리즘에서 참고하는 데이터>

네이버 DB(Data Base)

네이버에서는 책이나 인물, 영화처럼 나름의 DB를 갖고 있다. 나 역시 네이버 인물정보에 등록이 되어 있는데, 누군가가 블로그에 나에 대해 허위정보를 적었다고 가정하자. 현재 나는 네이버 인물정보에 1979년생 남자로 등록되어 있는데, 69년생 여자라고 거짓말을 하면 네이버의 DB와 모순된다. 이렇게 잘못된 정보가 떠돌면 네이버는 바로 잡아낼 수 있다.

서치 로그(Search LOG)

검색방문자가 어떻게 검색해 블로그에 들어와 움직였는지 실시간 검색 로그 데이터를 파악한다. 체류시간과 페이지 뷰가 좋은 로그가 많이 나오면 라이브 검색에 가산점을 준다.

체인 스코어(Chain Score)

블로그의 글이 다른 블로그, 카페, 웹사이트, 뉴스 등 여러 곳에서 퍼나르고 인용하고 언급이 되기 시작하면 가산점을 준다.

블로그 액티비티(BLOG Activity)

블로그 운영기간, 전체글 개수, 최신글 여부, 서로이웃 활동 등등 블로그 활동을 얼마나 꾸준히 했느냐를 따진다. 블로그 활동성 지수와 비슷하다.

블로그 에디터(BLOG Editor) 주제 점수

앞서 이야기한 C-rank 최적화에 대한 것이다. 쓰는 글마다 주제를 분류해 해당 주제에 대해 얼마나 집중하는지를 본다. 내 블로그에 마케팅을 주제로 새롭고 독창적이고 깊이 있는 글을 계속 써나가면 마케팅에 대한 주제 점수가 올라간다.

결국 이 역시 앞서 말한 4대 지수와 C-rank 설명의 연장선상임을 알 수 있다. 이론은 알았으니 실전에서 C-rank 블로그를 만들려면 어떻게 해야 할까? 방법은 간단하다. 1개 주제로 꾸준히 포스팅을 최소 50개 이상 올린다.

이때 올리는 글은 검색의도에 잘 부합하면서 독창적이고 유익한 내용을 담아야 한다. 반응이 나오는 글을 써야 한다는 말이다. 글을 읽고 이웃들이 찾아오고 검색방문자가 공감 댓글을 남기면 성공이다. 페이지뷰와 체류시간이 얼마나 잘 나오느냐에 따라 50개 정도만 써도 C-rank 최적화가 나오기도 하고 100개를 써야 나오기도 한다.

그렇다고 한 분야만 100개를 올린 다음 다른 분야로 넘어가 다시 100개를 올리기를 반복할 필요는 없다. 지나치게 전문분야의 글만 작성할 경우 이웃소통이 어려워질 수 있다. 맛집이나 리뷰처럼 중간중간 가벼운 글도 써주면서 장기전으로 끌고 가면 어느새 C-rank 최적화가 되어 있을 것이다.

DIA: 방문자의 반응을 이끌어낼 글을 써라

C-rank가 블로그를 평가하는 로직이라면, DIA는 포스팅을 평가하는 로직이다. 동시에 모바일 상위노출하고도 밀접한 연관성을 가지고 있다. 이번에도 네이버가 발표한 공식자료를 통해 알아보도록 하자.

- 네이버 검색에 새롭게 적용된 D.I.A 랭킹을 소개합니다

  (https://m.blog.naver.com/naver_search/221297090120)

DIA는 'Deep Intent Analysis'의 줄임말이다. 대략 검색자들이 깊게 관심을 보이는 콘텐츠를 분석한다는 뜻이 된다. 앞 글자를 따서 다이아 로직이라고 부른다.

리브라 초기 시절만 하더라도 문서는 그렇게 중요하지 않았다. 글을 잘 쓰기에 앞서 최적화 블로그가 필수였고, 아무 의미도 없는 장문의 글 중간중간 키워드만 5개 넣어서 발행한 글에 인위적으로 공감, 댓글, 스크랩을 달아주면 상위노출이 가능했다.

DIA가 생기고 나서부터는 그런 꼼수가 불가능해졌다. 이제는 네이버가 문서를 꼼꼼하게 감정하기 때문이다. 예를 들어 내가 '부산여행' 키워드로 글을 쓴다고 생각해보자. 옛날 같았으면 문서의 전체 맥락과 무관하게 중간중간 부산여행이라는 단어가 5번 정도 들어가면 무조건 부산여행에 대한 글이라고 판단했다. 하지만 요즘은 특정 키워드를 많이 넣는 걸로 속일 수 없다. 알고리즘이 단어만 보는 게 아니라 글 전체의 문맥을 독해하기 때문이다.

네이버는 날마다 유저들이 검색하는 빅데이터를 가지고 있다. 그래서 부산여행은 해운대, 센텀시티, 광안대교, 자갈치시장, 돼지국밥 등과 관련이 있다는 것을 알고 있다. 이외에도 부산여행과 관련 있는 키워드는 매우 많을 것이다. 연관 있는 키워드들이 문법에 맞게 작성된 글은 네이버가 '이 글은 부산여행에 관한 글이 맞다'고 판단해서 노출해주지만, 글이 온통 제주도에 관한 내용인데 억지로 '부산여행'이라는 글자를 5개 넣어봐야 소용없다.

네이버는 춘천에 거대한 데이터센터를 가지고 있다. 향후 세종시에 제2의 데이터센터를 지을 예정이라고 한다. 지금은 빅데이터를 이용하는 정도지만 나중에는 알고리즘이 글 전체의 문맥까지 전부 분석해 부자연스러운 글은 검색결과에서 제외시킬 것이다.

사실 이런 시스템이 없던 시절에는 개인이 상업 키워드에 상위노출되기가 힘들었다. 아무리 용을 써도 대행사를 이길 수 없었기 때문이다. 지금은 DIA 로직 덕에 부자연스러운 글이 걸러지는 데다가 키워드를 의식하지 않고 본인이 체험한 내용을 진솔하게 쓴 글 위주로 상위노출이 되기 때문에 개인들이 블로그를 시작하기 가장 좋은 시기라고 할 수 있다. 이처럼 DIA는 문서를 평가하면서 모바일 상위노출에 관한 로직이기도 하다.

- [하반기 검색 개편 3] 신뢰할 수 있는 사용자 경험 중심의 'VIEW검색(뷰검색)'으로 새롭게 태어납니다
  (https://m.blog.naver.com/naver_search/221356918519)

2018년 모바일 검색환경이 크게 바뀌었다. 9월에 발표된 'VIEW 통합' 이야기다. 스마트폰으로 네이버 검색을 자주 하는 사람은 알겠지만 VIEW가 생기기 이전에는 모바일 검색결과가 PC와 동일하게 블로그, 카페, 지식인, 포스트로 섹션이 나뉘어 있었다. 지금도 PC는 각 채널을 분리해서 검색결과를 보여준다. 그런데 모바일에서는 4개 영역이 VIEW라는 탭 하나로 통합되었다. VIEW에 블로그, 카페, 지식인, 포스트 글이 공존하게 된 것이다.

VIEW가 생기고 난 이후로 PC와 모바일 상위노출 환경이 점점 달라지고 있다. PC 환경은 키워드 최적화를 한 독창적인 문서가 상위노출이 된다. 모바일 상위노출에서 제일 중요한 건 인기도다.

지금 이 순간에도 수많은 글들이 쏟아지고, 수많은 사람들이 모바일을 통해 키워드 검색을 한다. 그중 사용자들이 자주 보고 오래 보고 공

감, 댓글, 스크랩을하는 인기 게시물의 순위가 점점 올라간다. 이렇게 모바일에서 순위가 올라가면 곧 PC 환경에도 영향을 끼쳐서 PC 순위도 변한다.

옆의 사진은 필자가 작년에 '카페 마케팅' 키워드로 상위노출을 잡은 결과다.

VIEW와 라이브 검색이 생기기 전에는 PC와 모바일이 보여주는 검색결과가 똑같았다. 그런데 지금은 같은 키워드인데도 PC와 모바일의 검색결과가 다르다. 내가 쓴 글이 모바일에서는 1등(아래 사진)인데 PC에서는 4등(위의 사진)이다.

추론하자면 맨 처음에는 PC처럼 모바일에서도 5~6위 정도로 랭킹이 낮았을 것이다. 그런데 이웃과 검색방문자들이 글을 정독하고 공감, 댓글이라는 좋은 피드백을 남겨주자 DIA 로직에 의해 VIEW 1등으로 올라가고, VIEW에서 순위가 상승한 것이 영향을 미쳐서 PC에서도 4등으로 올라간 것이다. 모바일 상위노출 알고리즘은 인기도이기 때문에 앞으로는 상위노출을 한번 띄우기만 하면 끝이 아니라 사람들이 내 글을 많이 클릭하고, 오랫동안 체류하면서 꼼꼼히 정독하고, 공감과 댓글을 남기는 것이 중요하다. 그렇기에 모바일 환경에서 보이는 제목, 카피, 썸네일, 서문 등에 신경을 써야 한다.

아래 자료를 보면 검색사용자들이 검색하고 보이는 패턴들을 DIA 로직이 학습해 검색사용자들이 선호하는 문서를 검색결과 창에 반영해 순위를 올리며, 동시에 사용자 선호 문서의 특징을 AI로 학습한다고 한다.

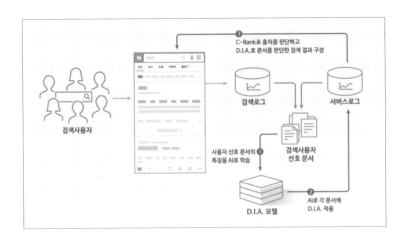

네이버 검색엔진에도 알파고 같은 인공지능과 딥러닝 기술이 적용되기 시작한 것이다. 알파고는 인간과 다르게 하루 24시간, 1년 365일 쉬지도 않고 바둑 기보를 학습할 수 있다. 마찬가지로 인공지능인 DIA 로직 역시 네이버 유저들이 오래 정독하고 공감과 댓글을 남기는 좋은 콘텐츠의 특징을 쉬지 않고 딥러닝한다. 동시에 끝까지 읽지도 않고 나가버리는 광고글의 특징도 학습한다.

최근 빈번히 일어나는 저품질 대란의 원인이 여기에 있다. 나쁜 콘텐츠의 특징과 대행사 스타일의 가짜 리뷰, 가짜 후기의 특징을 계속 학습해나가기 때문에 광고글 패턴, 대행사 패턴대로 쓰인 포스팅에 패널티를 주는 것이다. 필자가 계속해서 광고로는 절대 돈을 벌 수 없다고 주장하는 이유도 이 때문이다. DIA 로직이 2018년에 생겼으니 아직 딥러닝이 완전하지는 않지만 앞으로 1년, 3년, 5년, 시간이 지나면 지날수록 네이버의 AI는 더욱 똑똑해질 것이다. 이제는 이웃과 검색방문자들이 끝까지 정독하고 좋은 반응을 남기는 콘텐츠가 아니면 블로그가 위험하다.

또한 실시간 반응, 인기도를 체크해서 순위를 조절해주기 때문에 나보다 더 C-rank 지수가 좋은 블로거들에게 글이 밀리더라도 라이브 검색에서 점수를 따면 모바일 환경 최상단에 자리 잡을 기회가 있다. 아무리 블로그가 좋더라도 좋은 콘텐츠를 쓰지 못하면 점점 상위노출이 힘들어지는 시대가 올 것이다.

강의를 하면 수강생들이 가장 많이 물어보는 질문 2가지가 있다.

　① 어떻게 해야 저품질을 피할 수 있나요?
　② 어떻게 해야 블로그 지수가 올라서 최적화가 될까요?

　여기까지 읽은 분들은 이미 답을 알고 있을 것이다. 네이버가 하라는 건 하고, 하지 말라는 건 하지 않으면 된다. 로마에 가면 로마의 법을 따르라는 속담처럼, 네이버 블로그에 왔으니 네이버의 법을 따라야 한다. 네이버, SNS, 유튜브, 어디든 마찬가지다. 마케터가 아무리 날고뛰어도 플랫폼을 이길 수는 없다. 잠깐은 창과 방패의 싸움이 가능할지 몰라도 결국 통제권은 네이버가 꽉 쥐고 있기 때문이다. 굳이 네이버라는 골리앗에 맞서는 다윗이 될 필요 없다. 다윗의 사력을 다한 돌팔매질이 몇 번 통할 수는 있지만, 패턴을 학습한 골리앗 역시 진화하고 있다. 그 대신 네이버라는 거인의 어깨 위에 올라서서 더 넓은 세상을 바라보자.

네이버가 생각하는 좋은 문서

네이버는 무엇을 좋아하고 무엇을 싫어할까? 당연히 여기에 대해서도 네이버가 직접 밝힌 자료가 있다.

- 네이버 검색이 생각하는 좋은 문서! 나쁜 문서?

(https://blog.naver.com/naver_diary/150153092733)

▣ 좋은 문서

네이버 검색이 생각하는 좋은 문서를 설명합니다. 네이버는 다음과 같은 문서들이 검색결과에 잘 노출되어 사용자는 검색 결과에 유용한 정보를 얻고 콘텐츠 생산자는 노력에 합당한 관심을 받을 수 있도록 하기 위해 노력하고 있습니다.

- 신뢰할 수 있는 정보를 기반으로 작성한 문서
- 물품이나 장소 등에 대해 본인이 직접 경험하여 작성한 후기 문서
- 다른 문서를 복사하거나 짜깁기 하지 않고 독자적인 정보로서의 가치를 가진 문서
- 해당주제에 대해 도움이 될 만한 충분한 길이의 정보와 분석내용을 포함한 문서
- 읽는 사람이 북마크하고 싶고 친구에게 공유/추천하고 싶은 문서
- 네이버 랭킹 로직을 생각하며 작성한 것이 아닌 글을 읽는 사람을 생각하며 작성한 문서
- 글을 읽는 사용자가 쉽게 읽고 이해할 수 있게 작성한 문서

---

① 신뢰할 수 있는 정보를 기반으로 작성한 문서

신뢰할 수 없는 허위정보를 유포하면 안 된다. 거짓말하지 말고 사실을 적으라는 말이다.

② 물품이나 장소 등에 대해 본인이 직접 경험하여 작성한 후기 문서

직접 체험하지 않고 업체로부터 사진과 원고를 전달받아 올리는 가짜 후기는 안 된다.

③ 다른 문서를 복사하거나 짜깁기하지 않고 독자적인 정보로서의 가치를 가진 문서

유사중복 문서를 올리면 안 된다. 네이버에 다 어디선가 본 글만 가득하면 사람들은 다른 검색엔진으로 떠난다. 그렇다면 독후감 포스팅을 쓸 때 책 내용의 일부를 인용하는 정도도 하면 안 되는 걸까? 나름의 기준이 있다. 웹 어딘가에 있는 문서를 100퍼센트 똑같이 베껴오면 -10점, 50퍼센트는 베껴오고 남은 50퍼센트는 독창적인 내용으로 채우면 0점, 인용은 극히 일부만 하고 나머지는 완전히 독창적이라면 10점을 주는 방식으로 이해하면 편하다.

④ 해당 주제에 대해 도움이 될 만한 충분한 길이의 정보와 분석 내용을 포함한 문서

글자 수 분량이 어느 정도 있어야 한다. 검색하는 사람들이 만족할 만한 정보를 알려주려면 최소 1,000자에서 1,500자 정도는 되어야 한 주제에 대해 충분히 설명할 분량이 나온다.

로직이 자리를 잡기 전에는 글자 수가 많으면 많을수록 상위노출이 잘 되던 때도 잠깐 있었으나, 지금은 1,500자에서 좀 길어져도 2,500자 정도면 상위노출이 잘 되는 것 같다. 100자, 200자처럼 너무 짧아도 상위노출이 잘 안 되고, 그렇다고 4,000자, 5,000자처럼 너무 글이 늘어져도 상위노출이 잘 안 된다.

⑤ 읽는 사람이 북마크하고 싶고 친구에게 공유/추천하고 싶은 문서

공감, 댓글, 스크랩을 부르는 양질의 콘텐츠를 작성하라는 말이다. 앞에서 말한 '중고차 싸게 사는 법' 예시처럼 사람들이 이 키워드를 검색하는 이유를 생각해서 딱 맞는 답을 주면 공감과 댓글은 자연스럽게 따라온다.

⑥ 네이버 랭킹 로직로직이 아닌 글을 읽는 사람을 생각하며 작성한 문서

상위노출을 잡기 위한 테크니컬한 문서는 쓰지 말라는 말이다. 리브라 이전에 온갖 지역명 키워드를 다 끌어와 문서에 넣는다거나, 리브라 이후 문맥이 좀 부자연스러워도 상위노출을 위해 문서 중간중간 키워드를 5~10회 고의로 삽입하는 스킬을 버려야 한다. DIA 로직이 생기고 나서부터 이 6번 사항을 특히 조심해야 한다. 좋은 글의 패턴뿐만 아니라 대행사 스타일의 문서 패턴도 AI가 학습하기 때문에 나도 모르는 사이에 키워드를 끼워 맞추는 습관을 갖고 있다면 블로그에 악영향을 줄 수 있다. 내가 '강남역 맛집' 키워드로 상위노출을 하고 싶을 경우 옛날 같았으면 본문에 강남역 맛집을 붙여서 5번 넣었으나, 요즘은 문서에 '강남역'과 '맛집' 단어가 자연스럽게 포진해 있으면 '강남역 맛집' 키워드에도 상위노출을 해준다. 그러므로 문맥과 문법을 파괴해가며 키워드를 억지로 넣으려고 하지 말자.

⑦ 글을 읽는 사용자가 쉽게 이해할 수 있게 작성한 문서

글을 읽는 사람은 남녀노소 다양한데 소수의 사람만 아는 전문용어를 남발하며 대학원 강의 하듯 한다면 좋은 문서가 아니다.

네이버가 절대 하지 말라는 행위

이번엔 네이버가 절대 하지 말라는 행위를 알아보자. 크게 유해 문서와 스팸·어뷰징 문서 작성을 금지하고 있다. 사실 이 두 부분은 지극히 상식적인 내용이라 따로 설명하지 않더라도 한 번쯤 읽어보면 납득이 될 것이다. 하지만 생소한 용어가 좀 많으니 해설을 하도록 하겠다.

유해 문서

① 음란성, 반사회성, 자살, 도박 등 법률을 통해 금지하고 있는 불법적인 내용으로 이루어져 있거나 불법적인 사이트로의 접근을 위해 작성된 문서

19금 포르노 사진을 넣어서 글을 쓰거나, 불법 온라인 카지노와 스포츠 토토를 홍보한다거나, 자살하는 구체적인 방법, 마약 및 폭발물 제조법을 쓰면 안 된다. 이런 내용이 담겨 있는 사이트를 홍보하는 글도 써서는 안 된다.

② 사생활 침해 방지 또는 개인 정보 보호, 저작권 보호 등을 위해 노출이 제한되어야 하는 문서

타인의 소중한 개인정보를 공개하고 프라이버시를 침해하는 내용의 글을 써서는 안 된다. 저작권이 있는 소설을 txt 파일로 만들어서 무료 다운로드 받을 수 있도록 공개해버려서도 안 된다.

③ 피싱phishing이나 악성 소프트웨어가 깔리는 등 사용자에게 피해를 줄 수 있는 문서/사이트

좋은 프로그램이라고 속여서 바이러스 설치를 유도하면 안 된다. 바이러스와 랜섬웨어가 가득한 사이트를 홍보해서도 안 된다.

스팸·어뷰징 문서

① 기계적 생성

리브라 시절 대행사가 최적화 블로그 공장을 돌릴 때 기계적 생성을 이용한 글을 많이 썼었다. 장편소설 txt 파일을 임의로 조합하는 문서 생성 프로그램이나 해외의 뉴스기사를 퍼와서 번역기를 돌린 원고는 막고 있다.

② 클로킹(cloaking)

이 역시 리브라 초창기 시절 히든태그를 이용해 써놓은 글을 전부 가리고 상세페이지만 노출시켜서 광고하는 포스팅이 있었다. HTML을 건드리는 글은 가급적이면 올리지 말자.

③ 숨겨놓은 키워드

한때 대놓고 유입성 키워드를 문서에 넣으면 미관상 보기 안 좋으니까 글자 수를 0으로 한다든지, 글자 색을 하얀색으로 만들어 안 보이게 하든지, 글 접기 기능을 사용하는 등 다양한 방법이 있었다. 지금도 몇 가지 방법은 통하지만 네이버가 굉장히 싫어하므로 쓰지 말자.

④ 강제 리다이렉트(redirect)

블로그 위젯이나 스크립트를 써서 그 블로그에 들어온 사람을 전혀 엉뚱한 사이트로 날려버리는 행위다. 만약 이 기능을 이용해 불법 사이트를 홍보하면 큰 문제가 되기에 금지사항이다.

⑤ 낚시성

썸네일과 제목으로 잔뜩 어그로를 끌어놓고 본문은 전혀 맥락에 안 맞는 내용으로 사람을 낚는 것을 말한다. 유머 커뮤니티에서는 다들 웃고 넘어가지만 네이버 블로그에서 키워드 낚시를 하면 저품질에 걸린다.

⑥ 복사

복사 붙여넣기 한 유사중복 문서를 쓰지 말라는 이야기다.

⑦ 도배성

같은 내용의 글을 계속 중복해서 올리지 말라는 이야기다.

⑧ 조작행위

예전에 최적화 블로그에 적당히 키워드를 맞춰서 글을 쓰고 다른 네이버 계정으로 그 글에다가 공감, 댓글, 스크랩을 넣으면 상위노출 순위가 올라가던 시절이 있었다. 사실은 다 같은 사람인데 IP를 속여서 마치 다른 사람이 글을 읽고 반응을 한 것처럼 조작한 것이다. 요새는 공감, 댓글, 스크랩을 한다고 순위가 팍 뛰지도 않을뿐더러, 네이버의 감시체계가 더 정밀해져서 그렇게 했다가는 저품질로 가기 딱 좋다.

⑨ 키워드 반복

테크니컬한 문서를 쓰지 말라는 이야기다. 이제는 문서 중간중간 고의적으로 키워드를 5~10회 우겨넣지 않고 자연스럽게 글을 써도 충분히 상위노출을 할 수 있다.

⑩ 신뢰성 부족

직접 체험하지 않고 업체로부터 사진, 원고를 전달받아 가짜 리뷰, 가짜 후기를 만드는 것을 하지 말라는 이야기다. 아마 독자 여러분 중에 고의로 유해 문서나 스팸·어뷰징 문서를 작성하는 사람은 없을 것이다. 좋은 문서의 기준 7가지를 더 숙지해서 블로그 저품질을 예방하길 바란다.

저품질: -를 피해 +를 만들기 위해서는?

지금까지 블로그를 시작하기 전에 꼭 알아둬야 할 이론들을 쭉 공부했다. 여기까지 읽었다면 블로그가 어떻게 돌아가는지 대략 큰 그림이 잡혔을 것이다.

사실 수익 목적이 아니라 평범하게 취미로 블로그를 한다면 이런 개념들을 다 알 필요는 없다. 그러나 투잡을 위해 블로그를 한다면 저품질 블로그를 피해 최적화 블로그를 만들어야 한다.

누구나 처음 블로그를 개설하면 0에서부터 출발한다. 저품질의 원리는 네이버가 하지 말라는 행동을 반복해서 -를 먹고 또 먹다 보면 어느 기준을 넘어서면서부터 저품질 블로그가 된다. 반대로 네이버가 장려하는 문서를 꾸준히 발행하다 보면 점점 탄력이 붙어서 상위노출이 잘되는 블로그로 바뀌어간다.

이때 어떤 주제의 글을 많이 쓰느냐에 따라 C-rank 최적화가 일어난다. 포스팅 주제는 오른쪽 페이지의 사진처럼 4개의 대항목과 32개의 소항목으로 이루어져 있다.

주제 설정

주제를 선택하면 내블로그와 블로그 홈에서 주제별로 글을 볼 수 있습니다.
주제를 선택하지 않아도 '블로그 홈 > 주제별 글보기' 전체'에서 볼 수 있습니다.

엔터테인먼트·예술	생활·노하우·쇼핑	취미·여가·여행	지식·동향
문학·책	일상·생각	게임	IT·컴퓨터
영화	육아·결혼	스포츠	사회·정치
미술·디자인	애완·반려동물	사진	건강·의학
공연·전시	좋은글·이미지	자동차	비즈니스·경제
음악	패션·미용	취미	어학·외국어
드라마	인테리어·DIY	국내여행	교육·학문
스타·연예인	요리·레시피	세계여행	
만화·애니	상품리뷰	맛집	
방송	원예·재배		

주제 선택 안함

이 카테고리의 글은 항상 이 주제로 분류

취소　　확인

직장인 남성이 스마트폰, 태블릿PC, 엑셀에 대해 자주 포스팅하면 IT·컴퓨터 쪽으로 C-rank 최적화가 진행되고, 전업주부 여성이 매일 해 먹는 집밥에 대한 글을 쓰면 요리·레시피 쪽으로 C-rank 지수가 쌓여서 훗날 해당 분야의 검색량 높은 키워드도 상위노출 할 수 있는 블로그가 된다.

만약 내가 잡으려는 키워드에 나보다 C-rank 지수가 더 높은 사람들이 미리 포스팅을 해뒀으면 상위노출이 쉽지 않다. 하지만 훨씬 더 좋은 글을 써서 인기도 점수를 많이 받으면 DIA 로직에 의해 라이브 뷰 검색 순위가 상승하고, 이것이 PC 통합검색에도 영향을 미친다.

저품질을 피하고 최적화를 만들기 위한 핵심 관건은 이웃과 검색방문자다. 눈치 빠른 독자라면 4대 지수, C-rank, DIA에 대해 설명할 때 공통적으로 강조한 한 가지 포인트를 기억할 것이다. 내가 쓴 포스팅을 이웃과 검색방문자들이 끝까지 정독하고 공감과 댓글도 남겨주는 행위가 중첩되면 블로그 지수가 좋아진다는 것이다.

왜 그럴까? 여러분이 특정 키워드의 포스팅을 발행한다고 바로 검색방문자가 생기지는 않는다. 검색엔진에 내가 쓴 글이 반영되기까지 통상적으로 1시간에서 2시간 사이가 걸린다. 그래서 새로 쓴 글을 맨 처음 읽는 사람은 이웃과 서로이웃들이고, 그다음 시간이 좀 지난 후에 검색방문자들이 글을 읽기 시작한다.

이때 이웃들과 검색방문자들 양측 모두 글을 끝까지 제대로 읽지도 않고 뒤로가기를 누른다면? 그런 글만 계속해서 발행한다면? 네이버는 방문자는 둘째 치고 이웃들에게조차 외면당하는 글만 계속 발행하는 블로그는 뭔가 문제가 있다고 판단한다.

앞서 마케팅 강사들은 '최대한 블로그를 죽이지 않으면서 광고글을 오랫동안 많이 쓰는 법'에 의거해 어뷰징을 체계화한다고 이야기했다. 평소 정보성 포스팅과 일상글을 많이 쓰고 광고글이나 상업성 포스팅은 1주에 2~3번만 쓰라는 것이다. 혹은 정보성 포스팅과 일상글을 3번 쓰고 난 뒤에 광고글을 1번 발행하라고 공식을 정해주기도 한다. 한마디로 광고글로 깎아먹는 지수보다 일상글과 정보성 포스팅으로 올리는 지수가 높으면 저품질을 방어할 수 있다는 것이다.

아주 틀린 말은 아니지만 문제는 광고와 콘텐츠의 구분 기준이 생각보다 모호하다는 점에 있다. 흔히 특정 제품이나 서비스의 장점을 홍보하는 광고글을 '상업성 포스팅'이라고 부르고, 어떤 방법이나 노하우를 알려주는 글을 '정보성 포스팅'이라고 부른다. 그 외에 오늘 어디 놀러 가서 뭘 먹고 어떻게 하루를 지냈다는 일기는 '일상글'이라고 부른다. 과연 상업성 포스팅을 쓰면 블로그 지수가 하락하고, 정보성 포스팅과 일상글을 쓰면 블로그 지수가 올라갈까?

쉽게 생각해서 어느 날 보험설계사 친구가 보험 하나 들어달라고 전화를 했다면 어떻게 하겠는가? 평소 별 생각이 없었다면 필요 없다며 전화를 끊을 것이다. 그런데 마침 보험을 하나 들어야겠다고 생각하고 있었다면? 이것저것 물어보면서 괜찮은 보험 하나 추천해달라고 할 것이다.

똑같은 정보가 누군가에게는 스팸이지만 누군가에게는 정보다. 블로그 콘텐츠도 마찬가지다. 비록 상업적인 내용이더라도 그것을 정보로 받아들일 사람들이 많이 검색하는 키워드에서는 정보가 되고, 그것을 스팸으로 받아들일 사람들이 많이 검색하는 키워드에 노출시키면 광고 글이 되어버린다.

내가 상업성 포스팅을 쓰더라도 이웃과 방문자들이 끝까지 정독하고 공감과 댓글을 남긴다면 그 글은 블로그 지수가 올라간다. 필자의 경험상 진정성 있는 리뷰를 문맥에 맞는 키워드에 발행하면 항상 높은 반응을 얻었다. 내가 지도해준 사람들이 CPA 머천트로 5~6년째 글을 쓰는데도 블로그가 저품질에 빠지지 않는 이유다. 그러나 다짜고짜 상세페이지 이미지부터 보여주면서 구매할 수 있는 URL을 홍보하는 글에는 아무도 반응하지 않는다.

정보성 포스팅이 무조건 블로그 지수에 좋은지도 생각해봐야한다.

자신이 직접 해본 것을 올리거나, 정말 꼼꼼하게 조사해서 유익한 꿀팁을 주는 콘텐츠, 사진으로 과정을 일일이 보여주면서 그대로 따라 하면 되게끔 정성을 들인 정보는 환영을 받는다. 그런데 검색하다 보면 네이버와 구글을 뒤져서 나온 이미지와 내용을 적당히 편집해서 올리는 글들이 있다. 주기적으로 정보성 포스팅을 해야 한다는 압박 때문에 서두르다 보니 별 영양가 없는 짜깁기를 하는 것이다. 이런 글들은 방문자들이 처음에 좀 읽다가 위화감을 느끼고 스크롤을 빨리 내려 본다. 대충 훑어본 결과 찾는 정보가 없음을 눈치 채고 공감, 댓글도 안 남기고 바로 나가버린다. 이렇게 아무 반응도 없고 금세 이탈하는 글을 계속 올리면 설령 정보성 포스팅이라 하더라도 블로그에 독이 될 수밖에 없다.

일상글에 대해서도 한번 생각해보자. 사람들은 대부분 친구도 아닌 오늘 처음 본 사람이 평소 뭘 먹고 뭘 생각하고 뭘 하며 시간을 보내는지에 대해 큰 관심이 없다. 여러분이 오늘 내가 저녁으로 뭘 먹었는지 별로 궁금하지 않은 것처럼 말이다. 아직 아무런 관계도 형성되지 않았는데 일상글을 보면 '내가 알 바야?' 하고 이탈할 가능성이 높다.

만약 여러분이 연예인 같은 유명인사라면 처음부터 일상글을 써도 된다. 당신의 팬들이 서로이웃 추가를 해놓고 정기적으로 블로그에 업데이트된 최신 근황을 읽으면서 공감과 댓글을 달아줄 것이다. 혹은 외모가 특출나다면 블로그 프로필에 예쁘게 나온 인생 사진을 걸어놓고 일상글에도 본인 사진을 넣으면 반응이 좋은 경우는 많이 봤다. 이에 해당하지 않더라도 일상글로 블로그 지수를 높일 수 있는 방법이 있다. 오늘

들른 맛집, 오늘 본 영화, 오늘 읽은 책을 하나의 일기로 쓰는 대신 각각 리뷰로 분리시켜 문맥에 맞는 키워드에 노출시켜라. 일상글 소재를 일종의 정보성 포스팅으로 만드는 것이다. 항상 이 글을 읽는 사람이 얻을 이익과 혜택을 염두에 두고 글 쓰는 연습을 해야 반응을 얻을 수 있다.

이런 관점에서 보면 포스팅을 상업성, 정보성, 일상글로 나누는 건 큰 의미가 없다. 그냥 이웃과 방문자에게 외면받는 글과 환영받는 글 2가지가 있을 뿐이다. 상업적인 내용이 포함되더라도 읽는 사람에게 유익하게끔 정성껏 작성한 리뷰를 사람들이 많이 검색하는 키워드에 노출시키면 콘텐츠가 되고, 정보성이나 일상글도 영양가 없이 쓴 글은 반응이 좋게 나오지 않는다. 마케터들 커뮤니티에서 상업적인 내용을 하나도 쓰지 않았는데 블로그가 저품질에 빠졌다는 배경에는 이런 이유가 있다. 블로그에 아예 정보성 포스팅이나 일상글은 하나도 안 올리고 상업성 포스팅만 주구장창 올리는 분도 있는데, 글 하나하나가 유익한 정보를 담고 있어 방문자들이 정독하고 반응을 보이기에 아직까지 잘만 살아서 꾸준히 돈을 벌고 있다.

최적화의 정확한 원리를 알아봤으니 마지막으로 저품질 대처법을 알아보자. 저품질은 사후 대처보다 사전 예방이 최선책이다. 축구에서 반칙을 하면 심판이 처음에는 옐로카드를 주다가 나중에 레드카드를 꺼내듯이 저품질에도 단계가 있다. 만약 옐로카드 증상이 의심된다면 사전에 재빨리 조치를 취해야지, 이를 무시하고 계속해서 블로그에 안 좋은 행위를 반복하면 돌아올 수 없는 강을 건너게 된다.

네이버의 1차 경고는 일일방문자 수를 보면 금방 알 수 있다. 내 블로그에 평균 1,000명 정도의 일일방문자가 들어오는데 오늘 들어서 한 800~900명 정도가 들어오는 건 괜찮다. 그날따라 내가 상위노출 해놓은 키워드로 사람들이 검색을 잘 안 해서일 수 있으니까. 그런데 갑자기 300~400명으로 반토막이 난다면 의심해봐야 한다.

최근에 쓴 글이 키워드 검색에서 누락 증상을 보이고, 그동안 상위노출 시켜놓은 글들이 전부 뒤 페이지로 빠졌다면 확실한 옐로카드다. 만약 여기서 검색량이 낮은 키워드로 새로운 글을 올렸을 때 1페이지에 뜨는 것을 확인하면 블로그를 살릴 수 있다.

일단 최근에 올린 글 가운데 반응이 안 좋은 글을 찾아내 전부 비공개 처리를 하고, 열심히 이웃활동을 하면서 양질의 콘텐츠를 발행하기 시작하면 충분히 심폐소생에 성공해 최적화까지 갈 수 있다. 실제 많은 사람들이 1차 경고를 받은 상태의 블로그를 나에게 가져왔고, 옐로카드까지는 어떻게든 일일방문자 1,000명 이상의 블로그로 만들어드린 경험이 있다.

문제는 레드카드를 받았을 경우다. 옐로카드를 받았음에도 불구하고 계속해서 이웃과 방문자들이 외면할 질 낮은 글만 올리면 네이버가 이 블로그는 가망이 없다고 판단해 저품질 블로그라는 도장을 찍어버린다. 이 상태가 되면 흔치 않은 키워드로 새 글을 써도 절대 1~2페이지 이내에 뜨지 않는다. 3, 8, 16, 20페이지 넘게 뒤로 밀려 뜨기도 하고, 심지어 100페이지 안에도 없는 완전 누락 증상을 보인다.

한창 블로그를 연구하던 시기에 블로그 여럿을 날려먹은 경험이 있어서 시합에서 아웃된 블로그를 살려보려고 별의별 방법을 실험해봤는데 레드카드는 어떻게 할 방법이 없었다. 여기서 조심해야 할 것이 있다. 바로 돈을 받고 저품질 탈출을 도와주겠다는 마케팅 강사들이다. 사실 이들도 구제할 수 있는 범위는 옐로카드까지다. 레드카드를 선고받은 블로그는 화타가 와도 못 고친다.

가끔 자기는 어떤 블로그라도 저품질에서 살려낼 수 있다고 큰소리를 치는 사람이 있다. 비용도 엄청 비싸게 받는다. 오랫동안 키운 블로그가 갑자기 저품질이 되어버리면 멘탈이 붕괴해 지푸라기라도 잡는 심정으로 의뢰하려는 블로거들이 있는데 이런 경우는 사기일 가능성이 농후하다. 못 살려내면 전액 환불을 해주겠다는 계약서라도 쓰지 않는 이상 함부로 믿고 선입금하지 말자.

안타깝지만 현실을 직시해야 한다. 저품질 블로그를 살려내는 데 노력을 들이기보다 차라리 새 블로그를 만들어서 지금 블로그의 수준까지 키우는 것이 훨씬 빠르고 간단하다.

네이버 블로그 카더라 통신 FAQ

지금까지 4대 지수, 로직, 최적화와 저품질 등 블로그를 하는 데 있어 중요한 개념들을 하나하나 배워봤다. 핵심은 이웃과 검색방문자들이 긍정적인 반응을 남기는 콘텐츠를 계속 발행하다 보면 포스트 지수가 오르고, 포스트 지수가 오르면 블로그 지수가 올라 C-rank 최적화가 이루어진다는 것이다.

이 원칙 하나만 알고 매일매일 맥락에 맞는 글을 쓰고 서로이웃 활동을 꾸준히 해주면 블로그는 더 이상의 것이 필요 없다. 그러나 많은 사람들이 필자에게 "이거 하면 되나요?", "이거 하면 안 되나요?" 등을 물어본다. 이런저런 마케팅 강의에서 들은 '카더라 통신' 때문이다. 블로그 투잡 경험이 풍부한 사람들은 그런 카더라 통신에 휘둘리지 않겠지만, 이제 막 입문한 사람들은 이 말을 들으면 이 말이 맞는 거 같고, 저 말을 들으면 저 말도 맞는 것 같아 혼동이 올 수 있다. 여태까지 가장 많이 들어왔던 질문들을 정리하고 다음 장으로 넘어가도록 하겠다.

Q1 꼭 1일 1포스팅을 해야 하나요?

A 블로그를 꾸준히 갱신하면 분명 활동성 지수에 도움이 된다. 만약 전문적인 콘텐츠를 하루에 1개씩 꾸준히 쓸 여력이 된다면 1일 1포스팅은 블로그에 확실히 도움이 된다. 그런데 현실은 그렇게 만만하지가 않다.

날림글이라면 몰라도 좋은 콘텐츠를 날마다 1개씩 만드는 건 생각보다 어렵다. 개인적인 일정 때문에 포스팅을 거르는 날이 있을 수도 있다. 그때 1일 1포스팅을 안 했다고 죄책감을 가질 필요는 없다. 한 1년 푹 잠수하는 것이 아니라면 블로그에 큰 영향은 없다. 차라리 3~4일에 1번 포스팅을 하더라도 이웃과 방문자들이 끝까지 읽고 공감 댓글을 남기는 좋은 글을 쓰는 것이 더 중요하다.

Q2 블로그를 장기간 관리하지 않으면 저품질이 오나요?

A 저품질은 유해 문서나 스팸·어뷰징 문서를 계속 작성했을 때 걸린다. 블로그를 장기간 방치하면 활동지수, 전문지수가 떨어져 상위노출이 더 어려워지기는 한다. 그러나 다시 활동을 재개해 꾸준히 관리해주면 이내 C-rank 지수가 회복된다.

Q3 글을 수정, 삭제, 카테고리 이동하면 안 되나요?

A 상관없다. 네이버가 쓰라고 만든 기능인데 그것을 쓴다고 블로그가 저품질에 걸린다는 건 말이 안 된다. 본문을 읽다가 오타가 보이면

마음껏 고치자. 문제와 논란이 된 게시글은 비공개 처리하거나 삭제하는 게 좋다. 게시판 카테고리 이동도 마음껏 하자.

Q4 광고글만 쓰면 안 되고 정보글, 일상글을 섞어줘야 하나요?

A 앞에서 이야기한 바와 같이 새로운 로직 환경에서 광고글, 정보글, 일상글의 구분은 이제 무의미하다. 외면받는 광고와 집중해서 읽는 콘텐츠로 이해하는 게 더 편하다. 제품 홍보가 들어간 내용이더라도 맥락에 맞게 좋은 내용을 쓰면 콘텐츠이고, 정보를 주거나 일상을 다룬 글이더라도 맥락과 내용을 못 맞춰서 사람들이 바로 이탈하면 광고라고 생각하자.

Q5 글에 외부링크를 넣으면 무조건 나쁜가요?

A 외부링크를 넣는 것 자체가 나쁜 건 아니다. 다만 넣을 때 http를 그대로 넣는 것보다 스마트에디터 3.0 기능을 활용해서 링크박스나 텍스트에 하이퍼링크를 입히는 방식이 좀 더 낫다. 네이버는 자기 플랫폼 안의 고객을 바깥 사이트로 데려가는 것을 좋아하지 않는다. 만약 한 블로그가 쓰는 글마다 다 같은 외부링크를 붙이면 네이버 AI는 어떻게 생각할까? 자기 쇼핑몰을 홍보하려는 전형적인 대행사 블로그 패턴으로 읽어 옐로카드를 준다. 그런데 무언가에 대해 설명하는 글에서 그것과 관련된 링크를 넣어주는 것까지 나쁘게 보지는 않는다. 방문자들은 전문적인 분석글을 좋아하기 때문이다.

Q6 블로그를 키울 때 보험, 대출, 중고차, 병원, 재무설계, 다이어트
A 같은 상업성 짙은 키워드를 넣으면 안 된다는데 맞나요?

흔히 '사용하면 위험한 키워드군'이라는 카더라 통신이 많이 퍼져 있는데 그렇게 따지면 보험 블로그, 병원 블로그, 자동차 블로그는 진작 다 저품질에 걸렸어야 한다. 물론 성인 19금이나 불법 도박같이 피해야 할 키워드는 있다. 유해 문서에 걸리기 때문이다. 그러나 위에서 예시로 든 업종의 키워드를 제목과 본문에 넣는다고 블로그에 해가 되지는 않는다. 해당 분야는 광고글이 많다 보니 저품질에 가는 건데 그것을 키워드 잘못으로 오해하는 바람에 생긴 루머다. 어떤 블로그를 보면 이 상업적인 키워드를 피한답시고 다이어트를 '다/이/어/트' 혹은 '다.이.어.트'라고 쓰던데 '.'과 '/'를 넣는 것 때문에 오히려 AI가 대행사 패턴으로 인지해 해가 될 수 있다.

Q7 메모장에 써놓은 글을 복사 붙여넣기 해도 되나요?
A 유사중복 문서가 아닌 독창적인 글이라면 글 자체는 메모장이나 한글 파일에 미리 작성해놓고 블로그에 붙여넣어서 만들어도 상관없다.

Q8 사진을 많이 넣을수록 상위노출에 유리한가요?
A 방문자들의 가독성을 해치지 않을 범위 내에서 적당히 넣자. 사진만 많이 넣는다고 상위노출이 잘 되면 대행사들이 글 하나에 사진 100장을 넣었을 것이다.

Q9 키워드를 잡을 때 띄어쓰기를 어떻게 해야 하나요? 강남역 맛집은 '강남역맛집'으로 써야 하나요, '강남역 맛집'으로 써야 하나요?

A 옛날에는 상위노출 하고 싶은 키워드 한 단위를 그대로 넣어야 상위노출에 유리했지만, 요즘은 AI가 똑똑해져서 꼭 키워드가 붙어 있지 않아도 잘 읽어낸다. 오히려 키워드를 의식해서 '강남역맛집', '강남역 맛집'을 본문에 의도적으로 5~10번 끼워 맞추면 대행사 패턴으로 인식당하기도 한다. 옛날에는 '강남역 맛집 정말 맛있더라고요!', 이렇게 써야 하던 것도 요즘은 '위치는 강남역 7번 출구 근처에 있어요. 친구들이 하도 맛집이라고 해서 기대가 되네요', 이런 식으로 떨어뜨려서 써도 '강남역 맛집'이라고 제대로 인식을 한다. 그저 띄어쓰기를 잘 지키고 문맥에 어색하지 않게 키워드를 넣으면 된다.

Q10 공정위 문구를 꼭 넣어줘야 하나요?

A 체험단 협찬을 받았는데 내 돈 주고 산 리뷰마냥 적으면 가짜 후기, 가짜 리뷰가 될 수 있기에 솔직히 표기를 해줘야 한다. 실제 체험하고 쓰는 포스팅이라면 공정위 문구가 없어도 네이버가 진위를 정확하게 가려낼 수는 없지만 가끔 블로거들에게 신고당하는 일이 있다.

Q11 계속 같은 분야, 같은 키워드로 글을 쓰면 안 되나요?

A 만약 내가 강남역에서 식당을 운영하고 있어서 블로그를 갖고 있는데, '강남역 맛집' 키워드에 내 식당이 밀릴 때마다 계속 글을 쓰는

건 안 좋다. 비슷한 글이 반복되면 유사중복 문서 문제도 있고, AI가 대행사 패턴으로 인식해버리기 때문이다. 하지만 내 가게의 다양한 측면에 대해 소개하는 건 괜찮다. 혹은 블로그 콘셉트가 강남역 인근의 가게들을 탐방하는 블로그라 오늘은 강남역 피자집, 내일은 강남역 고깃집 등으로 진정성 있는 리뷰를 계속 발행한다면 오히려 C-rank화가 된다.

Q12   비공개 댓글이 많이 달리면 저품질에 걸리나요?

A   비공개 댓글이 많다는 이유로 저품질에 걸리면 블로그마켓을 하는 많은 분들의 블로그는 진작 다 망했을 것이다. 네이버가 쓰라고 만들어놓은 기능은 써도 된다.

Q13   저품질에 걸린 블로그의 주인장과 서로이웃이 되면 내 블로그까지 저품질에 걸리나요?

A   저품질은 감기나 바이러스가 아니다. 그 블로그가 저품질인 건 어디까지나 그 이웃의 문제다. 나하고 서로이웃 관계를 맺었다고 해서 저품질이 내 블로그에까지 감염되지는 않으니 안심해도 좋다.

Q14   대행사 블로그나 상업적인 블로그가 자꾸 서로이웃을 하자는데 받아줘도 될까요? 블로그 지수가 깎이지 않을까요?

A   가끔 서로이웃을 맺은 다음 내가 새로운 글을 발행하면 댓글창에 광고를 하는 사람들이 있다. 이처럼 남 보기 불편한 댓글을 다는 서

로이웃은 바로 차단을 해버리자. 그 외에 글을 제대로 읽지도 않고 무난한 댓글을 다는 사람들이 있는데 그 정도는 괜찮다. 블로그 지수가 하락하는 일은 없으니 마음껏 받아주자.

Q15 **실시간 인기 검색어를 키워드로 포스팅을 작성해도 괜찮나요?**

A 일일방문자를 끌어모으기 위해 실시간 검색어를 이용하는 블로거들이 있는데, 일단 의미가 없다. 일일방문자가 늘어난다고 블로그 지수가 좋아지는 게 아니다. 끝까지 정독하고 긍정적인 피드백을 남기는 방문자가 많은 것이 중요한 것이다. 실시간 검색어는 본인의 직업이 기자가 아닌 이상 대충 뉴스보도 2~3개를 짜깁기한 글을 발행할 텐데, 그러면 대충 읽고 바로 나가버리는 방문자 패턴이 태반이다. 이는 블로그 지수를 높이는 글이 아니다.

Q16 **블로그를 하는 데 IP가 그렇게 중요한가요? IP를 여러 명이 쓰지 않는 집에서만 하라던데요.**

A IP가 문제가 되는 건 여러 계정을 가지고 어뷰징 행위를 하는 계정 브로커나 대행사를 잡아내기 위해서다. 예를 들어 어떤 사람이 한 IP를 가지고 네이버 계정 10개에 접속해서 댓글을 위조한다면 네이버는 해당 IP로 접속한 아이디를 전부 차단해버린다. 그런데 정말 운 나쁘게도 여러분의 IP가 어뷰징 행위를 한 사람의 IP와 똑같다면 덩달아 휩쓸리는 문제가 있다. 그래서 다른 사람들도 많이 사용하는 공공 IP로는 접

속하지 말라는 것이다. 그런 의미에서 보면 그냥 집에서 내 컴퓨터에 연결된 한 IP로 포스팅을 하는 것이 안전하기는 하다. 그렇다고 너무 겁먹을 필요도 없다. 만약 회사에서 네이버 계정이나 블로그로 수상한 행위를 하는 사람이 없다면 회사에서 블로그를 해도 괜찮다.

Q17 사진에도 유사중복이 있어서 이를 피하려면 사진 정보값을 초기화해야 하나요?

A 인터넷에 떠도는 사진을 이용할 때에는 다른 이름으로 저장하는 것보다 알캡처를 쓰는 것이 확실하다. 하지만 모든 사진의 정보값을 없애야 하는 건 아니다. 어떤 가게에 가서 스마트폰으로 사진을 찍어왔다면 사진값이 남아 있는 상태로 올려야 네이버 AI가 진짜 리뷰, 진짜 후기로 인식해 더 점수를 잘 준다.

Q18 블로그를 좀 키우니까 자꾸 돈을 줄 테니 블로그를 팔거나 임대하라는데 해도 되나요?

A 이솝 우화 〈황금알을 낳는 거위〉를 떠올려보기 바란다. 물론 잘 키운 블로그를 팔아서 돈을 벌 수도 있다. 하지만 그 블로그를 팔지 않고 계속해서 투잡, 부업을 하면 장기적으로 팔아서 얻는 금액보다 더 많은 돈을 벌 수 있다. 임대는 파는 게 아니라서 괜찮지 않느냐고 생각할 수도 있지만, 임대해서 하는 일은 결국 광고글을 올리는 것이다. 어뷰징 패턴에 계속 노출되면 그 블로그는 곧 죽는다.

이제
블로그를
직접
운영해보자

블로그 기획, 운영 목적부터 생각해보자

지금까지 블로그에 대해 꼭 알아야 할 지식들을 정리해보는 시간을 가졌다. 블로그 마케팅은 수능 필기시험보다는 수영에 가깝다고 한 말을 기억할 것이다. 이론을 알았으니 이제 직접 실습을 할 차례다. 4장에서는 블로그를 직접 만들어 운영하는 방법에 대해 이야기하도록 하겠다.

우선 블로그가 있어야 할 것이다. 사실 여러분은 이미 블로그를 가지고 있다. 평소 자주 쓰는 네이버 이메일에 블로그가 붙어 있기 때문이다. 네이버에 회원가입을 하면 블로그도 자동으로 생성된다. 블로그 강의를 듣다 보면 블로그 공장이 막힌 2015년 10월 이전에 생성된 옛날 아이디일수록 최적화에 유리하다고 한다.

블로그에 들어가서 '프로필→블로그 히스토리'로 가면 내 블로그 연혁이 쪽 나온다. 맨 밑으로 내리면 블로그 개설일자가 나온다. 필자는 현재 2004년에 만들어진 블로그를 쓰고 있다. 하지만 어디까지나 옛날 아이디가 있으면 좀 더 유리하다는 정도이지 필수조건은 아니다. 없다고 억지로 옛날 아이디를 구할 필요는 없다.

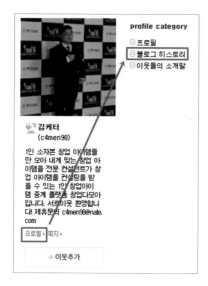

　내가 여러모로 실험해본 결과 꼭 2015년 10월 이전에 생성된 네이버 계정이 아니더라도 평소 이메일, 카페, 지식인 등 다양한 활동을 한 아이디로 블로그를 시작하면 된다. 옛날 계정이 아니면 절대 최적화가 나오지 않는다고 말하는 사람도 있는데 그건 블로그를 많이 안 해봐서 그렇다. 10년 동안 내 블로그도 여러 개 키워보고 블로그 진단도 수백 회 반복해본 경험상, 네이버가 판단했을 때 좋은 활동을 하는 계정은 최적화가 나왔다. 이메일을 자주 쓰는 네이버 계정으로 블로그를 키우면서 하루 3~5개 정도 대형 카페에서 글도 쓰고 지식인 답변도 달면 아이디 자체가 활성화된다.

블로그를 만들었다면 '내정보→보안설정'으로 들어가 비밀번호 2단계 인증과 해외 로그인 차단을 해놓자. 예전에 지인 한 분이 네이버 아이디를 해킹당한 적이 있다. 문제는 해커가 중고나라에 판매글을 올린 뒤 입금만 받고 사라지는 터무니없는 짓을 저질렀다는 점이다. 이 보안설정만 제대로 해놓아도 불상사를 미연에 방지할 수 있다.

여기까지 하면 기본 준비는 끝이다. 그다음엔 내가 어떤 블로그를 만들지 생각해야 한다. 일반적으로 경쟁사 블로그를 벤치마킹하면서 나만의 차별화된 콘셉트를 찾으라고 하는데, 모든 사람에게 해당되는 내용은 아니다. 비즈니스 블로그를 만든다면 이 과정이 필요할 수 있다. 예를 들어 필라테스 강사인데 시중에 '운동/스포츠'로 유명한 파워블로거들이 많다면 차별화를 해야 묻히지 않을 것이다. 이런 경우 '40대 여성들을 위한 다이어트 필라테스 전문코치'로 시장을 좁혀서 포지셔닝을 해보면 어떨까?

필라테스는 부상 위험이 적어서 기초체력이 부족한 40대에게도 적합한 운동이다. 블로그에 쓰는 글에서도 40대 여성들에게 최적화된 식단과 운동법만 알려주고, 키워드도 40대 다이어트 관련 단어만 골라서 상위노출 하면 좋을 것이다.

이렇게 블로그를 키우면 넓은 범위의 운동/스포츠를 다루는 블로거보다 일일방문자는 적겠지만 수요가 확실한 사람들만 블로그에 들어와 맥락에 맞는 콘텐츠를 읽기에 최적화도 잘되고 레슨 요청도 들어오기 시작할 것이다. 경쟁도 별로 치열하지 않기에 이 분야에서 확고하게 입지를 다져 점점 전문가로 포지셔닝되면서 브랜딩 효과를 누릴 수도 있다.

대학생이나 취준생이라면 훗날 취업할 때를 대비해 자기 전공분야에 대한 블로그를 만들어놓으면 좋다. 투잡으로 돈도 벌면서 공부한 내용들을 블로그에 체계적으로 정리해놓은 다음 훗날 자기소개서와 면접 때 어필하면 준비된 인재라는 인상을 남길 수 있을 것이다. 프리랜서라면 블로그를 내 작업물과 커리어를 담아놓은 온라인 포트폴리오 전시장으로 활용할 수 있다. 내가 어떤 일들을 할 수 있는지 실체를 보여주면 일감을 따는 데 더 큰 도움이 될 것이다. 전업주부라면 살림살이, 요리, 육아 관련 정보를 모아놓은 육아맘 블로그를 만들면 된다. 직장인이라면 내가 하는 일과 취미 관련해서 블로그를 만들면 된다. 이렇다 할 주제가 떠오르지 않으면 리뷰 전문 블로그를 만드는 것도 한 방법이다.

새롭게 블로그를 시작하는 분들 중에 필명과 블로그명을 어떻게 정해야 할지 모르겠다며 나에게 상담 요청을 하는 경우가 많다. 처음에는 거창한 기획을 그리기보다 직관적인 콘셉트를 잡아 가볍게 시작해보는 것이 중요하다. 나는 먼저 그분이 좋아하는 것이나 관심사를 들어보고 연관된 단어를 쭉 나열해본다. 그다음 그분이 미래에 잘된 모습을 상상하며 새로운 단어를 떠올린다. 그렇게 찾아낸 두 단어를 이어서 브랜드 콘셉트를 만들고 그 콘셉트에 맞게 블로그명, 프로필, 카테고리, 콘텐츠를 만든다.

본의 아니게 오랫동안 블로그 작명소 일을 하면서 지켜본 결과 처음 정한 콘셉트가 이후에도 쭉 가는 경우는 많지 않았다. 처음부터 자신의 아이템이 완성된 경우가 아닌 이상, 시간의 경과에 따라 생각이 변하기 때문이다.

나는 지금 '김상은'이라는 본명에 '마케터'를 결합해 '김케터'라는 필명을 쓰지만, 처음에는 혁신가가 되고 싶어서 '이노베이터'라는 필명을 썼고, 처음 책을 출간하고서는 '김상은 작가'라는 필명도 썼다.

처음 내가 블로그에 포스팅을 올리기 시작한 계기는 애완동물 때문이었다. 당시에는 인스타그램이 없어서 귀여운 슈가 글라이더 사진을 블로그에 올리기 시작했다. 왼쪽 페이지의 사진에서 카테고리 하단에 있는 '반려동물'과 '사육정보' 게시판이 그 흔적이다.

훗날 쇼핑몰 창업에 실패하고 본격적으로 온라인 마케팅을 공부하면서부터는 한동안 배운 내용을 실습하는 용도로 블로그를 써왔다. 몇 년 후에는 마케팅 강사 활동을 시작하게 되었다. 한창 블로그를 연구하는 과정에서 지금 블로그 말고도 여러 개를 최적화도 시켜보고 저품질에도 빠뜨려보면서 상위노출 관련 자료는 많았지만, 정작 대표 수강생들과 소통할 대표 블로그가 없었다.

퍼스널 브랜딩을 위한 포트폴리오 블로그를 키워야겠다는 생각에 가장 오래된 지금 블로그를 선택해서 마케팅 이야기와 일상 게시판을 만들어 마케팅 정보와 리뷰를 올리기 시작했다. 꾸준히 정성을 쏟으니 전체글 2,000개를 넘었고 서로이웃과 일일방문자도 많아졌다.

나이가 들고서 블로그에 열을 쏟은 또 하나의 계기는 육아였다. 나에게는 두 아이가 있는데 아직 초등학교도 입학하지 않았다. 아직은 어리지만 세월이 지나면 머리도 커지고 진로에 대해 고민하는 시기가 올 것이다. 그때를 위해 아버지이자 인생 선배로서 자식들에게 꼭 해주고 싶은 말을 가족 육아 게시판에 편지처럼 남기고 있다. 언젠가 아이들이 자신들의 어린 시절 사진과 육아일기를 볼 날이 기대된다.

요즘은 마케팅 관련 사업을 확장하기 위해 닉네임, 프로필, 블로그명을 다시 한 번 변경했다. 필자의 사례를 보았듯이 블로그 기획을 어렵게 생각할 필요 없다. 만약 상업적인 목적으로 카페나 페이스북 페이지를 키운다면 철저한 시장조사를 통해 차별화된 커뮤니티를 만들어야 하지만, 블로그는 1인 미디어이기 때문에 자신의 색을 가장 잘 드러내는 것으로 충분하다.

구슬이 서 말이라도 꿰어야 보배라는 말처럼 일단 내가 가장 즐겁게 운영할 수 있는 콘셉트를 잡고 시작하자. 계속 블로그를 운영하다 보면 그때 가서 또 보이는 비전이 있다. 그것에 맞춰서 꾸준히 블로그를 업데이트해나가면 된다.

방문자가 보기 편한 블로그 개설하기

어떤 블로그를 만들지 대략 구상을 끝마쳤다면 이제는 직접 블로그를 만들 차례다. 블로그 기획 단계에서 어깨에 힘을 빼고 일단 소소하게 시작을 한 다음 해나가면서 점점 보충하면 된다고 말했듯이, 블로그 디자인도 처음부터 거창하게 생각할 필요는 없다. 일단은 가독성이 좋은 블로그를 만드는 것이 핵심이다. 블로그가 보기 불편하게 디자인되어 있다면 콘텐츠의 내용이 좋더라도 사람들이 금방 나가버리기 때문이다.

이제부터 지인의 블로그 개설을 도와준 과정을 풀어서 설명하도록 하겠다. 만드는 과정마다 하나하나 사진을 준비했으므로 이대로 따라 하면 누구나 보기 편한 블로그를 만들 수 있을 것이다.

먼저 네이버에 회원가입을 하고 블로그로 들어가도록 하자. 메인화면에서 블로그 탭으로 가 밑부분의 '내 블로그'를 누르면 갈 수 있다. 네이버 계정을 만들면 직접 개설하지 않더라도 블로그가 무조건 만들어져 있는 상태다. 아직 아무런 손도 대지 않은 블로그는 디자인과 레이아웃이 깔끔하지 않으므로 포스팅하기 전에 가독성 좋게 꾸며줄 필요가 있다.

최소한의 레이아웃과 스킨도 지정하지 않고 블로그를 운영하면 이웃이나 방문자들이 성의가 없다고 생각할 가능성이 높다. 우측 하단을 보면 프로필 영역이 있는데, 그 아래 글쓰기 버튼 옆에 있는 '관리·통계' 메뉴를 눌러주도록 한다. 맨 처음에는 '기본 설정'에 들어가 '블로그 정보'를 채워주도록 한다.

　이 지인은 블로그가 커지면 체험단을 하고 싶다고 해서 '상품 리뷰'를 핵심 키워드로 잡았다. 자세히 보면 블로그명, 소개글, 내 블로그 주제에 상품 리뷰가 들어간 것을 볼 수 있다. 내 블로그 주제와 관련 있는 키워드를 넣어주면 SEO 최적화가 되어서 AI가 이 블로그가 어떤 블로그인지를 더 잘 파악한다. 상품 리뷰 말고도 다양한 블로그 주제가 있다. 내가 키울 블로그와 제일 잘 맞는 것을 선택한 이후 남은 부분도 키워드를 넣어서 채워주자.

　소개글에는 자연스럽게 키워드를 넣으면서 내가 어떤 사람이고 무슨 일을 하고 있는지를 써준다. 그리고 중요한 것은 블로그 프로필 이미지를 반드시 자신이 나오는 이미지로 하는 것이다. 프로필에 자기 실사 사진도 없고 소개글에도 주인장에 대한 설명이 없으면 실체가 없는 광고 블로그로 의심받는다. 진짜 개인이 하는 블로그임을 보여주는 것이 좋다.

그다음으로 '기본 설정'에서 '사생활 보호' 탭의 '콘텐츠 공유 설정'으로 가서 'CCL과 마우스 오른쪽 버튼 설정'을 하도록 하자. CCL은 내 블로그에 올리는 콘텐츠 저작권에 관한 내용이다. 어떤 사람은 누군가 내 콘텐츠를 도용해 수익 활동을 해도 신경 쓰지 않을 수도 있겠지만, 대부분 그런 일은 원하지 않을 것이다. 그럴 경우 '저작물을 영리 목적으로 이용'을 '허락하지 않음'으로 체크하자.

또 내가 쓴 글을 복사 붙여넣기 해가는 것도 싫다면 아래의 '마우스 오른쪽 버튼 금지 설정'을 '사용'으로 체크해주면 된다. 이것을 체크해놓으면 방문자들이 드래그해서 오른쪽 버튼으로 복사하기를 못한다.

그다음은 기본 설정 옆의 '꾸미기 설정'으로 넘어가 본격적으로 디자인을 해보자. 먼저 '스킨'을 선택해야 한다. 블로그에서 기본적으로 제공하는 스킨들이 제법 많다. 한번 쭉 둘러보고 이 가운데 맘에 드는 스킨을 찾아 사용하면 된다.

본인이 디자인 감각이 좀 있고 심미성을 따지는 성격이라면 블로그에서 기본 제공하는 스킨으로는 만족하지 못할 수도 있을 것이다. 그 경우 포토샵 실력이 된다면 네이버와 유튜브를 보면서 직접 스킨을 만들어도 된다. 혹은 '네이버 아이템 팩토리https://item2.naver.com/TopMain.nhn'에 들어가면 다른 사람들이 제작해서 올려놓은 스킨들이 많다. 이것들을 보면서 내 맘에 드는 스킨을 골라도 된다.

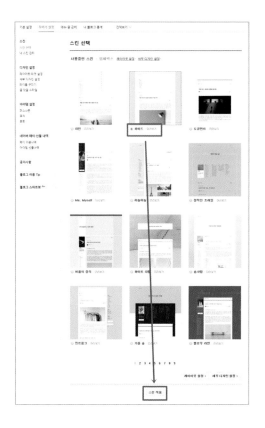

이 친구는 너무 화려한 건 자기 취향이 아니라고 했다. 심플 이즈 베스트! 일단 보기만 편하면 디자인은 크게 상관없다고 해서 기본 스킨을 사용하기로 했다. 스킨을 고른 다음 맨 아래에 있는 '스킨 적용'을 눌러주자.

스킨을 입혀줬으면 다음 차례는 레이아웃이다. '꾸미기 설정→디자인 설정→레이아웃 위젯 설정'을 누르면 오른쪽 페이지의 사진과 같은 창이 뜬다.

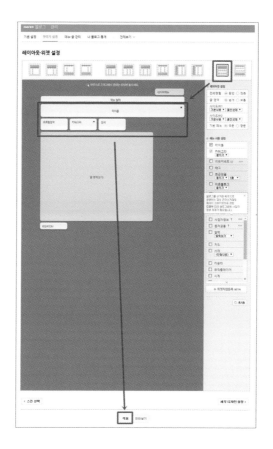

　　레이아웃에는 1단, 2단, 3단 형이 있는데 일단 3단 형은 무조건 피하길 바란다. 포스팅을 보는 곳 양옆에 다른 것들이 붙어서 가독성이 최악이기 때문이다. 1단 아니면 2단이 제일 적당한데, 맨 오른쪽에서 2번째에 있는 1단 레이아웃을 가장 추천한다. 이 레이아웃은 보이는 바와 같이 프로필이나 카테고리가 다 위쪽에 올라가 있다. 전반적으로 블로그도 깔끔해 보이고, 포스팅 가독성도 제일 좋다.

맨 오른쪽에서 1번째는 1단 레이아웃이기는 한데 프로필이나 카테고리가 다 맨 아래로 내려가 있어서 사람들이 게시판을 찾기가 힘들다. 포스팅이 마음에 들어서 다른 글도 읽고 싶은데 게시판이 안 보이면 이내 포기하고 나가기 때문에 페이지 뷰를 늘리려면 게시판은 찾기 쉬운 위치에 있어야 한다.

만약 2단 레이아웃을 하고 싶다면 왼쪽에서 1번째를 추천한다. 게시판 카테고리가 왼쪽에 붙어 있고 오른쪽 공간에서 글을 읽을 수 있는 구조다. 가장 대중적이라 사람들 눈에 익숙한 구조이기 때문에 카테고리가 오른쪽에 붙은 2단 레이아웃보다 가독성이 좋다.

레이아웃을 적용했으면 이제 세부 디자인으로 들어가자. 이 친구는 내가 추천한 오른쪽에서 2번째에 있는 1단 레이아웃에 타이틀을 추가한 형태에서 세부 디자인에 들어갔다. 세부 디자인의 경우 딱히 이렇다 할 팁은 없다. 하나하나 눌러보면서 가장 조합이 예쁜 것을 찾으면 된다.

세부 디자인까지 끝냈으면 이제 좀 블로그다운 블로그가 되었을 것이다. 곧바로 게시판 카테고리를 추가하도록 하자. 이 부분에서 고민하는 사람이 많을 것이다. 무슨 글을 쓸 것인지 답이 내려져야 거기에 맞는 게시판을 만들 수 있기 때문이다. 맨 처음 시작할 때에는 4개의 주제로 시작하는 것이 좋다. 본업, 취미, 일상, 블로그씨 질문이 그것이다.

위의 사진을 보면 일단 '공지사항'을 등록할 게시판을 하나 만들었다. 이 공지사항 게시판 안에다가 블로그와 주인장 소개글도 쓸 예정이다. 그다음은 체험단, 상품 리뷰라는 본업에 맞게 '마케팅 칼럼' 게시판과 '리뷰' 게시판 2개를 만들었다.

공지사항과 본업에 대한 게시판을 만들었으니 다음 차례는 취미다. 이 친구의 경우 취미는 독서인데 그 내용은 마케팅 칼럼에 쓰면 될 것 같다고 했다. 다른 취미는 없는지 물어보자 수사물 같은 미국드라마 보는 것을 좋아한다고 했다. 그래서 '미국드라마 리뷰' 게시판을 만들었다.

마지막으로 일상글을 작성할 카테고리를 만들고, 블로그씨 질문까지 묶어서 7개의 게시판 카테고리가 완성되었다. 4개의 주제가 있다면 누구나 쉽게 출발할 수 있다. 더 자세한 사항은 바로 다음 내용에서 알아보도록 하겠다.

블로그를 다 꾸몄으니 다음으로 프롤로그를 꾸밀 차례다. '이미지 강조'로 바꿔주고 사진을 최대한 많이 쓸 카테고리를 지정해서 순서를 정해주면 된다. 처음에는 보잘것없어도 사진을 업로드하며 쓴 포스팅이 늘어나면 늘어날수록 훗날 프롤로그 영역이 점차 풍성해질 것이다.

이것으로 블로그 디자인이 끝났다! 맨 처음 꾸미지 않은 블로그 상태와 다 꾸미고 난 다음의 블로그 상태 Before & After를 한번 보도록 하자.

　　마치 미용실에 다녀오고 메이크업을 한 것처럼 인상이 확 달라진 것
이 보일 것이다. 필명 김솔직 씨는 회색 컬러와 활자로 된 타이틀이 전반
적으로 뉴스페이퍼 느낌이 난다고 매우 만족스러워했다. 맨 처음 상태와
비교해보면 확실히 가독성도 좋고 깔끔하게 디자인이 잘된 것 같다.

막막하다면 4개의 게시판으로 시작하라

블로그 개설 완료를 축하한다! 여러분은 가독성 좋은 블로그 하나를 만들었으니 이제 블로거로서 첫발을 내딛게 되었다. 그러나 블로그를 만들었다는 것은 곧 앞으로 끝없는 고민에 시달리게 될 것을 의미한다.

'오늘은 대체 무슨 글을 써야 하지?'

자취생들이 항상 '오늘 뭐 먹지?' 고민하듯이 블로거들은 항상 오늘 무슨 글을 쓸지 고민한다. 열심히 브레인스토밍을 해보면 소재가 없는 건아니지만 계속해서 포스팅을 하다 보면 언젠가는 콘텐츠 고갈에 부딪칠 것이다. 실제 글감 고민 때문에 스트레스 받는다고 블로그를 그만둔 사람도 있다.

뭐든지 즐기지 못하면 오래 지속할 수 없는 법이다. 어떻게 해야 콘텐츠에 대한 고민 없이 블로그를 할 수 있을까? 일단 '1일 1포스팅 공식'을 버려야 한다. 1일 1포스팅 공식이 생겨난 건 과거 리브라 로직 시절의 영향이 크다. 당시에는 45일 동안 독창적인 문서를 꾸준히 발행하면블로그 최적화를 할 수 있었기 때문에 어쨌든 하루에 뭐라도 글을 쓰는 것이 장려되었던 것이다. 그러나 C-rank로 바뀌면서부터 1일 1포스팅은 큰 의미가 없어졌다. 오히려 며칠 포스팅을 쉬더라도 보다 전문성 있는 글 1편을 더 발행하는 것이 블로그에 도움이 된다. 3장에서 이야기한 바와 같이 핵심은 이웃과 방문자들이 끝까지 정독하고 공감과 댓글을 남기는 콘텐츠이기 때문이다.

글쓰기를 정말 잘하는 사람이라면 3C^{Context, Content, Chain}를 충족하는 글을 매일 올릴 수 있을지도 모른다. 직업의 특성상 평상시 글쓰기가 훈련되어 있거나, 글재주를 타고났거나, 지식이 많아 글감이 풍부한 사람이라면 가능하겠지만 대부분의 사람들은 1일 1포스팅을 하려면 날림글이 나올 수밖에 없다.

FAQ에서도 이야기했지만 블로그를 장기간 방치하지 않는 이상 며칠 포스팅을 쉰다고 해서 지수에 큰 타격은 없다. 사실 오래 잠수를 타다가 복귀해도 다시 관리를 시작하면 블로그가 살아난다. 그러니까 1일 1포스팅을 못 했다고 죄책감을 가질 필요는 없다. 차라리 2~3일 쉬면서 소재도 확보하고 내용도 구상해서 이웃과 방문자들이 좋아할 콘텐츠를 작성하자.

고백하자면 나 역시 주기적으로 글 쓰는 일이 녹록지 않았다. 그래서 포스팅할 때마다 힘겹게 머리를 쥐어짜내지 않아도 될 방법을 고심하다 발견한 것이 4개의 게시판이다. ①본업, ②취미, ③일기, ④블로그씨 질문 4가지 콘텐츠를 꾸준히 발행하는 것이다.

먼저 본업을 살펴보자. 어떤 사람이든지 다 자기만의 본업을 갖고 있다. 회사를 다니는 사람은 회사에서 맡은 업무와 직책이 본업이다. 회사를 다니지 않는 사람들도 본업은 있다. 대학생은 학과 공부가 본업이며, 주부들은 가정살림이 본업이다. 본업 게시판에서는 그에 대한 이야기를 해주면 된다. 직장인은 자기가 회사에서 맡은 업무 이야기를 하면된다. 직업이 디자이너라면 디자인 잘하는 방법을, 금형설계사라면 우리가 자주 쓰는 제품들이 금형설계로 만들어지는 과정을 글로 공유하면된다.

내가 만약 식당을 운영하는 자영업자라면 요리 블로그를 운영하면서 새로운 레시피를 개발하는 가게의 이야기를 쓰면 되고, 공인중개사를 하고 있다면 좋은 집을 고르는 노하우를 포스팅하면 된다. 전업 가정주부라면 청소를 잘하는 방법, 물건 수납 잘하는 방법 같은 살림살이 노하우와 아이가 울 때 어떻게 달래줘야 하는지 같은 육아 꿀팁을 쓰면 될 것이다.

본업 게시판의 장점은 어지간해서는 소재가 바닥나지 않는다는 점이다. 내가 잘 아는 분야라서 할 말이 굉장히 많다. 또한 지금도 현장에서 일을 하고 있기에 매일매일 뭔가 새로운 이벤트를 경험한다. 그리고 계속해서 그 분야의 책을 읽고 공부를 하니까 쓸 거리는 날마다 생기는 것이다.

나 같은 경우 마케팅 일을 하다 보니까 사업가, 마케팅으로 투잡 수익을 만들고 싶은 직장인, 전업주부를 주로 만나게 된다. 여러 사람들을 만나고 이들의 마케팅과 브랜딩을 돕다 보면 다양한 일을 겪는다. 그때 드는 생각들이나 재밌는 에피소드를 비즈니스 일지로 포스팅하고 있다.

내 본업인 마케팅은 트렌드 변화가 빨라서 평생 공부해야 하는 분야다. 예전만큼은 아니지만 지금도 시간이 날 때마다 마케팅 서적을 읽으려고 노력하고 있다. 책을 읽고 나에게 도움이 된 점 혹은 아쉬웠던 부분 등을 후기로 쓰고 있다. 이제 막 마케팅을 시작한 분들에게 도움이 되는 팁을 드리기도 하고, 또 수강생들에게 마케팅 관련해서 여러 질문이 들어오면 그에 대한 답변 차원에서 전문적인 마케팅 칼럼을 쓰기도 한다.

이처럼 자신이 하는 본업만 갖고도 1년 365일 글을 이어나갈 수 있다. 블로그 글쓰기를 의식하면 계속해서 공부하게 되고 업무를 해나가면서 새로운 글감이 자꾸 떠오른다. 물론 개중에는 단순반복적인 업무도 있을 것이다. 그러나 그런 종류의 일들도 계속 하다 보면 효율을 높이는 방법을 발견하는 등 새롭게 깨닫는 바가 생긴다.

본업으로도 부족할 경우 취미 게시판을 추가하면 된다. 독자 여러분 중에는 내가 하는 일이 곧 취미인 축복받은 사람도 있겠지만, 회사에서는 본업에 집중하고 취미는 퇴근 후 휴식시간에 즐기는 경우가 더 많을 것이다. 테니스를 치거나 필라테스를 다니는 등 운동이 취미일 수도 있고 독서를 하거나 영화, 드라마를 감상할 수도, 게임을 하는 것이나 유튜브 시청이 취미일 수도 있다.

내성적인 사람조차 자기 취미에 대해서는 말이 굉장히 많아진다. 여러분도 친구들과 카페나 호프집에서 서로의 취미에 대해 떠들어본 경험이 있을 것이다. 바로 수다를 떨 때의 이야기를 글로 가공해서 블로그에 적으면 된다. 콘텐츠 형식이 말에서 글로, 대상이 친구에서 이웃과 방문자로 바뀔 뿐이다.

아무리 본업인 마케팅이 적성에 맞는다지만 필자 역시 사람인지라 24시간 마케팅만 붙잡고 살 수는 없다. 가끔 머리를 푹 쉬어주고 싶을 때 취미로 영화 감상을 한다. 한 영화가 마음에 들면 감독이 누구인지 검색해 그 감독이 찍은 다른 영화까지 몰아서 볼 정도로 마니아다. 요즘은 넷플릭스에도 푹 빠졌다. 넷플릭스에서는 월 시청료를 내면 재밌는 해외 드라마를 무제한으로 볼 수 있다. 이를 통해 드라마도 영화 못지않게 재밌는 작품들이 많다는 것을 알게 되었다.

직원들하고 밥을 먹을 때 최근 재밌게 본 영화나 넷플릭스 드라마 이야기를 하곤 하는데, 그 내용을 블로그에 정리하고 있다. 재밌게 본 감상 포인트, 개인적으로 생각하는 하이라이트, 다 보고 난 후의 진솔한 소감, 배우들이 어떤 부분을 잘 연기했으며, 어떤 부분은 좀 아쉬웠는지에 대해 적는다. 이런 후기, 리뷰는 자기가 좋아하는 분야에 대해 직접 경험해보고 쓰는 글이기에 글쓰기 훈련이 부족한 사람들도 좋은 글을 쓸 확률이 높다. 굳이 영화나 드라마가 아니더라도 본업과 취미에 대해 꾸준히 포스팅하면 글감 확보에 어려움이 없을 것이다.

다음으로 일기에 대해 이야기하겠다. 흔히 말하는 일상글을 적는 공간이 바로 일기 카테고리다. 본업과 취미도 어떻게 보면 일상이라고 할 수 있지만 뉘앙스가 약간 다르다. 본업은 읽는 사람들에게 도움이 되는 전문적인 글이고, 취미는 남들의 평가가 궁금한 사람들을 위해 진솔한 후기를 남기는 유형이다. 일기에 쓰는 일상글은 인스타그램과 비슷하다고 보면 된다.

20대 직원들과 같이 다니면서 느낀 건데, 요즘 젊은 친구들은 어디를 가든 사진을 찍는다. 인스타그램에 올리기 위해서란다. '인스타그램 갬성' 같은 신조어도 있다. 어디 유명한 곳을 다녀왔다거나, 맛있는 음식을 먹는다거나, 뷰가 좋은 플레이스 등등 '이거 인스타 각이다' 싶으면 바로 촬영하고 필터와 해시태그를 입혀서 업로드한다. 그래서 나도 요즘 어디를 가든 다 사진을 찍고 있다. 이렇게 찍어둔 사진들을 갖고 포스팅을 하는 것이다.

칼럼이나 비즈니스 일지를 쓸 때 굳이 이미지가 필요하지는 않지만, 포스팅에 너무 줄글만 빽빽하면 가독성이 떨어지니까 예전에 찍어둔 배경 사진을 넣어주곤 한다. 나는 평소 식사를 사무실 지하 구내식당에서 주로 해결하는데 가끔 색다른 게 먹고 싶으면 근처를 돌아다니다 눈에 띄는 곳에 들어가 밥을 먹는다. 예를 들어 돈가스집에 가면 가게 내부와 음식 사진을 찍은 다음 '가산디지털단지역 돈가스 맛집' 등의 키워드로 포스팅을 한다. 영화나 드라마 감상문을 쓰는 것처럼 가게 인테리어와 분위기는 어떻고, 메뉴는 얼마나 맛있었는지 전체적인 소감을 쓴다. 이처럼 식당을 가든 카페를 가든, 솔직한 감상을 남기는 일상글을 포스팅한다. 가족들끼리 여행을 가면 여행지에 대해서도 포스팅한다. 직원들이 다 나처럼 안경을 쓰고 있어서 같이 안경을 맞추러 갈 일이 있었는데 역시나 내부를 찍고 어떤 안경으로 바꿨는지도 사진을 찍어서 '안경원, 안경점' 관련 키워드로 포스팅을 작성했다.

내가 체험단에 지원한 것도 아니고 가게 사장님들에게 돈을 받는 것도 아니지만, 그래도 정말 괜찮은 가게라면 무료로 홍보를 해드린다. 대가도 안 받고 남 좋은 일만 해주는 거 아니냐고 할 수도 있지만, 나한테도 이익이 없는 건 아니다. 직접 체험하고 쓰는 포스팅은 대체로 이웃과 방문자들의 반응이 좋기에 블로그 지수에도 도움이 되고, 키워드를 잘 맞추면 일일방문자도 증가하기 때문이다. 당장 수익은 되지 않을지언정 블로그 키우기에는 큰 도움이 된다.

마지막 게시판은 블로그씨 질문이다. 네이버에서도 블로거들이 포스팅 거리로 고민하는 것을 아는지 1년 365일 날마다 질문글을 하나씩 배달해준다. 블로그씨의 질문에 '답하기'를 누르면 아래의 사진처럼 바로 답글을 쓸 수 있는 화면으로 넘어간다.

나는 우울할 때 코미디 프로그램을 시청한다, 밝은 분위기의 음악을 듣는다 등등 충실하게 답변을 해서 올리면 된다. 가끔 답글을 잘 작성하면 네이버 메인에 올라가기도 한다.

이처럼 ①본업, ②취미, ③일기, ④블로그씨 질문 4가지 게시판으로 출발하면 글감 고갈을 걱정할 일은 없다. 꼭 이 4가지로만 하라는 건 아니고 각자 상황에 맞게끔 더할 건 더하고 뺄 건 빼면서 자신의 스타일을 정립하면 된다. 필자는 블로그씨 질문은 하지 않고 본업, 취미, 일기 3가지를 메인으로 포스팅을 발행하고 있다. 이렇게 말이다.

① **본업** 마케팅 칼럼, 비즈니스 일지, 마케팅 도서 리뷰
② **취미** 영화 리뷰, 넷플릭스 드라마 리뷰
③ **일상** 육아 일지, 제품 리뷰, 맛집 리뷰, 수익성 포스팅

나만의 방식을 정하고 블로그를 키워서 때가 되면 CPA·CPS, 체험단 같은 수익성 포스팅도 올리기 시작하자. 그리고 계속 블로그를 해보다가 새로운 타입의 콘텐츠를 발행할 필요성이 느껴지면 그때 5번째, 6번째 게시판을 신설하면 된다.

어떤 분들은 이렇게 하면 C-rank 최적화에 불리하지 않느냐고 물어본다. 예를 들어 마케팅 쪽으로 C-rank 최적화를 시키고 싶다면 마케팅 칼럼과 마케팅 도서 리뷰만 계속 발행해야지, 중간중간 영화 리뷰도 쓰고 식당 다녀온 글도 쓰고 체험단 글도 쓰고 육아 일지도 써버리면 한

가지 분야에 집중하지 않으니 죽도 밥도 아닌 블로그가 되지 않느냐는 것이다. 그런데 전혀 걱정하지 않아도 된다. 본업, 취미, 일상 등 모든 분야에서 한 3개월 동안 주기적으로 방문자가 좋아할 콘텐츠를 꾸준히 올리면 C-rank화가 진행된다. 내 블로그도 처음에는 마케팅 관련 키워드만 상위노출을 잘 잡았는데 오랜 기간 운영하다 보니 이제는 꾸준히 써 온 영화, 육아, 제품 리뷰, 맛집 키워드 전부 상위노출을 잘 잡고 있다.

로마는 하루아침에 이루어지지 않았다는 속담처럼 블로그도 단기간에 큰 효과를 거두기 힘들다. 대신 꾸준히 오래 해서 전체 게시글과 서로이웃이 많아질수록 위력을 보이기 시작한다. 처음에는 누구나 지수도 낮고 상위노출도 잘 되지 않는다. 일단은 내 관심사 안에서 내가 상위노출 할 수 있는 롱테일 키워드에 집중해서 꾸준히 해나가면 어느 순간 최적화가 이루어진 블로그를 볼 수 있을 것이다.

포스팅의 핵심은 키워드와 콘텐츠다

게시판 세팅까지 끝났다면 본격적으로 포스팅을 작성할 차례다. 블로그 포스팅은 키워드와 글 내용으로 이루어진다. 내용에 대한 고민은 앞의 글을 보면서 해소가 되었으리라 믿는다. 쓸 소재만 있다면 포스팅 내용을 채우는 것은 어렵지 않다.

블로그가 학창 시절 국어시간과 다른 점은 키워드 상위노출을 의식한 글을 써야 한다는 점이다. 하지만 글쓰기나 블로그 운영이 익숙하지 않은 초보라면 맨 처음에는 키워드를 의식하지 않고 편하게 포스팅을 해보자. 네이버는 이용자가 원체 많아 어떤 식으로든 검색해서 들어오는 사람이 있다는 것을 알게 될 것이다.

똑같이 글을 10편을 쓰더라도 더 많은 일일방문자를 데려오기 위해서는 키워드 개념에 눈을 떠야 한다. 필자는 한창 블로그를 키울 때 육아일지, 영화 리뷰, 제품 리뷰, 수익형 포스팅을 정기적으로 발행했다. 이 모든 글에 매칭되는 키워드를 찾은 다음 내 블로그가 상위노출 할 수 있는 적정 키워드를 선택해서 넣자 날이 갈수록 일일방문자가 늘어났다.

괜찮은 글감과 소재가 있다면 그냥 작문을 하는 게 아니라 사람들이 많이 검색하는 키워드, 포스팅 내용과 검색자의 의도가 문맥상 잘 맞물리는 키워드, 내 블로그가 상위노출 될 수 있는 키워드를 찾아 연결시키는 법을 알아야 한다는 말이다. 특히 수익형 포스팅의 경우 최대한 많은 사람들이 읽을수록 돈 벌 확률이 높아지므로 키워드와 상위노출은 꼭 마스터해야 한다.

C-rank와 DIA 로직이 생기고 나서부터 키워드 상위노출이 예전보다 훨씬 쉬워졌다. 내가 잡으려는 키워드를 제목, 본문, 태그에 1회 넣어주면 그만이다. 실제 포스팅 사례를 보고 싶다면 체험단을 자주 하는 파워블로그를 구경하면 된다. 포스팅을 쭉 읽다 보면 일정한 법칙을 발견할 수 있을 것이다.

제목 맨 앞에 키워드를 넣고, 그 키워드가 본문에 적게는 5회에서 많게는 10회까지 반복된다. 리브라 시절부터 쭉 이어져온 전통인데, 신로직이 생기고 난 후부터는 변화의 바람이 불고 있다. FAQ에서 밝혔듯이 요즘은 키워드를 굳이 제목 맨 앞에 안 넣어도 된다. 본문에 키워드 5회 반복 없이도 네이버가 잘만 읽어낸다.

'가산디지털단지역 맛집' 같은 2음절 키워드는 예전 같았으면 제목, 본문에 그대로 붙여서 넣어야 인식을 했는데 이제는 '가산디지털단지역'과 '맛집'을 떨어뜨려도 잘 인식한다. 경험상 굳이 맨 앞이 아니더라도 제목에 1회, 본문은 문법을 해치지 않는 선에서 자연스럽게 1~3회, 태그에 '#가산디지털단지역 맛집' 1회를 넣어주면 상위노출을 잡을 수 있다. 물론 앞으로 로직이 업그레이드되면서 추가적인 변동은 나올 수 있지만, 지금 이 글을 쓰는 2020년 7월 기준에서는 그렇다.

포스팅 내용과 매치되는 키워드를 찾아보자. 뒤에서 소개할 키자드나 M-자비스를 활용해도 되지만 가장 기본은 네이버 검색광고를 이용하는 것이다. 네이버 메인에 접속해 스크롤을 끝까지 내려서 맨 아래에 위치한 '비즈니스 광고'를 누르자.

그러면 '네이버 비즈니스'로 접속이 되는데 상단 '서비스 바로가기'의 '검색 마케팅'을 눌러도 되고, 아래에 있는 '검색 마케팅'을 눌러도 된다.

그러면 '네이버 검색광고'로 이동한다. 처음 접속한 사람은 '신규가입'을 해줘야 한다. 기존에 쓰던 네이버 아이디하고는 별도의 아이디가 필요하다. 이메일을 쓰려는 계정이 아니라 네이버에 돈을 지불하고 광고하려는 계정이기 때문이다. 계정만 만드는 것은 돈이 들지 않으므로 안심하고 회원가입을 하자.

광고주 계정을 만들어서 로그인을 하면 다음과 같은 창을 볼 수 있다. 우측 상단의 '광고시스템'을 눌러보자.

여기서 파워링크를 비롯한 네이버 광고를 할 수 있다. 우리에게 필요한 것은 키워드 조회이므로 좌측 상단의 '도구 → 키워드 도구'로 들어간다.

　네모 박스가 하나 있는데 이 안에 최대 5개의 키워드를 입력해서 검색량 조회를 할 수 있다. 원래는 키워드 광고를 집행하기 전에 검색량을 알아보기 위한 목적으로 만들어졌지만, 블로그 포스팅을 할 때도 유용하게 사용할 수 있다. 포스팅의 핵심은 키워드와 콘텐츠다. 일단 첫째로 콘텐츠를 잘 구상해야 한다. 여러분이 이미 다 아는 내용이다. 네이버가 쓰지 말라는 유해 문서, 스팸·어뷰징 문서를 피해서 좋아할 문서를 쓰면 된다. 좋아할 문서의 기준도 알아봤다. 거짓 정보가 아닌 사실인 글, 유사중복에 걸리지 않는 독창적인 글, 충분한 길이의 분석글, 이웃과 방문자들이 쉽게 이해해서 긍정적인 반응을 남기는 글이다.

　다음은 키워드다. 키워드의 핵심은 먼저 내가 상위노출 할 수 있는 키워드를 고르는 것, 그리고 그 키워드의 검색의도를 파악하는 것이다. 검색량이 많은 키워드는 그만큼 많은 사람들이 글을 발행하기에 경쟁률이 높다. 꾸준히 글을 쓰다 보면 내 블로그가 어디까지 상위노출을 할 수 있는지 알게 된다. 무리해서 욕심내기보다는 내 블로그가 소화할 수 있는 키워드를 골라야 한다. 그런 키워드를 선택해 사람들이 왜 검색하는지 의중을 헤아려 맥락에 딱 맞는 콘텐츠를 쓰면 100점이다.

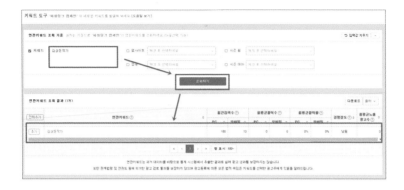

키워드는 질문이고, 포스팅은 그에 대한 답변이라고 생각하자. 네이버 측에서도 항상 지식인의 답변 같은 포스팅을 작성하라고 말한다. 그래서 글을 쓸 때에는 멀리 갈 것도 없이 만약 내가 이 키워드로 검색하면 어떤 포스팅이 나왔으면 좋겠는지 생각해보면 된다. 키워드에 대한 성실한 답변을 포스팅으로 만들면 대체로 양질의 콘텐츠가 나온다.

전문가 입장에서 진솔하게 자신감 있는 글을 쓰면 된다. 전문가라고 하면 대개 변호사, 세무사, 의사를 떠올리는데 부담 갖지 말자. 법률과 의료는 사 자 직업이 잘 알겠지만, 단순한 리뷰에 전문직 수준의 지식은 필요 없다. 제품이나 서비스를 남들보다 1주일 정도만 먼저 체험해봐도 남들에게 유익한 정보를 줄 수 있는 전문가다.

예를 들어 내가 LG 최신 노트북을 구매해서 1주일 사용했다. 마침 친구가 자기도 그 모델을 사려고 하는데 어떠냐고 물어보면 7일 써보니까 어떻더라는 감상 정도는 말해줄 수 있지 않겠는가? 써보면서 직접 느낀 LG 노트북의 장단점부터 시작해서 친구의 구매 목적에 적합한지 아닌지를 상담해줄 수 있을 것이다.

마지막으로 아무리 좋은 내용도 소비자의 검색의도와 문맥Context이 맞아야 한다. 어떻게 검색의도를 파악할 수 있을까? 사람들이 네이버에 키워드를 검색할 때 어떤 이유로 검색하는지 따져보면 단답, 장소, 행위, 사이트, 정보, 노하우, 상품이라는 7가지 이유로 분류해볼 수 있다.

단답

사진과 같이 긴 설명이 필요 없는 단답을 얻기 위해 검색하는 키워드다. 이런 키워드는 보통 지식인 콘텐츠들이 많이 소비된다. 블로그 포스팅 역시 지식인을 참고해 답변을 말해주고 그와 연관된 풍성한 정보를 덧붙이는 식으로 작성하면 된다.

장소

네이버 지도를 보기 위해 검색하는 키워드다. 간혹 해당 장소에 대한 평가를 보기 위해 블로그를 추가로 읽기도 한다. 장소 키워드로 포스팅할 때에는 지도 정보와 가는 길 약도를 포함해서 글을 쓰는 편이 좋다.

행위

리뷰와 후기를 보려고 검색하는 키워드다. 블로그에서 가장 많이 소비되는 유형 중 하나다. 콘텐츠에는 어디서 뭘 해봤는데 어땠는지, 뭘 며칠 사용해보니 어땠는지 솔직한 평론이 들어가면 좋다.

사이트

웹사이트에 들어가려고 검색하는 키워드다. 예시로 든 사이트들은 이미 유명해 정보를 얻으려는 사람이 많지 않다. 그런데 생긴 지 얼마 안 된 사이트는 그 사이트가 어떤지 정보를 얻기 위해 블로그까지 찾아오는 사람들이 있다. 해당 사이트의 특징과 함께 링크를 넣어주면 좋다.

정보

백과사전 정보, 어학사전 정보를 찾거나 전문적인 정보를 찾기 위해 검색하는 키워드다. 외국어 단어는 어학사전으로 가려는 키워드라 블로그에 쓸 필요 없다. 프로폴리스 효능처럼 전문 정보를 찾는 키워드는 블로그를 많이 읽는다. 따라서 전문적이고 깊이 있는 분석글을 쓰는 편이 좋다.

노하우

지식이 아니라 구체적으로 그것을 어떻게 할 수 있는지에 대한 매뉴얼, 즉 'how to'를 찾는 키워드다. 이런 키워드는 포스팅 안에서 실질적인 방법론과 진행 절차 등을 사진과 글로 차근차근 전달해야 한다. 제일 좋은 것은 경험을 공유하는 것이다. 본인의 실제 체험을 써주면 제일 베스트다.

상품

상품을 구경하거나, 혹은 구매하기 위해 검색하는 키워드다. 네이버 쇼핑, 스마트스토어가 성장하면서 점점 상품 키워드를 검색하는 사람들이 많아지고 있다. 주로 체험단 리뷰처럼 사진과 글로 상품을 소개하고 스마트스토어로 보내는 링크를 넣어 포스팅한다.

물론 더 세분화해서 나눠보면 더 많이 나올 수 있겠지만, 이 이상의 분류는 큰 의미가 없다. 7가지 큰 카테고리만 머리에 담고 있어도 키워드를 보는 기초적인 눈이 생길 것이다. 이건 무엇을 찾으려는 키워드니까 포스팅을 어떤 내용으로 써야겠다는 판단이 선다. 좀 더 심화해서 사용자의 검색의도를 알아보기 위해서는 검색결과를 확인하면 된다.

네이버와 유튜브의 검색결과와 댓글을 쭉 열람하면 소비자들이 어떤 정보를 원해서 이 키워드를 검색하는지 보다 더 자세한 윤곽을 잡을 수 있다. 그 니즈를 충족시켜주는 내용을 포함한 콘텐츠를 발행할 때 뒤이어 제시하는 액션에 따라 수익도 창출되고, 블로그 지수도 상승한다.

롱테일 키워드를 공략하라

블로그를 시작한 지 얼마 안 된 상태에서는 검색량이 많은 키워드를 상위노출 할 수 없다. 그런 키워드는 나보다 C-rank 최적화가 더 잘된 파워 블로그들이 너도 나도 포스팅을 하기 때문에 1페이지 진입조차 힘들 때가 있다. 이런 일을 몇 번 경험하면 마치 경력직이 우대받는 세상의 이치가 블로그에도 동일하게 적용된다고 느낄 수 있다.

'잘나가는 블로그는 계속해서 잘나가는구나. 나는 어느 세월에 대표 키워드를 한번 잡아보지? 언제까지 소소하게 오르는 일일방문자 그래프를 보며 재미없게 지내야 하는 걸까? 이렇게 대단한 블로거들이 많은데 나도 상위노출로 돈 벌 수 있을까?'

여기서 희소식이 있다. 블로그 지수를 키우는 것과 투잡 수익을 얻는 것 모두 경쟁률이 치열한 대표 키워드보다는 상대적으로 상위노출이 쉬운 세부 키워드가 유리하다는 점이다. 네이버에서 사람들이 물건을 사는 과정을 추적해보면 주로 대표 키워드에서 정보를 수집한 다음 세부 키워드에서 구매한다.

예를 들어 내가 다이어트 제품을 산다고 가정해보자. 처음에는 '다이어트' 키워드로 검색해서 글을 읽는다. 그런데 다이어트는 다루는 범위가 너무 광범위하다. 그래서 '40대 다이어트', '40대 남자 다이어트'로 범위를 축소해서 정보를 찾아본다. 글을 읽다 인체에 부담이 덜한 한약과 식이요법, 운동을 병행해서 살을 빼야겠다는 계획을 세운다. 여기까지가 정보를 학습하는 과정이고 실질적인 구매는 '남자 한약 다이어트', '40대 남자 한약 다이어트' 키워드에서 할 확률이 높다.

또 경쟁률의 문제도 있다. '다이어트' 키워드를 검색해서 확인해보니 1페이지에 있는 10개의 글들 가운데 5개의 글이 24시간 이내에 발행됐다. 파워블로그, 대행사, 가리지 않고 온갖 강자들이 경쟁하는 키워드라 상위노출을 한다 하더라도 며칠 지나지 않아 순위에서 밀릴 확률이 높다. 즉, 검색량이 많은 대표 키워드는 실질적인 소비자의 리액션이 나오지도 않고 상위노출을 하더라도 오랫동안 버티기 어렵다는 말이 된다. 하루 정도 잠깐 방문자가 많을 수는 있어도 며칠 지나지 않아 2페이지로 밀리면 방문자가 유입되지 않는다.

그렇다면 세부 키워드는 어떨까? 물론 세부 키워드도 세부 키워드 나름이다. 어떤 세부 키워드는 검색량이 낮은데 경쟁은 치열한 업종도 있다. 일반적으로 경쟁률이 낮은 세부 키워드를 고르면 체감상 3~4개월은 버틴다. 길게는 반년에서 1년 동안 자리에서 내려오지 않기도 한다. 그래서인지 대표 키워드만 노리면 일일방문자 수가 어떨 때는 많다가 어떨 때는 적은데, 세부 키워드만 꾸준히 작성하면 일일방문자가 100명에서 110명, 110명에서 120명이 되는 식으로 꾸준히 늘어나는 모습을 볼 수 있다. 또한 시간이 경과하면 할수록 대표 키워드가 며칠 받은 클릭보다 오래 버틴 세부 키워드의 조회 수가 훨씬 많아진다.

검색량 1만인 키워드 1개를 잡기보다 1,000인 키워드 10개를 잡는 것이 장기적으로 봤을 때 효과가 뛰어나다. 하루에 1개씩 꾸준히 쓴다고 가정했을 때 100일은 지나야 맨 처음 쓴 글이 밀리기 시작한다. 글이 밀리더라도 추가로 잡는 세부 키워드가 있기에 일일방문자와 수익이 누적된다. 블로그 투잡에서도 일종의 '롱테일 법칙'이 존재하는 셈이다.

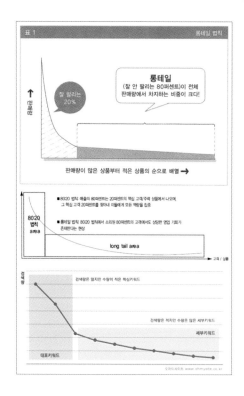

실제 블로그로 성과를 올리는 많은 분들이 롱테일 키워드를 꾸준히 공략해 블로그 하나로 월 100~200만 원씩 벌기도 한다. 롱테일 법칙은 80:20의 법칙으로도 유명한 파레토 법칙을 정반대로 뒤집어놓은 이론으로, 미국의 저명한 에디터 크리스 앤더슨이 처음 주장한 개념이다. 롱테일 법칙은 조금 생소해도 파레토 법칙은 다들 한 번쯤 들어봤을 것이다.

한 회사의 매출 100퍼센트 가운데 80퍼센트를 20퍼센트의 상품이 주도한다는 이 개념은 이후로 넓게 확장되었다. 20퍼센트의 고객이 총매출의 80퍼센트를 낸다며 VIP 관리의 중요성을 역설하거나, 전 세계 부의 80퍼센트를 20퍼센트의 자본가가 소유한다고도 전해지며, 자기계발 서적에서는 핵심 20퍼센트의 노력을 기울이면 80퍼센트의 효과를 얻을 수 있다고도 응용된다.

파레토 법칙이 워낙 유명한 탓에 많은 사람들이 큰 결과를 가져다주는 핵심 20퍼센트의 요소에만 집중한다. 롱테일 법칙은 그로 인해 무시되는 나머지 80퍼센트들이 더 중요할지도 모른다는 시사점을 던져준다. 파레토 법칙과 정반대의 주장을 하기에 '역파레토 법칙'이라고 불리기도 한다.

이 이론은 미국의 인터넷 서점 아마존의 매출을 분석한 자료를 통해 만들어졌다. 잘 알다시피 출판업은 파레토 법칙이 지배하는 대표적인 비즈니스 모델이다. 한 출판사 매출의 80퍼센트를 20퍼센트의 베스트셀러가 만들어낸다. 그런데 아마존의 매출을 거시적인 관점에서 따져보자 1년에 몇 권 팔릴까 말까 하는 80퍼센트 책들의 매출을 합친 것이 불티나게 팔리는 베스트셀러 20퍼센트의 매출을 합친 것보다 더 크더라는 것이다. 1개의 화살은 손쉽게 분지를 수 있지만 모이고 모이면 부러뜨리기 힘들어지는 것처럼, 80퍼센트의 기나긴 꼬리에서 나오는 수익이 모이면 장기적으로 상위 20퍼센트의 머리를 능가하는 매출을 일으킨다.

블로그 포스팅 역시 마찬가지다. 베스트셀러처럼 검색량이 많은 소수의 키워드가 있고, 검색량이 적지만 수는 많은 세부 키워드가 있다. 사람들의 검색에서 소외된 이 세부 키워드들을 모으고 또 모아 장기전에 돌입하면 '롱테일 키워드 전략'이 대표 키워드만 노리는 것보다 블로그 지수와 수익에 훨씬 더 유리하다. 본업, 취미, 일상, 블로그씨 질문 4가지 영역에 대해 롱테일 키워드로 꾸준히 포스팅을 해보자. 필자의 경우를 예로 들자면 본업으로 마케팅 도서를 읽으면 '마케팅 서적' 키워드로 포스팅을 작성한다. 검색량이 PC와 모바일을 합쳐 230이고 경쟁 정도가 낮다.

카페에서 커피를 마셨으면 '가산디지털 카페' 키워드로 포스팅한다. 역시나 검색량은 250으로 경쟁률도 낮다. 찾아보면 더 검색량이 많은 키워드도 있지만 일부러 세부 키워드만 잡아 롱테일 키워드 전략을 구사하는 것이다. 티끌 모아 태산이라고 매일매일 1일 1포스팅을 하면 방문자들이 긴 꼬리를 그리며 늘어난다.

지난해 동행에 합류한 한 회원분의 수익 정산내역을 살펴보자. 이분은 2019년 초 블로그를 시작해 4월에 첫 수익 24만 원을 냈다. 블로그를 만든 지 얼마 안 되었기에 대표 키워드는 그림의 떡에 불과해 철저하게 롱테일 키워드만 공략했다. 그렇게 상위에서 잘 밀리지 않는 수익글이 블로그에 점점 중첩되기 시작하자 수익도 똑같이 누적되기 시작했다.

국민은행	5▓▓▓▓▓▓▓	최▓▓▓	240,000원
국민은행	5▓▓▓▓▓▓▓	최▓▓▓	223,000원
국민은행	5▓▓▓▓▓▓▓	최▓	479,000원
국민은행	5▓▓▓▓▓▓▓	최▓	456,000원
국민은행	5▓▓▓▓▓▓▓	최▓	528,000원
국민은행	5▓▓▓▓▓▓▓	최▓▓	702,000원

5월의 정산내역은 4월보다 살짝 낮은 22만 원이지만 바로 그 다음 달 6월에 47만 원으로 2배 가까이 뛰었다. 그 다음 달은 똑같이 40만 원대 지만, 또 그 다음 달에는 50만 원대로 수익이 점프했다. 그러다 9월에는 70만 원으로 올랐다.

그럴 수밖에 없다. 블로그를 하면 할수록 어떻게 해야 수익이 나는지, 어떤 콘텐츠가 반응이 좋은지 자연스레 학습하기 때문이다. 거기에 여 태까지 잡은 롱테일 키워드에 새롭게 잡는 롱테일 키워드까지 합쳐지니 누적효과가 일어나는 것이다.

앞서 말했듯이 롱테일 키워드는 대표 키워드에 비해 경쟁이 덜 치열 하면서 소비자들의 실질적인 반응이 일어나는 키워드다. CPA 수익글 하나를 올리더라도 대표 키워드보다 DB를 남길 가능성이 더 많다는 것 이다. 이미 최적화 블로그들이 너무 많은 레드오션이라 나에게 기회가 없을 거라는 걱정은 하지 않아도 된다. 아직까지도 네이버를 이용하는 사람들은 많으며, 20퍼센트의 머리가 아닌 80퍼센트의 긴 꼬리는 어느 분야든지 널려 있다.

서로이웃 관리,
어떻게 하면 될까?

블로그에서 할 수 있는 일은 크게 2가지가 있다. 첫째가 포스팅 발행이고, 둘째는 이웃활동이다. 지금까지는 포스팅 발행에 초점을 맞춰서 쭉 달려왔다. 포스팅 발행에 비해 비중이 적다고 해서 이웃활동이 중요하지 않은 것은 아니다.

과거 리브라 로직 시절에는 최적화 블로그를 만드는 잠깐의 기간 말고는 사실상 이웃활동이 크게 필요하지 않았다. C-rank와 DIA 로직이 생기고 나서부터 이웃관리가 훨씬 더 중요해졌다. 이웃과 검색방문자가 외면하는 블로그는 저품질에 걸리고, 이웃과 검색방문자가 정독하고 반응을 남기는 포스팅은 모바일 상위노출에 유리하기 때문이다. 과거와 달리 서로이웃 활동이 최적화와 상위노출에 직접적인 영향을 미치게 된 것이다. AI가 똑똑해져서 옛날처럼 프로그램으로 서로이웃을 늘릴 수도 없다. 포스팅을 발행하고 아직 검색엔진에 반영되기 이전에 이웃들이 끝까지 정독하고 진정성 있는 공감, 댓글을 작성해주는 힘이 필요해졌다.

상위노출뿐만 아니라 블로그 자체적으로도 이웃활동이 필요하다. 블로그 4대 지수에는 이웃 교류 역시 포함되는데 여기에는 상대방 쪽에서 내 블로그로 오는 것과 내 쪽에서 상대방 블로그로 가는 것이 있다. 출퇴근길 등 자투리 시간을 이용해 스마트폰으로 새로 달린 댓글과 이웃들이 올린 새 글을 확인하고 쭉 정독하면서 하루 5명에서 10명 정도 공감과 댓글을 남기는 것이 좋다.

만약 내가 블로그 포트폴리오를 만들어야 하는 상황이거나, 혹은 체험단, 공동구매, 블로그마켓을 할 예정이라면 서로이웃은 더욱더 선택이 아닌 필수다. 여러분의 블로그에 이런저런 제안을 할 담당자들은 당장 눈에 보이는 가시적인 지표들로 여러분의 블로그를 판단한다. 블로그 운영기간, 전체 게시글 수, 일일방문자, 서로이웃 수를 보고 제안 쪽지를 보낼지 말지를 결정한다.

이웃들은 말하자면 내 블로그 최후의 보루라고 할 수 있다. 자영업으로 따지자면 단골손님과 같다. 가게를 운영하다 보면 내가 통제할 수 없는 예기치 못한 사건이 일어나기도 한다. 가령 코로나 사태나 금융위기가 닥치면 손님의 발걸음이 눈에 띄게 감소한다. 이처럼 어려운 상황에서도 가게를 찾아와주는 사람들은 평소 만들어놓은 단골 고객들밖에 없을 것이다.

블로그 서로이웃도 가게의 단골손님과 비슷하다. 아무리 조심조심 블로그를 운영하더라도 예상치 못하게 네이버로부터 패널티를 받는 경우가 있다. 검색방문자가 다 떨어져나간 상황에서도 꾸준히 내 블로그를 찾아주는 것은 단골 이웃들이다. 장사가 힘들 때 단골이 많은 가게는 다시 일어설 수 있듯이, 블로그 역시 지수가 내려가도 서로이웃을 기반으로 재기할 수 있다.

처음에는 방문자를 100퍼센트로 놓고 봤을 때 1퍼센트가 이웃이고 99퍼센트가 검색방문자지만 열심히 서로이웃을 100명 만들고, 500명 만들고, 1,000명으로 늘려서 이웃 방문의 비중을 3, 5, 10, 20퍼센트로 점점 늘리는 것을 목표로 삼자. 그리고 그 많은 이웃 가운데 내 블로그에 꾸준히 들어와 댓글을 남겨주는 5명만 만들어도 이웃활동은 성공적이라고 할 수 있다. 다행히 서로이웃 활동은 포스팅에 비해 크게 어렵지 않다. 상위노출을 설명하기 위해서는 로직과 키워드부터 설명해야 하는데 이웃활동은 사전지식이 필요 없다. 상대의 신청을 내가 수락하거나, 내가 상대에게 신청하거나 둘 중 하나다.

가장 먼저 블로그에 좋은 글부터 채워 넣어야 한다. 기껏 서로이웃 신청을 보냈는데 상대가 내 블로그에 들어와 보니 글이 1~2개밖에 없다면 어떻겠는가? 금방 블로그를 접을 사람으로 여겨 거절할 수 있다. 내부 인테리어도 제대로 안 되어 있는데 카페를 열어서는 안 되듯이 블로그에 읽을 만한 콘텐츠가 없는 상태에서 서로이웃 활동을 개시해봐야 큰 의미가 없다.

또한 좋은 글을 쓰다 보면 자동으로 이웃이 생긴다. 꾸준히 소통하는 5명도 좋은 글을 발행해야 만들 수 있다. 남들이 나에게 서로이웃 신청을 하는 메커니즘은 서로이웃이 필요해서 마케팅 활동을 하거나, 아니면 그 블로거의 콘텐츠가 정말 마음에 들어서 이 사람이 새로운 글을 쓸 때 소식을 받기 위함이다. 당연히 후자가 진정성 있는 소통을 할 확률이 높고, 이런 사람들을 만들기 위해서는 나 자신이 진짜 도움이 되는 글을 써서 구독하고 싶은 사람이 되어야 한다.

글을 잘 써서 서로이웃 신청을 받아줬다면 이젠 내 쪽에서도 서로이웃 신청을 해야 한다. 서로이웃 신청에 딱히 정해진 방법은 없다. 어떤 강사는 네이버 메인에 뜬 블로그나 파워블로그, 이달의 블로그로 접속해 댓글을 단 사람에게 서로이웃 신청을 하라고 한다. 남의 블로그에 댓글을 달 정도면 적어도 눈팅만 하는 블로거는 아니라는 이유에서다.

어떤 강사는 이웃커넥트를 공개한 사람과 서로이웃을 맺은 다음 이웃의 이웃으로 타고 가서 서로이웃 신청을 하라고 한다. 2020년 기준으로 서로이웃 추가는 하루 50명까지 가능한데, 이웃커넥트를 이용하는 방법이 가장 적은 시간을 들여 50명에게 신청을 하는 방법이라서 그렇다고 한다.

혹은 내 블로그를 좋아할 만한 타깃을 대상으로 서로이웃 추가를 하는 방법도 있다. 블로그에 들어가 '주제별 보기'를 누르면 자신이 원하는 분야의 블로그를 선택할 수 있다. 필자의 블로그에는 마케팅 정보가 많기 때문에 비즈니스·경제 카테고리에 가서 서로이웃 추가를 하면 수락률이 높을 것이다. 가사·살림 정보를 주로 발행하는 블로그는 육아·결혼, 요리·레시피 분야처럼 주부들이 모인 곳에 서로이웃 신청을 하면 좋을 것이다.

　서로이웃 신청을 할 때에도 기술이 필요하다. 오른쪽 페이지의 사진은 내 블로그에 이틀 동안 쌓인 서로이웃 신청 메시지다. 이 가운데 여러분은 누구와 서로이웃을 맺고 싶은가? 성의 없는 기본멘트에 마치 서로이웃 추가 프로그램을 돌린 것 같은 상투적인 문구, 심지어 서로이웃 신청 메시지를 이용해 광고를 하는 사람들까지 있다. 내 블로그의 어떤 콘텐츠가 마음에 들어서 서로이웃을 하자는 건지 알 길이 없다. 굳이 내가 아니더라도 서로이웃 수만 늘릴 수 있다면 상관없는 것처럼 보인다.

　뭐든지 역지사지다. 내가 남들에게 서로이웃 신청을 보낼 때도 마찬가지다. 기본멘트나 상투적인 문구는 일단 성의가 없어 1순위로 거절당한다. 서로이웃 신청에다가 내 블로그 광고를 하면 신고를 당한다. 서로이웃 신청을 할 때에는 일단 그 블로그의 가장 최신글을 읽고 내용을 확실하게 읽은 티가 나는 댓글을 달자. 그다음 서로이웃 신청 메시지에 블로거의 이름을 담아 글을 읽고 무엇을 느껴서 신청하는지 정성껏 써주면 좋다.

신청한 사람	메시지	신청일	관리
그▒	우리 서로이웃해요~	19.11.19.	수락 거절 홈신고
금▒	우리 서로이웃해요~	19.11.19.	수락 거절 홈신고
ni▒	안녕하세요~ 겨울냄새 담은 찬바람이 부는 날입니다. "화"는 참는 것도 아니라 배설하듯 내뱉는 것도 아니라 제대로 표현하는 것입니다. 하지만 우리는 모두 그렇지 못하여 가슴속에 답답함이 있는데요. 아프면 약를 헛듯 내 마음에도 약이 필요해요. 명촌 심▒ 에서 마음을 보듬어주세요~	19.11.19.	수락 거절 홈신고
리▒	우리 서로이웃해요~	19.11.19.	수락 거절 홈신고
s▒	안녕하세요 반갑습니다. 블로그 너무 잘 보이네요. 좋은 정보가 너무 많아서 저도 모르게 이웃신청을 했네요. 수락해주신다면 좋은 이웃이 되고 싶습니다.	19.11.18.	수락 거절 홈신고
부▒	서이추 하고 갈게요~~	19.11.18.	수락 거절 홈신고
착▒	안녕하세요? 착▒ 입니다. 보양기 보조금이 131만원까지 인상되었다고 합니다. 서로 이웃하여 정보공유해요~~	19.11.18.	수락 거절 홈신고
현▒	안녕하세요 포스팅 잘 보고 갑니다.~ 저도 이제 블로그 시작해보려고 하는데 서로 소통하는 이웃 되었으면 합니다.~^^	19.11.18.	수락 거절 홈신고
C▒	와우 ll 정말 좋은 블로그 지금 서로이웃 걸고가요~	19.11.18.	수락 거절 홈신고
부▒	서로이웃해요~---~^^	19.11.18.	수락 거절 홈신고
퍼▒	우리 서로이웃해요~	19.11.18.	수락 거절 홈신고

전체선택 수락 거절

"김상은 작가님, 안녕하세요. 인플루언서 마케팅 포스팅 잘 읽었습니다. 평소 마케팅에 관심이 많았는데 블로그에 제품 판매 관련해서 괜찮은 칼럼이 많아 구독하고 싶어 서로이웃 신청드립니다. 저는 제품 리뷰 포스팅을 주로 하고 있고요, 앞으로 꾸준히 소식 전달받고 싶습니다. 감사합니다."

이런 신청 메시지를 거절할 사람은 많지 않다. 이 사람이 그냥 아무에게나 서로이웃 신청을 막 하는 게 아니라 내 블로그라서 신청을 한다는 진심이 전해진다. 물론 사람에 따라 거절을 할 수도 있긴 하다. 파워블로거 중에 좀 깐깐한 사람들이 많은데, 블로그 서로이웃도 페이스북 친구처럼 5,000명 한도가 있기 때문에 진정성 있는 블로거만 받으려고 하는 경향이 있다.

서로이웃 신청을 하려는데 친해지면 자기 쪽에서 먼저 하겠다는 사람들은 일단 이웃 신청부터 하자. 인스타그램으로 따지자면 이웃은 선팔이고, 서로이웃은 맞팔 개념이다. 어떻게든 서로이웃을 맺고 싶은 블로거가 있는데 서로이웃을 받아주지 않는다면 일단 선팔을 한 다음 그 블로거가 새 글을 쓸 때마다 들러서 진심 어린 댓글을 달아줘야 한다.

다음 사진은 반면교사로 가져온 안 좋은 댓글 사례들이다. 스티커 하나만 붙여놓고 간다거나, 어떤 글에나 통용되는 무난한 댓글은 아예 달지 않는 편이 낫다. 내 글을 제대로 읽지도 않고 댓글을 썼다는 느낌이 든다. 혹은 이웃관리 프로그램을 쓴 티가 난다. 만약 너무 바빠서 일일이 글을 읽고 진정성 있는 댓글을 남기기 힘든 상황이라면 차라리 공감만 눌러주자.

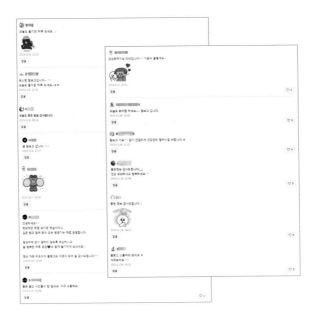

이번 사진은 모범 사례로 가져온 댓글이다. 딱 봐도 포스팅 내용을 정독했다는 느낌이 난다. 이런 댓글을 남겨줘야 블로그 주인장들도 이 사람이 자기 블로그 방문자를 늘리고 싶어서 자동 댓글 프로그램을 쓰는 것이 아니라 진짜 내 글을 읽고 진정성 있게 댓글을 달았다고 생각한다. 그렇게 1~2주 정도 그 사람이 올리는 글마다 댓글을 달고 서로이웃 신청 메시지를 보내보자. 대부분의 사람들은 다 받아줄 것이다.

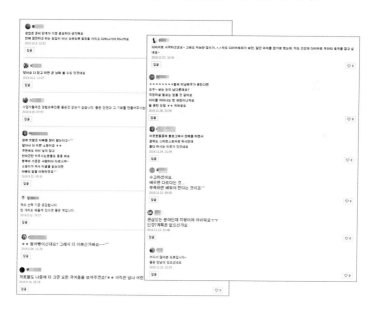

그 외에도 블로그 품앗이가 있다. 시골에서 농사를 지을 때 서로 노동력을 빌려주는 것처럼, 장기적으로 블로그를 운영할 사람들끼리 그룹을 짜서 서로의 블로그에 새 글이 올라올 때마다 공감과 댓글을 달아주는 것이다. 나 역시 품앗이 네트워크를 적극적으로 장려하고 있다. 서로가

서로의 블로그를 돌아가며 스크랩해주는 건 위험하지만, 끝까지 정독하고 공감과 댓글을 남겨주는 정도는 문제없다. 네이버 카페도 잘 찾아보면 블로그 품앗이를 할 수 있는 커뮤니티가 있으니 참고하길 바란다.

마지막으로 서로이웃이 많이 모여서 글을 쓸 때마다 이웃들 반응이 점점 괜찮아지면 소통글을 쓰는 것도 좋다. 보통 포스팅은 검색방문자를 고려해서 작성하는데, 소통글은 반대로 이웃들이 읽을 것을 가정하고 쓰는 것이다. 가령 블로그씨가 좋아하는 음식이 뭐냐는 질문을 했다고 치자. 답변 하나를 하더라도 "저는 오늘 점심시간에 된장찌개를 먹었어요. 어머니 된장 담그는 솜씨가 일품이라 국물에 밥 비벼서 김치 찢어서 올려먹는 것을 좋아하는데요, 오늘 이웃님들은 점심으로 어떤 것을 드셨나요? 또 어떤 음식을 가장 좋아하시나요?", 이렇게 이웃들이 참여할 수 있는 글을 올리는 것이다.

나한테 서로이웃 팬덤이 있다면 나는 피자를 좋아한다, '나는 피자를 좋아한다', '나는 김치찌개를 좋아한다' 등 이웃들이 댓글을 달아줄 것이다. 그럼 나는 거기에 또 답글을 달면서 소통을 하면 블로그 지수에 매우 좋다. 내가 본 어떤 블로거는 인터넷에 떠도는 재밌는 성격테스트 진단이나 심리테스트 결과물을 포스팅하면서 "이웃님들도 재미 삼아 해보시고 댓글로 결과를 같이 공유해봐요!"라며 소통을 유도하거나, 퀴즈를 하나 내고 댓글이 몇 개 넘어가면 정답을 발표하기도 한다. 이런 소통글은 그때그때 좋은 소재가 떠오르면 한 번쯤 써볼 만하다.

마지막으로 대행사 블로그, 상업적인 블로그, 저품질 블로그와 서로

이웃을 맺어도 되느냐는 문의를 많이 하는데, 내 블로그 지수에는 일절 영향이 없으니 안심하고 수락하길 바란다. 앞에서 소개한 안 좋은 댓글 사례처럼 게시글마다 성의 없는 댓글만 달리면 블로그에 안 좋을 것 같다고 걱정하는 것인데, 만약 프로그램을 돌린 무성의한 댓글이 블로그에 악영향을 미친다면 그런 종류의 댓글에 가장 많이 노출되는 파워블로그들은 진작에 다 망했어야 했다. 네이버는 우리가 생각하는 것보다 똑똑하다. 개인이 통제할 수 없는 요인으로 블로그가 저품질에 빠지는 일은 없다.

블로그 운영에 도움이 되는 TOOL 총망라

흔히 블로그 글을 읽을 땐 스마트폰으로 많이 검색하지만, 블로그 활동은 주로 PC에서 많이 한다. 키워드를 찾거나 서로이웃 활동은 모바일로도 많이 하지만, 포스팅은 주로 데스크톱 PC나 노트북으로 한다.

PC나 노트북을 사용하기 힘들 땐 쓰려고 하는 내용을 임시저장 해놓은 다음 나중에 불러와서 콘텐츠를 작성하는 사람도 있다. 나만 해도 짤막한 일지는 그냥 모바일에서 써서 바로 올려버리지만, 장문의 포스팅을 쓸 때에는 PC나 노트북을 이용한다. 그 이유는 포스팅에 사진과 동영상을 첨부할 일이 많기 때문이다. 썸네일 하나 만들 때에도 이미지 편집 프로그램을 써야 하기에 모바일 환경에서는 작업이 힘들다.

포스팅 하나에는 키워드, 사진, 글, 동영상이라는 4가지의 요소가 얽혀 있다. 그러다 보니 블로그를 할 때에는 사실 다양한 프로그램을 같이 쓰는 경우가 일반적이다.

지금부터 많은 블로거들이 사용하는 프로그램을 하나씩 소개해보도록 하겠다.

네이버에서 키워드 광고 조회를 하려면 '네이버 광고'에 들어간 다음 로그인을 하고, '광고시스템'에 들어가 '키워드 도구'에 들어가는 복잡한 과정을 거쳐야 한다. 키워드 광고를 할 때에는 어쩔 수 없지만, 단순히 키워드 검색량만 체크하고 싶을 땐 매우 번거롭다.

그럴 때에는 키자드에 접속해서 검색을 해보자. 해당 키워드의 네이버 검색량과 블로그 문서량, 연관 키워드를 알 수 있다. 심지어 네이버, 다음, 구글의 자동 완성 키워드까지 보여주고, 결과값을 엑셀로 다운로드까지 할 수 있다.

N 연관 키워드

인덱스	키워드	PC 검색량	모바일 검색량	블로그 수
1	미세먼지	321400	2228500	4619589
2	미세먼지보험	50	90	167427
3	자동차용품	6390	35700	630131
4	코세척기	2320	13700	14642
5	미세먼지방충망	3590	18900	63979
6	공기순환기	1350	3900	25403
7	코세척	2290	10800	17866
8	에어컨필터	7270	24200	397558
9	모존발냉기	620	1000	8432
10	헌관방충망	6350	30200	122106

N 자동 완성 키워드

인덱스	키워드	PC 검색량	모바일 검색량	블로그 수
1	미세먼지	321400	2228500	4619589
2	초미세먼지	5620	57600	308196
3	미세먼지클렌징	930	580	182385
4	미세먼지정화식물	960	5210	70077
5	현재미세먼지	1500	13600	465329
6	오늘미세먼지	23600	316700	2017783

D 자동 완성 키워드

인덱스	키워드	PC 검색량	모바일 검색량	블로그 수
1	미세먼지마스크KF94	31200	337400	41136
2	미세먼지	321400	2228500	4619589
3	미세먼지마스크	3070	13200	663767
4	미세먼지농도	4370	18200	262511
5	미세먼지예보	1200	7880	90027
6	미세먼지측정기	2700	4740	30917
7	미세먼지관련주	1050	2600	79053
8	미세먼지방충망	3590	18900	63979
9	미세먼지집게치	570	1090	31957
10	미세먼지지도	350	1090	164086
11	미세먼지울터헵만	10	50	10287
12	전국미세먼지	92900	746900	240928
13	오늘미세먼지농도	2780	105400	129901
14	미세먼지마스크KF80	2940	34800	25167
15	서울미세먼지	42900	239300	568881

M-자비스

키자드처럼 키워드 검색량을 체크하는 툴이다. 아이언맨에 나오는 인공지능 비서 자비스의 이름을 따왔는데, 이쪽은 카카오톡으로 이용할 수 있다는 차별점이 있다. 대신 키자드 처럼 연관 키워드와 자동 완성 키워드까지 알려주지는 않는다.

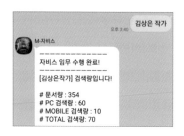

카카오톡 친구 검색으로 '자비스'를 치면 채널 가운데 'M-자비스'가 보인다. 친구 추가를 하고 '자비스 키워드 조회'를 누른 다음 키워드를 톡으로 보내면 자비스가 위의 사진처럼 결과를 보내준다.

픽사베이 https://pixabay.com/ko

다들 익히 아는 무료 이미지 사이트다. 블로그를 하다 보면 사진을 쓸 일이 많다. 스마트폰으로 직접 찍은 사진을 쓸 일도 있지만, 추상적인 개념을 설명한다거나 썸네일을 만들 때에는 이미지 사이트의 사진이 필요하다. 고퀄리티 무료 사진이 많이 모여 있으니 알캡처로 마음껏 캡처해서 이용하자. 픽사베이 외의 다른 사이트를 찾는다면 '무료 이미지 사이트' 등의 키워드로 검색하면 된다.

알캡처www.altools.co.kr/download/alcapture.aspx

컴퓨터 화면을 캡처해서 이미
지 파일을 생성하는 프로그램이
다. 화면 스크린샷이 필요한 경
우나 픽사베이 같은 무료 이미지
사이트의 사진을 가져올 때 쓰인
다. 사진을 찍고 싶은 부분만 직접 드래그할 수도 있고, 화면 전체를 캡
처하거나 스크롤을 내려가며 길게 캡처할 수도 있어서 깔아두면 매우
편리한 프로그램이다. 이 책에 쓰인 이미지도 상당수 알캡처로 썼었다.

포토스케이프https://software.naver.com/software/summary.
nhn?softwareId=MFS_116439

블로그를 하다 보
면 사진을 편집해야
할 일이 많다. 옆의 사
진처럼 썸네일을 제
작해야 할 때나, 혹은
초상권을 지키기 위
해 모자이크를 넣어
야 할 때도 있다. 포토샵을 잘 못 다루는 사람에게는 포토스케이프를 강
력 추천한다. 블로그를 하는 데 필요한 기능을 거의 다 제공하고, 인터

페이스도 직관적이어서 배우기가 쉽다. 이것저것 클릭하다 보면 금방 사용법을 마스터할 수 있다.

미리캔버스 www.miricanvas.com

블로그를 하다 보면 글 중간에 넣을 사진이나 대표 이미지(썸네일) 배너를 만들 일이 많다. 미리캔버스는 마케팅할 때 필요한 이미지를 쉽게 제작하고 편집할 수 있는 사이트다. 템플릿이 다 정해져 있어서 글자만 좀 바꿔도 멋진 이미지를 만들 수 있다. 원래 망고보드가 유명했는데 돈을 내지 않으면 템플릿도 제한적이고 워터마크도 사라지지 않아서 무료에 퀄리티 좋은 이미지도 많은 미리캔버스를 적극 추천한다.

타일 https://tyle.io

썸네일이나 카드뉴스를 쉽게 만들 수 있는 사이트다. 단, 돈을 내지 않으면 사용하는 데 다소 제한이 따른다.

비즈하우스 www.bizhows.com/

디자인 작업이 필요한 명함, 플래카드, 전단지, 포스터, 책자 등을 대량 제작할 때 참고하면 좋은 사이트다. 가격이 굉장히 저렴하다. 1만 원만 있으면

명함 200장을 만들 수 있다. 특히 소상공인들은 사업체 홍보를 위해 명함, 간판, 메뉴판을 만들 때 참고하면 좋다.

키네마스터

스마트폰에서 촬영한 동영상을 편집할 수 있는 모바일 어플리케이션이다. 프리미어 프로, 애프터 이펙트처럼 기능이 다양하지는 않지만 그만큼 배우기 쉽다. 찍고 나서 그 자리에서 바로 모바일 편집이 가능하다는 장점이 있다.

뱁믹스 www.vapshion.com/vapshion/php/downloadpage.php

키네마스터가 모바일 영상 편집 어플리케이션이라면, 뱁믹스는 PC에서 쓰는 영상 편집 프로그램이다. 프리미어 프로나 애프터 이펙트보다

더 간편하게 자막을
편집할 수 있다. 다만
보다 더 다양한 효과
를 사용하려면 유료
결제를 해야 한다.

에버노트 https://software.naver.com/software/summary.
nhn?softwareId=MFS_100960

우리가 폴더에 파일을 저장하듯이 노트북을 생성하고 그 안에 다양한
노트를 저장할 수 있는 메모 프로그램이다. PC와 스마트폰의 호환이 가
능하다는 것이 큰 장점이다. PC로 일을 하거나 거리를 지날 때 문득 떠
오르는 아이디어가 있으면 바로 에버노트를 켜서 메모해두면 좋다. 그
아이디어를 포스팅으로 작성하면 되기 때문이다. 게다가 뉴스를 저장
할 수 있는 기능도 있어서 나만의 자료 창고를 만들어두면 양질의 콘텐
츠 작성에 큰 도움이 된다.

부산대학교 맞춤법 검사기 https://speller.cs.pusan.ac.kr

온라인에서 무료로 쓸 수 있는 맞춤법 검사기 가운데 가장 높은 정확도를 자랑한다. 일상글을 작성할 때에는 힘을 좀 빼고 가볍게 써  도 되겠지만, 공지사항이나 수익글처럼 장문의 포스팅을 쓸 때에는 맞춤법이 매우 중요하다. 글을 읽는 중간중간 오탈자가 계속 보이면 독자 입장에서는 매우 신경에 거슬리기 때문이다.

네이버 글자 수 세기

네이버에서 '글자 수 세기'로 검색하면 바로 이용할 수 있다. 보통 한 주제에 대해 1,500~2,000자 사이로 포스팅을 쓰면 내용도 풍부하고 읽기도 딱 좋다고 한다. 이보다 짧게 쓰면 내용에 깊이가 없거  나, 더 길게 쓰면 독자들이 읽는 데 부담을 느낀다고 한다. 공백 제외를 기준으로 내가 몇 자나 썼는지 확인할 때 유용하다.

왕초보도 돈 버는 CPA·CPS 제휴 마케팅

연예인처럼 협찬 받을 수 있는 체험단

블로그를 잘하면 스마트스토어도 할 수 있다

팔로워를 만들어 블로그마켓에 도전해보자

이제 나도 어엿한 마케터! 프리랜서로 활동하는 방법

마케터의 1인 창업, 준비된 자에게 기회는 온다

CHAPTER 5

블로그로
돈 버는 길은
무궁무진하다

왕초보도 돈 버는
CPA·CPS 제휴 마케팅

게시글 0, 방문자 0인 이제 막 시작한 블로그도 돈을 벌 수 있는 분야가 바로 CPA·CPS 제휴 마케팅이다. 앞에서 몇 번 언급하였기에 CPA의 수익모델은 대략 알 것이다. 그러나 자세하게 설명하지는 못했으니 일단 용어부터 차근차근 알아보도록 하자.

CPA는 'Cost Per Action'의 줄임말로 특정 반응, 즉 액션이 일어날 때마다 코스트를 지불하는 광고 방식이다. 가장 대표적인 건 상담 신청이다. 병의원 수술에 대해 홍보하고 상담부터 받아보라고 링크를 걸어 사람들이 연락처 DB를 남기면 병원 상담실장이 전화를 걸어 수술 상담이 맞다고 판명될 경우 1명당 수당을 지급해주는 방식이다. 이외에도 특정 사이트를 홍보하고 링크를 걸어 그 링크를 통해 사람들이 회원가입을 할 때마다 돈을 주기도 한다.

CPS는 'Cost Per Sales'의 줄임말로 구매가 일어날 때마다 코스트를 지불하는 광고 방식이다. 해외에서는 아마존이 유명하고, 국내에서는 대표적으로 쿠팡 파트너스가 있다. 쿠팡의 제품들을 홍보하고 구매링크를 통해 고객들이 사면 커미션을 지급하는 방식이다. CPS 마케팅을 전문으로 하는 광고 대행사도 있다. 이 경우 월 대행비를 받고 마케팅 대행을 해주는 것이 아니라 온라인 독점총판을 따와서 대행사가 직접 물건을 팔면 그때마다 수익 배분을 하는 방식이다.

그 외에 어플리케이션을 홍보하고 설치할 때마다 수당을 받는 CPI^{Cost Per Install} 방식이나, 블로그에 배너광고를 달고 클릭할 때마다 수입이 들어오는 CPC^{Cost Per Click} 방식이 있지만 여기서는 과감히 제외하겠다. CPI는 모바일 쪽에 더 적합해서 블로그보다는 SNS를 잘해야 하고, CPC는 구글 애드센스가 수익이 괜찮은데 네이버 블로그에는 애드센스를 넣을 수 없기 때문이다. 그 대신 '애드포스트'라고 네이버 자체에서 만든 CPC 광고가 있는데, 블로그가 어느 정도 성장해야 신청할 수 있다. 일일 방문자가 1,000명 넘어가는 사람들은 애드포스트로 한 달에 10~30만 원 사이를 번다고 하니 블로그가 성장한 후 꼭 신청하길 바란다.

CPA로 돈을 버는 방법은 간단하다. 일단 제휴 마케팅 플랫폼에서 머천트를 보고 내가 잘 아는 분야이거나 해본 경험이 있어서 자신감을 갖고 리뷰할 수 있는 아이템을 고른다. 그다음 내 블로그로도 충분히 상위 노출을 할 수 있겠다 싶은 키워드를 물색해 진정성 있는 콘텐츠를 작성하고 상담 신청으로 넘어가는 링크를 삽입하면 된다. 포스팅을 읽으면서 '나도 한번 해봐야겠다'는 이웃이나 방문자들은 액션을 취할 것이고, 유효DB로 인정이 되면 월말에 수익금을 받을 수 있다.

이제 막 시작하는 초심자들에게는 어려울 수도 있다. 일단 많고 많은 머천트 가운데 도대체 무엇을 선택해야 할지부터 고민이고, 사진은 어떻게 찍고 글은 어떻게 작성해야 잘 썼다고 소문이 나는지, 키워드는 무엇을 골라야 하는지 잘 모르기 때문이다. 그래서 필자는 초심자들에게 온라인 마케팅의 개념과 글 쓰는 법부터 잡아주고 머천트별 포스팅 가이드와 키워드까지 제공하고 있다. 그러자 시작한 지 5개월밖에 안 된 사람도 한 달에 70만 원 정도를 벌어갔다.

CPS는 더 간단하다. 생활을 하다 보면 필요한 물건이 있을 것이다. 그것이 생수일 수도 있고, 닭가슴살이나 고구마일 수도 있으며, 스마트폰 셀카봉이나 삼각대일 수도, 샴푸나 독서대 같은 제품일 수도 있다. 어차피 필요한 물건, 기왕 사는 김에 쿠팡에서 구매하자. 혹은 쿠팡이 아니더라도 제휴 마케팅 플랫폼에서 CPS 머천트를 잘 보면 마침 필요한 물건이 있을 수도 있다. 그다음 배송이 오면 제품을 사용하는 모습을 꼼꼼히 사진으로 찍고 사용후기와 함께 키워드를 맞춰서 포스팅을 올리면 된다. 이웃이나 방문자들이 링크를 타고 구매를 하면 수당이 쌓이고, 특정 금액이 넘어가면 통장으로 인출할 수 있다.

CPA·CPS와 함께 블로그를 하면 평소의 생활, 일상을 돈으로 만들 수 있다. 또한 다양한 리뷰를 누적할수록 수입과 일일방문자가 증가하며 블로그 최적화가 진행된다. 그것이 양질의 콘텐츠라면 내가 자는 시간에도 누군가는 관련 키워드를 검색해 DB를 남기거나 물건을 사면서 커미션이 생긴다.

필자의 경우 드론 자격증 사례처럼 한 달에 최고 2,000만 원도 벌어본 적이 있지만 시기를 잘 만난 덕이 크다. 당시에는 지금보다 상위노출이 더 쉬워서 드론 관련 키워드를 여러 개 잡을 수 있었고, 때마침 방송에 김건모가 나와 이슈를 만들어줬다. 현재 동행 식구들의 수익을 보면 지금 시기에도 투잡, 부업으로 적게는 월 30~50만 원에서 많게는 월 200~250만 원 사이를 벌어가는 모습을 볼 수 있다.

마지막으로 CPA·CPS를 잘하는 팁을 알려주고 넘어가도록 하겠다. 처음 CPA를 할 때 사람들이 가장 관심을 가지는 건 수당이다. 예를 들어 어떤 머천트는 DB 하나를 모으면 8,000원을 주는데 어떤 머천트는 3만 원을 준다. 사람이라면 당연히 후자에 시선이 확 쏠릴 수밖에 없다. 하지만 수익보다 중요한 건 내가 해당 주제를 가지고 양질의 콘텐츠를 작성할 수 있느냐 없느냐다.

방금 예시로 들었던 3만 원을 지급하는 머천트가 동행에도 실제로 있었다. 태아보험 아이템이었는데 알다시피 보험은 워낙 경쟁이 치열한 업종이라 커미션이 높을 수밖에 없었다. 그만큼 상위노출도 힘들고 DB 모집도 어려웠다. 동행 멤버들도 이것을 해야 하냐, 말아야 하냐 문의가 참 많았다.

결론부터 말하자면 일부 회원은 DB를 많이 모아 대박을 쳤고, 일부는 조금밖에 벌지 못했다. 자식이 있는 주부들은 돈을 벌었지만, 자식이 없는 미혼 남성은 DB를 모으지 못한 것이다. 당연한 결과였다. 아이를 키워본 엄마는 태아보험의 중요성과 필요성을 잘 알 수밖에 없다. 그만큼 설득력 있는 글을 쓸 수 있는 것이다. 하지만 육아 경험은커녕 결혼조차 하지 않은 미혼 남성은 커미션을 보고 글을 쓰긴 했지만 설득력 있는 콘텐츠 제작이 상대적으로 힘들었다. 이처럼 중요한 건 커미션이 아니라 내가 잘 아는 분야인지, 좋은 콘텐츠를 작성할 수 있는지의 여부다.

머천트 다음으로는 해당 아이템에 대한 공부가 필요하다. 제품 자체에 대해서도 잘 알아야 하지만 무엇보다 이 제품을 찾는 소비자를 알아야 한다. 어떤 사람들이 이 상품에 적합한지, 그들이 겪는 고통이나 불편은 무엇인지, 이 상품의 어떤 부분들이 해당 문제를 풀어줄 수 있는지를 알아야 설득력 있는 글을 쓸 수 있다.

제품과 소비자 공부는 생각 외로 간단하다. 블로그, 유튜브에 관련 키워드로 검색해서 사람들이 어떤 이야기를 하는지 듣고 메모하면 된다. 이 부분이 어렵다면 초반에는 일단 내가 필요해서 써본 제품들을 위주로 포스팅을 해보면 된다. 글을 쓰고 반응을 체크하다 보면 같은 내용도 어떻게 전달하는 것이 진정성 있고 설득력이 높은지 알 수 있게 된다.

내가 이걸로 돈을 벌겠다는 마인드가 아니라 정보를 원하는 검색방문자에게 도움이 되는 글을 쓰겠다는 태도가 중요하다. 돈만 바라보고 돈만 쫓게 되면 마음이 조급해져 광고를 하게 된다. 광고와 상위노출로는 돈을 벌 수 없다. 어떤 키워드를 검색했을 때 읽을 수 있는 포스팅보다 더 차별화된 정보를 제공하면 사람들은 상담 신청을 한다. 키워드 문맥과 포스팅 내용을 잘 맞추면 검색방문자는 필요한 정보를 얻고, 블로거는 수익을 얻기에 서로 윈윈할 수 있다.

제휴 마케팅 플랫폼

- 텐핑(https://tenping.kr/)

- 리더스 CPA(https://leaderscpa.com/)

- 디비디비딥(http://www.dbdbdeep.com/)

- 쿠팡 파트너스(https://partners.coupang.com/)

- 제휴 마케팅 동행(http://adcontent.co.kr/partners/)

- 리뷰머니(http://reviewmoney.net/partner/)

연예인처럼 협찬 받을 수 있는 체험단

가끔 텔레비전을 보면 연예인들이 참 부러울 때가 있다. 좋은 곳 여행 다니고, 맛집 탐방하고 화장품을 비롯해 이런저런 협찬을 받으면서 돈까지 버니까 말이다. 그러나 일반인들도 일일방문자가 많은 블로그 하나만 있으면 연예인처럼 협찬을 받을 수가 있다. 무료로 제품을 증정 받는 대신 사용 후기를 포스팅해줘야 한다.

사실 필자는 체험단으로 직접 돈을 벌지는 않는다. 좀 전에 이야기한 CPA처럼 포스팅을 올린다고 없던 돈이 생기지는 않는다는 말이다. 그 대신 지출을 막아서 간접적으로 돈을 번다. 무슨 말인가 하면, 생활용품처럼 어차피 사야 할 것을 체험단을 통해 증정 받으면 돈이 굳지 않는가? 예를 들어 겨울이 되면 난방용품을 구매해야 하는데 체험단으로 전기히터를 받아 5~7만 원을 아끼기도 하고, 여행 갈 일이 있는데 여행용 캐리어 체험단을 해서 10만 원 지출을 세이브하기도 한다.

그 외에도 화장품이라든가 스마트폰 케이스, 과일, 냉동식품, 침구, 건강보조제 등등 체험단을 모집하는 아이템들은 다양하다. 맛집 체험단은 2~3만 원 상당의 식사권을 준다거나, 미용실 체험단은 커트나 간단한 펌 정도를 무료로 해주기도 한다. 살다 보면 돈을 써야 할 일들이 정말 빈번한데, 괜찮은 블로그 하나 가지고 있으면 체험단 무료증정을 받을 수 있기 때문에 돈을 절약할 수 있는 일들이 정말로 많다.

체험단 포스팅은 제품이나 서비스를 직접 체험한 후 진솔한 리뷰를 쓰기 때문에 정보로서의 가치가 높다. 지나치게 힘을 빼고 무성의하게 포스팅하지 않는 이상 양질의 콘텐츠가 나오며, 이는 블로그 서로이웃과 일일방문자가 늘어나는 데 큰 도움을 준다. 또한 사람들의 반응을 확인하면서 보다 좋은 콘텐츠를 작성하는 감을 익힐 수 있고, 어떤 제품이나 서비스를 사람들이 좋아하는지 트렌드 파악과 마케팅 리서치도 가능하다.

내 후배 1명은 여행을 굉장히 좋아한다. 한때 태국에 가서 몇 달을 살다 왔을 정도다. 그는 일일방문자가 500명 정도 들어오는 블로그를 하나 갖고 있어서 자기가 관심 있는 장소만 골라서 체험단을 하고 있다. 지방 맛집 체험단을 신청해서 주말에 여자친구와 데이트를 다녀오거나, 친구들과 함께 승마장에서 말을 타고 오는 등 잘 키워놓은 블로그 하나 덕분에 재밌는 여행 라이프를 즐기고 있다.

직접 수익을 얻는 방법도 있다. 마케팅 분야에서 오래 일하다 보니 일일방문자가 5,000에서 1만 명 넘는 뷰스타나 파워블로거의 이야기도 듣게 되는데, 이들은 포스팅을 하면 웬만해서는 상위노출 1등을 하기 때문에 그만큼 제안도 많이 들어온다고 한다. 집에 가보면 미처 뜯지도 못한 체험단 증정품 박스가 산더미만큼 쌓여 있단다.

빨리 리뷰하고 포스팅해야 하는 제품이 2~3주 분량 쌓여 있는데 그 와중에도 계속 새로운 제안이 들어온다. 집안일하고 남는 시간에 열심히 블로그 리뷰를 해도 박스가 줄어들지 않는다니, 파워블로거도 쉬운 일만은 아니다. 이렇게 제품이 많으면 개중에는 살림에 꼭 필요한 것도 있겠지만 그렇지 않은 제품도 많을 수밖에 없다. 그런 아이템들은 제품 리뷰를 할 때 딱 1회만 사용하고 재포장해 중고나라나 당근마켓에 팔아 버린다. 그래서 협찬 리스트 중에서도 가전제품처럼 가격대가 비싼 것을 선호한다고 한다. 그렇게 한 달 내내 포스팅 리뷰를 쓰고 중고나라나 당근마켓에 팔고 리뷰를 쓰고 팔고를 반복하다 보면 어지간한 직장인 한 달 월급 이상을 버는 사람도 있다. 물론 이 정도로 체험단 제의가 많이 들어오기 위해서는 일일방문자, 서로이웃, 전체 게시글이 많아야 한다. 또한 제품을 짤막하게 사용하고도 양질의 리뷰 콘텐츠를 만들 줄 알아야 한다.

숙달이 필요하다는 이야기다. 그래서 맨 처음에는 CPA와 CPS를 하면서 블로그와 포스팅에 익숙해지며 서로이웃과 일일방문자를 늘려나간 다음 체험단을 시작하라고 말한 것이다. 게시글과 서로이웃을 쌓아나가다 일일방문자가 500에서 1,000명 정도 될 때가 적기다. 그때쯤이면 슬슬 체험단 제안도 들어오고 신청을 했을 때 거절당할 확률이 줄어든다.

체험단은 내가 먼저 신청을 하거나 업체 측에서 제안을 하거나, 2가지 경로를 통해 시작할 수 있다. 업체 측에서 먼저 제안을 하는 경우는 쪽지나 비밀댓글을 남기니까 읽고 답장을 해주면 된다. 이때 블로그에 체험단 위젯을 달아놓으면 제안을 받을 확률이 올라간다.

제품 리뷰를 읽다 위의 사진과 같은 체험단 위젯을 잔뜩 단 블로그를 본 적이 있을 것이다. 체험단 위젯이 여러 개 있으면 기업 입장에서도 체험단 블로거라고 인식해 망설이지 않고 제안을 한다. 프로필에 제안은 쪽지로 해달라는 문구를 넣어두면 금상첨화다.

쪽지를 보면 개중에는 대행사도 있을 것이고 제조사의 요청도 있을 것이다. 웬만하면 대행사는 거절하고 제조사가 직접 제안하는 체험단을 진행하자. 대행사는 보통 프로그램을 이용해 포스팅에 스크랩을 비롯한 온갖 어뷰징 행위를 하기에 내 블로그가 저품질에 빠질 위험이 있다.

물론 대행사의 제안 가운데 꼭 놓치고 싶지 않은 제품이 있을 수도 있다. 만약 사진과 글을 그대로 올려달라는 원고 대행이라면 혹시 제품을 증정 받아 직접 사진과 글을 작성해도 되는지 물어보자. 체험 형태의 포스팅이 가능하다면 블로그에 인위적인 공감, 댓글, 스크랩을 넣지 말아달라고 부탁을 하자. 만약 약속을 어기고 스크랩을 넣으면 전화로 클레임을 넣으면 된다.

다음은 내 쪽에서 먼저 체험단을 신청하는 경우다. 가장 일반적인 케

이스는 체험단 사이트를 통해 알
아보는 것이다. 또 요즘은 체험단
단톡방도 많이 개설되어 있다.

카카오톡에 들어가 그룹채팅에
'체험단'이라고 검색하면 활성화
되어 있는 방들이 보일 것이다. 여
러 업체에서 체험단을 구한다는
톡을 올리므로 그중 맘에 드는 아
이템이 있으면 카카오톡으로 연
락해 체험단을 진행할 수도 있다.

체험단 사이트

- 위드블로그(https://www.revu.net/)

- 모두의 블로그(http://www.modublog.co.kr/)

- 서울오빠(https://www.seoulouba.co.kr/)

- 파블로 체험단(http://www.powerblogs.kr/)

- 리뷰플레이스(https://www.reviewplace.co.kr/)

- 제휴 마케팅 동행(https://cafe.naver.com/flyingsquirrel)

블로그를 잘하면 스마트스토어도 할 수 있다

제휴 마케팅과 체험단까지 척척 해낸다면 블로그 운영도 많이 익숙해져 어려움이 없을 것이다. 처음에는 이것저것 궁금해하다가 서서히 의문이 사라져갈 시기다. CPA·CPS와 체험단으로 수익을 내봤다면 슬슬 스마트스토어도 시작해보자. 블로그를 할 줄 알면 스마트스토어는 금방 배우기 때문이다.

둘 다 스마트에디터 3.0을 공유하므로 콘텐츠를 발행하는 방식이 거의 똑같다. 스마트스토어도 블로그처럼 사진-글-사진-글 순서대로 본문을 채우면 된다. 블로그가 제목, 본문, 태그에 키워드를 넣는 것처럼 스마트스토어도 내가 올리려는 제품에 관한 롱테일 키워드를 발굴해 제목, 본문, 태그에 1회씩 넣어주면 된다.

스마트스토어는 과거 '스토어팜'이라고 불렸는데 쉽게 말해 네이버가 만든 오픈마켓이다. 사람들이 제품에 대한 정보는 네이버에서 다 찾아놓고 정작 구매는 지마켓, 옥션, 11번가, 인터파크, 쿠팡, 티몬, 위메프에서 하니까 아예 네이버도 쇼핑 플랫폼을 차려버린 것이다. 기존 오픈마켓보다 저렴한 수수료로 많은 소상공인들이 몰려들고 있다.

평소 내가 온라인에서 물건을 살 때 어떻게 하는지 생각해보자. 아마 사고 싶은 제품을 다나와 같은 최저가 사이트에서 검색하거나 지마켓, 쿠팡처럼 자주 사던 곳에서 또 살 것이다. 할인쿠폰이나 마일리지가 남아 있기 때문이다. 네이버 쇼핑에서는 오픈마켓 최저가 비교도 볼 수 있고, 쿠폰과 네이버페이가 있기에 점점 스마트스토어로 물건을 사는 사람들이 많아지고 있다.

이처럼 팔려는 사람과 사려는 사람이 모여들자 이제는 제조사와 유통벤더뿐만 아니라 투잡, 부업을 하는 직장인들도 늘어나는 추세다. 스마트스토어로 돈 버는 방법은 크게 2가지다. 다른 데서 팔지 않는 내 독점 제품을 바이럴 마케팅으로 많이 파는 방법과, 상품을 최대한 많이 등록해 검색 유입자를 늘려 돈을 버는 방법이다. 사업가가 아닌 개인은 후자의 방식이 더 어울린다.

네이버에서 하루에 검색되는 총 검색량은 억대가 넘어간다고 한다. 그중 20~30퍼센트 정도가 물건을 사려는 쇼핑 관련 키워드다. 네이버 쇼핑에서 바로 검색해 사거나 정보를 알아보기 위해 통합검색을 하다가 쇼핑으로 유입되어 사기도 한다. 우리가 블로그에 수익성 포스팅을 올려놓으면 검색방문자가 유입되고 그중 일부는 DB를 남겨 CPA 수익을 얻는 것처럼 내 스마트스토어에 키워드를 넣은 제품을 꾸준히 등록하다 보면 검색하는 사람들 중 일부가 유입되어서 물건을 구매한다.

공장을 가진 제조사가 아니더라도, 동대문이나 도매업체를 돌아다니며 물건을 사입하지 않더라도 할 수 있다. 무재고로 시작하는 '위탁판매'를 하면 되기 때문이다. 쉽게 말해 도매 사이트의 제품정보를 내 스마트스토어에 등록하고, 제품이 팔리면 들어온 금액의 일부를 발주서와 함께 업체에 보내고 남는 마진을 챙기는 비즈니스 모델이다. 집에 재고를 쌓아놓고 택배박스를 부칠 필요 없이 등록, 발주, 교환, 반품, CS 처리만 하면 되기 때문에 직장인이나 전업주부도 충분히 투잡으로 할 수 있다.

블로그에 여러 키워드로 포스팅을 해두면 자연스럽게 일일방문자가 늘어나는 것처럼 여러 제품들을 등록하면 다양한 키워드에 내 스마트스토어가 노출되고 제품이 팔릴 가능성이 높아진다. 마진이 2만 원인 제품을 1주일에 3개만 팔아도 한 주에 6만 원, 한 달에 24만 원 정도를 벌 수 있는 셈이다.

가까운 지인이 투잡으로 성공한 사례를 소개하겠다. 전업주부인데 부업으로 생활비 정도만 벌면 소원이 없겠다고 해서 스마트스토어 부업을 권했다. 이분은 이것저것 건드리지 않고 도매 사이트를 비롯한 여러 업체와 컨택해서 무조건 유아 옷만 가져다가 등록했다. '엄마가 내 아이에게 입히고 싶은 옷만 가져다 판다'는 콘셉트를 잡고, 스토어명을 '엄마맘마켓'으로 지었다.

명절이 다가오면 아이들 한복을 찾아다가 등록했고, 할로윈이 다가오면 할로윈 느낌이 나는 옷을 찾아다가 등록했다. 이처럼 특정 시즌이 찾아오기 전에 미리 등록을 해두니까 성수기가 오면 옷이 하루에 50개, 100개도 나갔다.

하나당 마진이 1~2만 원 사이라 벌이가 쏠쏠했다. 처음에는 쌀값 정도 나오면 감지덕지라고 생각했는데 생각 외로 수익이 크게 나자 요즘은 집중해서 더 열심히 하고 있다.

그동안 많은 사람들에게 스마트스토어를 가르쳐본 경험상, 블로그가 열심히 하면 무조건 월 10만 원, 30만 원, 50만 원 차근차근 수익을 쌓아나갈 수 있는 것처럼 스마트스토어도 꾸준히 제품등록을 하면 돈을 벌 수 있다. 다만 누구는 많이 벌고 누구는 적게 벌고의 차이가 있을 뿐이다.

왜 똑같이 스마트스토어를 하는데 이런 차이가 생기는 것일까? 바로 제품 선택 때문이다. 세상에는 수많은 제품들이 있는데 이 중 좋은 상품과 나쁜 상품을 잘 못 가리면 수익이 적어진다. 물론 직업이 MD가 아닌 이상에야 어쩔 수 없는 일이긴 하다. 그래서 쇼핑몰, 홈쇼핑, 유통회사 직원이 아니라면 자기가 좋아하고 잘 이해하는 제품군을 등록해야 한다. CPA 이야기를 할 때 커미션만 볼 게 아니라 콘텐츠를 뽑아낼 수 있는 머천트를 고르라고 한 것과 일맥상통한다.

누구에게 팔지를 정하면 무엇을 팔지가 명확해진다. 엄마맘마켓의 경우 본인이 아이 둘을 키우는 주부이기 때문에 엄마의 마음을 너무나 잘 알고 있었다. 엄마들이 아이들 옷을 고를 때 무엇을 먼저 볼까? 일단 내 아이에게 입혔을 때 예뻐야 한다. 명절이 되면 어린이집에서 아이들에게 한복을 입히고 행사를 한다. 이때 엄마들은 남의 집 자식들은 다 예쁘게 차려입었는데 내 자식만 안 예쁜 건 용납하지 못한다. 한복은 객단가가 높아서 마진이 높다. 또 한복을 산다면 머리핀이나 신발 같은 부수적인 액세서리도 함께 사야 한다.

작년에는 〈겨울왕국2〉가 개봉을 앞두자 1편을 본 아이들이 2편을 보고 싶다고 난리를 치더란다. 그래서 도매업체를 뒤져 애니메이션에 나오는 엘사의 복장과 비슷한 옷을 찾아서 '얼음공주' 키워드로 등록해 돈을 벌었다. 이처럼 계속 명절이나 어린이날처럼 특정 이벤트를 앞두고 미리 관련 유아옷을 팔았다. 판매자가 엄마라서 다른 엄마들의 특징과 심리를 알기에 장사를 할 수 있는 것이다.

누구에게 팔지가 정해지면 어느 시기에 뭘 팔아야 할지가 정해지는데, 그 시기가 오기 전에 미리 도매처에서 관련된 제품을 뒤져 적합한 키워드를 찾아 등록만 하면 되는 간단한 일이다. 이분의 경우 본인이 잘 아는 아이템이 옷이었다. 여러분도 내가 좋아하는 분야, 잘 아는 분야로 스마트스토어를 시작하라. 그러는 것이 좋은 제품을 팔 가능성이 제일 높다.

블로그에 콘셉트가 있어야 하는 것처럼 스마트스토어에도 콘셉트가 있는 것이 좋다. 한 스토어에 몰아서 잡다한 제품을 전부 등록해도 되기는 하지만 장기적인 관점에서 브랜딩 효과를 얻으려면 전문성을 갖춰야 한다. 엄마맘마켓의 경우 시즌에 맞는 유아옷만 판다는 확실한 콘셉트가 아는 사람들 사이에서 유명해져 이제는 스토어명을 검색해서 들어오는 사람들도 있다고 한다. 식당으로 치자면 단골손님이 생기기 시작한 셈이다.

최근 내 끈질긴 권유에 못 이겨 아는 후배 1명이 스마트스토어를 개설했다. 어떤 것을 팔아야 할지 잘 모르겠다고 해서 평소 좋아하는 취미를 묻자 책 읽는 것을 좋아한다고 했다. 그러면 독서대나 독서등 그리고 책장 같은 독서용품, 서재용품만 등록해 팔아보라고 했다. 스토어명도 콘셉트에 맞게 '그 남자의 서재'라고 지어줬다.

내 말대로 하면서도 후배는 '이런다고 물건이 팔릴까?', 반신반의했는데 제품을 6개 등록한 시점에 독서용 책장 하나가 팔려 2만 원을 벌었다. 지금은 한 달에 10~20만 원 정도 부업 수익을 가져가고 있다. 누구나 자기가 잘 아는 분야에서는 어떤 제품이 좋은지 안다. 평소 내가 소비하려고 고르는 기준이 판매에도 그대로 적용된다.

전업주부라면 생활용품이나 주방용품을 잘 고를 것이고, 애묘인이라면 고양이용품을 잘 초이스할 것이다. 만약 학교 선생님이나 학원 강사라면 칠판, 화이트보드, 분필, 보드마카, 마이크 같은 사무용품과 학용품을 파는 것이 좋다. 그것을 스토어 콘셉트로 잡고 그 남자의 서재처럼 꾸준히 관련 제품을 갖고 와 등록을 하면 돈을 벌 수 있다.

블로그 투잡의 핵심이 롱테일 키워드 공략에 달린 것처럼 스마트스토어도 마찬가지다. 내가 팔고 싶은 제품을 먼저 발견한 다음 세부

키워드를 조사하고 제목, 본문, 태그에 넣어주면 된다. 옆의 예시 사진을 보자. 상품명이 '바툼 필모아 안새는텀블러 새지않는 빨대 냉온 휴대용 텀블러 보냉 스텐 대용량'으로, 총 11개의 단어로 되어 있다. 왜 이렇게 등록했을까? 바로 키워드 조합 때문이다.

보다시피 이 제품은 텀블러다. 텀블러 앞에 나머지 10개의 단어를 조합해보자. 바툼 텀블러, 필모아 텀블러, 안 새는 텀블러, 새지 않는 텀블러, 빨대 텀블러, 냉온 텀블러, 휴대용 텀블러, 보냉 텀블러, 스텐 텀블러, 대용량 텀블러가 된다. 실제 하단의 태그를 확인해보면 키워드 조합을 의식하고 만든 제목임을 알 수 있다. 이 중 바툼과 필모아는 브랜드 명이지만 나머지 안 새는 텀블러, 새지 않는 텀블러, 빨대 텀블러, 냉온 텀블러, 휴대용 텀블러, 보냉 텀블러, 스텐 텀블러, 대용량 텀블러는 실제 텀블러를 사려는 사람들이 네이버에 검색하는 키워드들이다.

단순하게 텀블러라고만 써놓으면 아무리 제품이 좋아도 팔리지 않는다. 스마트스토어도 블로그와 똑같아서 아직 물건이 많이 팔리지 않는 초기에는 등급이 낮다. 텀블러는 대표 키워드이기 때문에 검색하는 사

람이 많지만 경쟁도 치열해서 이제 막 만든 스마트스토어로는 죽었다 깨어나도 상위노출이 힘들다.

대신 안 새는 텀블러, 새지 않는 텀블러, 빨대 텀블러, 냉온 텀블러, 휴대용 텀블러, 보냉 텀블러, 스텐 텀블러, 대용량 텀블러 같은 롱테일 키워드를 공략해야 한다. 사실 찾아보면 텀블러에 관한 롱테일 키워드는 저 8가지 말고도 더 많다. 그런데 내가 팔려는 텀블러의 특징과 맞지 않는 키워드까지 전부 넣으면 거짓말이 되기에 여러 키워드 가운데 제품의 특징에 부합하는 것을 선별하는 과정이 필요하다.

실제 예시로 든 텀블러는 스테인리스 재질에 물도 많이 담을 수 있고 보냉 기능도 탁월하며, 뚜껑을 잠그면 거꾸로 흔들어도 새지 않았기에 여러 키워드 가운데 8가지가 선택된 것이다. 만약 기능이 더 적었다면 자연스럽게 제목도 짧아지고, 기능이 좀 더 많았다면 더 다양한 조합의 키워드가 가능했을 것이다.

그다음은 제품 상세페이지인데 기본적으로 업체에서 제공을 해주기는 한다. 이것을 그대로 올려도 되지만 CPA와 체험단을 하면서 다져진 카피라이팅 실력을 십분 발휘하면 더 높은 전환률을 얻을 수 있다. 써보면 알겠지만 스마트스토어 본문 상세페이지는 블로그와 인터페이스가 상당히 비슷하다. 따라서 블로그에 체험단 포스팅을 하듯이 스마트스토어도 똑같이 적으면 된다.

상세페이지에 주관적인 글을 써도 될지 걱정하는 사람도 있는데, 나도 예전에 쇼핑몰을 실패해보고 스마트스토어 부업을 해보면서 알게 된 사실이 있다. 개인이 투잡, 부업 삼아 운영하는 스마트스토어에서는 딱딱하고 객관적인 상세페이지 내용을 그대로 읊어주는 글보다 차라리 체험단처럼 주관적으로 쓰는 글이 훨씬 잘 팔리더라는 것이다.

결국 스마트스토어도 블로그와 똑같이 콘텐츠 마케팅이다. 우리가 블로그를 키우기 위해 키워드를 찾고, 클릭률을 높이기 위해 예쁜 썸네일을 만들고, DB를 얻기 위해 차별화된 콘텐츠를 쓰듯이 스마트스토어도 팔려는 제품에 맞는 키워드, 썸네일, 상세페이지 사진과 더불어 주관적인 제품소개를 등록하면 수입이 안 떨어진다.

온라인 유통 사이트

- 도매꾹(http://domeggook.com/)
- 도매토피아(http://www.dometopia.com/)
- 오너클랜(https://ownerclan.com/)

팔로워를 만들어
블로그마켓에 도전해보자

과거 파워블로거들은 공동구매를 통해 많은 돈을 벌었다. SNS가 생기고 나서부터는 카카오스토리나 페이스북으로 공동구매가 많이 옮겨졌으나, 지금은 인스타그램으로 트렌드가 바뀌면서 인스타그램과 블로그를 연결한 '블로그마켓'으로 공동구매를 하는 인플루언서들이 등장했다. 인스타그램에서 '#블로그마켓', '#블로그마켓추천' 등의 해시태그를 검색하다 보면 발견할 수 있다.

옆에 있는 사진은 블로그 마켓을 하고 있는 한 인스타그래머의 프로필이다. 다들 알고 있다시피 인스타그램에서는 게시글마다 링크를 삽입할 수가 없다. URL 홍보는 프로필에 단 1개만 넣을 수 있다.

먼저 계정을 열심히 운영해 팔로워를 모은 다음 예쁜 신상 사진을 올리고 구매는 프로필 계정의 블로그로 들어오라고 안내한다.

프로필 링크를 타고 블로그에 들어가면 공지사항에 공동구매를 진행하는 제품들이 쭉 있다. 상세페이지를 읽고 마음에 들면 비밀댓글을 달아서 주문을 하면 된다. 말하자면 블로그는 점포 역할이고, 인스타그램은 전단지 카탈로그 역할을 한다고 볼 수 있다. 인스타그램은 사람들이 가장 많이 이용하는 핫한 SNS이기에 많은 잠재고객들에게 노출을 하기는 좋지만 한계점이 있다. 사진과 해시태그 위주로 소통하는 플랫폼이다 보니 긴 줄글을 보여주기가 어려운 것이다. 그래서 등장하는 것이 블로그다.

인스타그램에서 공동구매를 진행하는 제품을 블로그 공지사항으로 걸어놓으면 글, 사진, 동영상을 전부 활용해서 제품에 대해 장문의 카피라이팅을 보여줄 수 있다. 또한 블로그를 쭉 훑어보면서 '오랫동안 블로그마켓을 해온 사람이구나' 하는 신뢰를 갖게 될 수도, 많은 비밀댓글을 보면서 '이렇게 많은 사람들이 구매했으니 나도 한번 사볼까?' 하는 소비자 심리를 자극할 수도 있다.

공동구매의 본질은 신뢰에 있다. 물건이 좋아서 사기도 하지만, 그보다는 이 사람이 추천해주니까 산다는 느낌이 강하다. 팔로워, 구독자가 많은 뷰티 인플루언서를 보면 웬만한 아이돌 못지않은 팬덤이 형성되어 있다. 동네 언니가 자기 사비를 들여가며 먼저 이런저런 화장품을 써보고 Before & After를 직접 시연하면서 이 제품은 누구에겐 이래서 좋은데 어떤 사람에겐 차라리 저 제품이 괜찮다 짚어주니 호감이 생길 수밖에 없다. 미리 시행착오를 다 겪어주고 양질의 콘텐츠를 지속적으로 제공해주니, 훗날 이 사람이 공동구매를 진행하면 많은 팔로워들이 '이 언니니까' 믿고 구매한다.

이 원리는 꼭 인스타그램이나 유튜브에만 해당하는 것이 아니다. 블로그에도 똑같이 적용된다. 한 마케팅 강사에게 들은 이야기다. 자기 수강생이 블로그마켓을 하고 싶다고 해서 일단 서로이웃 1,000명을 만들라고 숙제를 내줬는데 더 열심히 해서 3,000명을 만들었다고 한다. 마침 그 수강생의 친척이 양봉업을 하고 있어서 벌꿀 공동구매를 진행하자 50통, 100통이 완판되었다는 것이다. 평소 자주 소통하면서 신뢰관계를 형성한 서로이웃들이 많았던 덕분이다. 체험단으로 맛집 탐방과 여행을 다니는 후배도 요즘 공동구매를 하고 있다. 지인들 가운데 귤 농사와 설렁탕집을 하는 사람들이 있어서 제주 감귤과 도가니탕을 완판하고 수익을 나눠가졌다고 한다.

이처럼 블로그 하나로만 공동구매를 할 생각이라면 서로이웃이 많아야 한다. 가장 좋은 건 블로그를 하면서 인스타그램, 유튜브를 같이 키우는 것이다. 서로이웃, 팔로워, 구독자가 많아질수록 공동구매의 성공률이 올라간다. 공동구매를 뒷부분에서 소개한 이유가 이 때문이다. 체험단은 서로이웃이 적더라도 일일방문자가 많으면 시작할 수 있는데, 공동구매는 서로이웃도 많아야 하고 외부채널까지 키워야 한다. CPA처럼 바로 시작할 수 있는 부업거리가 아니다.

처음에는 블로그에 집중해 서로이웃을 늘리다가 여력이 되면 인스타그램을 병행하는 방법을 추천한다. 유튜브는 동영상 플랫폼이라서 촬영장비도 사야 하고 간단한 영상 편집도 배워야 하지만, 인스타그램은 스마트폰으로 사진을 찍어 해시태그만 넣어 업로드하면 그만이라 어떻게 보면 블로그보다도 간편하다.

그럼 공동구매는 어떻게 시작할 수 있을까? 체험단과 똑같이 생각하면 된다. 먼저 상대로부터 제안이 들어오거나, 내가 신청을 하거나 해서 일일방문자가 많아지면 체험단 제안이 들어오듯이 가끔 공동구매 제안이 들어오기도 한다. 샘플을 받아서 써보고 마음에 들면 공동구매를 해보자. 혹은 체험단 신청이 들어와 제품을 써봤는데 너무 좋아서 주변 친구나 지인들에게 소개해주고 싶을 정도면 역으로 이것을 공동구매로 팔아보고 싶다고 업체에 제안을 할 수도 있다. 아니면 앞서 소개한 후배처럼 주변에 뭔가를 파는 지인들이 있다면 협상을 해서 대신 팔아주는 것도 한 방법이다.

이제 나도 어엿한 마케터! 프리랜서로 활동하는 방법

CPA·CPS, 체험단, 스마트스토어, 블로그마켓까지 쭉 경험했다면 당신은 이미 블로그 마스터의 경지에 이르렀다고 할 수 있다. 블로그로 수익을 낼 수 있는 모든 방법을 거쳤기 때문이다. 대한민국의 많은 온라인 마케터들 사이에서도 여기까지 할 수 있는 사람은 썩 많지 않다.

앞으로의 진로는 무궁무진하다. 인스타그램, 페이스북, 유튜브 등 다른 마케팅 채널을 같이 배우면서 전문성을 더 쌓을 수도 있고, 계속 회사를 다니면서 블로그와 스마트스토어로 쓰리잡을 해도 되고, 오랜 직장생활로 다져진 나만의 필살기가 있다면 마케팅을 접목해서 창업을 하거나 프리랜서로 전향할 수도 있다. 혹은 평소 나만의 카페를 차리는 게 꿈이었다면 장사를 더 배워서 자영업을 시작한 다음 내 가게를 직접 마케팅할 수도 있다. 아니면 마케터로 이직을 하거나 창업을 준비해도 될 것이다.

필자는 처음 창업 실패를 겪고 재취직한 다음 블로그를 공부해서 마케터로 이직했다. 마케터로 일하면서 CPA 투잡도 하고, 커리어와 포트폴리오를 쌓아나가면서 블로그 강사 활동을 했다. 부업으로 월급 이상의 돈을 만들 수 있게 된 뒤 내가 하고 싶은 일에 집중하고 싶어서 30대 중반에 직장을 나와 창업을 했고 그것이 지금까지 이어지고 있다.

사실 블로그로 무언가를 팔 수 있고 DB를 모을 수 있다면 창업을 해도 무관하지만, 불안한 사람은 마케터의 재능으로 돈을 벌어보는 경험을 해보는 것도 나쁘지 않다고 생각한다. 마케터가 부업으로 수익을 낼 수 있는 방법은 일반적으로 ①교육·컨설팅, ②마케팅 대행, ③커머스, ④제휴 마케팅, ⑤플랫폼 광고수익 5가지가 있다. ③은 스마트스토어, ④는 CPA, ⑤는 애드포스트로 이미 수익을 내고 있는 분야다. 즉, 남들에게 마케팅 과외를 해주거나, 마케팅을 대신 해줌으로써 추가적인 수익을 창출할 수 있다는 말이다. 여기까지 온 사람은 다른 건 몰라도 블로그 잘 키우는 방법과 블로그로 돈 버는 방법에 대해서만큼은 남들에게 가르쳐줄 수 있다는 자신감이 있을 것이다. 평소 남들에게 가르쳐주는 것을 좋아하는 사람이라면 진정성 있는 마케팅 강사를 목표로 하는 것도 괜찮다.

실제 직장에 다니면서 블로그와 스마트스토어를 병행해 남부럽지 않은 연봉을 만든 경험을 토대로 주말에 블로그 강사 활동을 하고 있는 사람도 있다. 직장, 블로그, 스마트스토어, 강사 활동까지 한 달에 월급을 4번 받는 셈이다. 또 자영업을 하다 사업 홍보를 위해 블로그 마케팅을 배워 자기 사업도 하면서 동시에 소상공인들을 대상으로 블로그 마케팅 교육까지 병행하고 있는 사람도 있다.

강의나 교육이 영 체질에 맞지 않다면 대행을 전문으로 할 수도 있다. 내가 아는 어떤 분도 처음에는 강의나 교육을 하려다가 물고기 낚는 법을 가르쳐주는 것도 좋지만, 당장 매출이 급한 사람은 일단 물고기를 잡아줘야 한다는 것을 깨닫고 아예 대행 전문으로 진로를 정했다. 자신이 즐겁게 잘할 수 있는 길을 고르면 된다.

마케팅 대행이라고 어렵게 생각할 필요 없다. 아직 SNS나 유튜브를 모른다면 블로그를 대신 키워주는 일을 하고 돈을 받으면 된다. 내 블로그를 잘 키울 줄 아는 사람은 곧 남의 블로그 또한 잘 키울 줄 안다는 뜻이다. 그리고 세상에는 블로그를 키우고 싶은데 여건이 안 되어서 시도하지 못하는 자영업자나 회사가 정말로 많다. 일종의 1인 마케팅 대행사로 이런 회사의 블로그 운영 관리를 대행해주면 어떨까?

많은 마케터들이 비즈니스를 하는 데 있어서 블로그, 인스타그램, 유튜브 3가지는 필수라고 생각한다. 특히 블로그는 모든 마케팅의 기본이자 구매와 직결되는 채널이기에 대기업부터 소상공인에 이르기까지 우수한 블로그 마케터를 필요로 하지 않는 곳이 없다.

아마 의아하게 생각하는 사람도 몇몇 있을 것이다. '블로그 담당자가 필요하면 대행사에 외주를 주거나 마케터를 직원으로 뽑지 않을까? 과연 나에게까지 순번이 돌아올까?' 나는 충분히 현실적으로 가능성이 있다고 말하고 싶다. 키워드 상위노출이라면 대부분 대행사를 쓰겠지만 회사의 간판과도 같은 공식 블로그는 프리랜서에게 맡기고 싶어 하는 사람들이 제법 있다. 앞서 말했듯이 대행사는 들이는 시간과 비용 대비

가장 빠른 수익을 추구하기에 블로그 하나를 진정성 있게 키워본 직원이 얼마 안 된다.

회사 입장에서 가장 좋은 방법은 실력 있는 블로그 마케터를 고용하는 것이지만, 대기업이 아닌 이상 예산의 문제에 부딪친다. 공식 블로그 활성화에 5년, 10년이 필요한 건 아니므로 단지 블로그 하나 때문에 정직원을 뽑는 것보다는 실력 좋은 프리랜서에게 아웃소싱을 하는 것이 낫겠다고 판단할 수 있다. 이때 게시글 0, 일일방문자 0인 상태에서 반년, 1년 안에 서로이웃 1,000명에 일일방문자 2,500명 블로그를 만들고 수익화까지 한 블로거가 귀사의 블로그를 책임지고 키워주겠다고 제안하면 어떨까? 분명히 매력적인 제안이고 누군가는 여러분을 환영할 것이다.

남은 문제는 오더를 받는 법이다. 이는 간단하다. 여러분에게는 CPA로 DB를 모아본 경험이 있기 때문이다. 이번엔 머천트가 나로 바뀌었을 뿐이다. 일단 자기 블로그 공지사항에 블로그 관리 대행을 한다는 내용을 올려놓자. 그다음 블로그 운영 대행과 직결되는 키워드를 찾아 상위 노출을 하면 된다.

프리랜서 플랫폼, 재능마켓 플랫폼을 이용하는 것도 한 가지 방법이다. 네이버와 구글에서 '프리랜서 플랫폼'과 '재능마켓 플랫폼'을 검색해 사이트에 가입하고 블로그 운영 관리를 해준다는 글을 등록하면 된다. 이때 포트폴리오로 블로그 링크를 달아둔다. 공지사항에서도 같은 내용을 확인할 수 있기 때문에 블로그를 쭉 둘러보고 관심 있는 사람들이 문의를 남길 것이다.

강사 활동도 마찬가지다. 블로그에 공지사항을 걸어놓고 키워드 상위노출과 플랫폼을 이용하면 된다. 처음에 가볍게 몇 번 해보면 강사가 내 적성에 맞는지 아닌지를 판단할 수 있다.

재능마켓 플랫폼

- 크몽(https://kmong.com/)

- 탈잉(https://taling.me/)

- 숨고(https://soomgo.com/)

마케터의 1인 창업,
준비된 자에게 기회는 온다

마케팅으로 돈 버는 길은 결국 남의 것을 대신 팔아주느냐, 내 것을 파느냐 둘로 나뉜다. CPA로 DB를 모으는 일은 남의 것을 팔아주고 돈을 버는 일이다. 남의 것을 팔 줄 알아야 결국 내 것도 팔 수 있는 마케팅 역량이 생긴다. 무언가를 팔 수 있는 사람은 대체로 자기 사업도 해볼까 고민을 하는 듯하다. 직장을 다니면서 투잡을 하는 것에 만족하는 사람도 있지만, 필자에게 전업 마케터나 창업에 대해 자문을 구하는 분들도 많다. 나는 20대 후반에 젊은 혈기만 가지고 쇼핑몰을 창업했다 말아먹은 쓸쓸한 기억이 있어서 창업에 관해서는 신중하게 이야기할 수밖에 없다.

이제는 누구나 언젠가는 창업을 해야 하는 시대라고 하지만 사업을 한다는 건 결코 쉬운 일이 아니다. 백종원의 〈골목식당〉을 본 사람들은 공감하겠지만 작은 가게 하나를 성공시키기 위해서도 무수히 많은 노력이 들어가며, 단순히 음식을 맛있게 하는 것을 넘어서 사업 하나를 성공시킬 수 있는 힘이 필요하다. 요식업이라면 상권 분석과 입지 선정부터 시작해서 레시피 개발로 품질과 단가를 맞춰 이익을 내야 하고, 고객 응

대와 직원 교육을 잘해야 하며, 테이블이 쉬지 않고 돌아가게끔 시스템을 만들고 마케팅으로 손님을 불러모을 수 있어야 한다. 이처럼 작은 사업 하나를 성공시키는 것에도 상당한 실력이 필요하다.

내가 하려는 사업을 성공시키기 위해 어떤 역량이 필요한지도 모르고, 제대로 준비도 안 되었다면 절대 창업을 해서는 안 된다. 하지만 모든 것이 준비된 자에게는 큰 보상을 주는 것이 사업이다. 필자가 쇼핑몰을 실패하고 마케팅 대행사와 제휴 마케팅 플랫폼 창업을 성공시킬 수 있었던 이유는 그 분야에서 잘되기 위해 어떤 요소가 필요한지 전부 파악하고 그것을 실제로 이루어낼 힘이 있었기 때문이다.

여러 사업을 해보면서 느낀 점은, 마케터는 공무원이나 회사원보다는 경제적 자유와 가까운 위치에 있다는 것이다. 그 어떤 사업이든 성공하기 위해서는 잠재고객을 구매고객으로 만들어야 하기 때문이다. 그렇다고 모든 마케터가 비즈니스에 성공할 수 있는 것은 아니다. 의사 중에도 개업의가 적성에 맞는 사람이 있고, 페이닥터가 적성에 맞는 사람이 있는 것처럼 마케팅을 잘하는 것과 사업가 기질은 또 별개의 문제다. 자기의 적성을 빠르게 판단하면 내가 직접 사업을 해도 되고, 혹은 마케터로 직장을 다니면서 투잡을 해도 되고, 아니면 믿을 수 있는 경영자를 만나 동업을 할 수도 있기에 어떤 방식으로든 수익을 만들 수 있는 것이 마케터라고 생각한다.

필자가 봐온 대부분의 마케터는 남의 것을 잘 팔기 시작하면 슬슬 독립해서 자기 브랜드를 만들어 자기 상품을 팔고 싶어 했다. 타인의 아이템을 대신 팔아주는 것은 많은 제약이 따르고 수익을 나눠 가져야 하기 때문에 자신이 온전히 컨트롤할 수 있는 아이템을 원하게 되는 것이다. 필자의 경험상 3가지 조건이 갖춰지면 마케터도 사업에 성공할 수 있다.

내가 잘 아는 분야에서 투잡으로 시작한다

CPA 머천트와 스마트스토어가 그랬던 것처럼 창업 역시 마찬가지다. 이 아이템이 요즘 트렌드이고 수익률도 괜찮아 보인다고 무턱대고 창업하는 사람 치고 잘되는 경우를 못 봤다. 한때 인형뽑기방이 인기를 타서 거리에 우후죽순 생겨났다가 지금은 거의 다 사라진 것처럼 트렌드는 계속 바뀌게 되어 있다. 잘 모르는 분야에서 단지 아이템이 좋아 보여 창업하면 정보를 타인에게 의지해야 한다. 자기 주관으로 판단을 못 내리니 위급한 상황이 올 때 의사결정이 꼬이고 실패할 수밖에 없다. 상식적으로 생각해도 자기가 돈을 만들어내야 하는 분야에 대한 지식이 전무하다면 100퍼센트 필패할 수밖에 없지 않겠는가?

사업을 하려면 자기가 잘 아는 분야에서 해야 하고, 그것이 내 취미라면 더욱더 좋다. 내가 평생 이 업을 하면서 먹고살 생각인데 취미로 즐길 수 없다면 롱런하기 힘들다. 예를 들어 내가 낚시를 좋아하면 자연스레 낚시에 관한 제품들과 브랜드를 잘 알게 된다. 블로그에 이 정보들을 잘 정리하고 실제 낚시를 했을 때의 추억들을 기록하다 보면 점점 낚시를 좋아하는 사람들이 내 블로그에 모여들어 자기가 낚싯대를 하나 새로 사려고 하는데 어떤 것으로 사면 좋을지 문의도 남길 것이다.

이것이 포인트다. 꾸준히 콘텐츠를 업로드했을 때 문의가 많이 들어오면 시장이 있다는 말이므로 과감하게 창업해도 된다. 아무런 문의가 없으면 시장이 형성되지 않았거나 아주 작다는 뜻이기 때문에 창업을 고민해봐야 한다. 그렇게 낚싯대, 미끼, 루어 등을 추천하다 보면 내가 괜찮은 것을 소싱해서 팔거나 크라우드 펀딩으로 제작해서 팔 수도 있고, 그러다 보면 자연스레 쇼핑몰로 넘어가게 된다.

만약 일본 제품이 좋으면 일본 편의점이나 마트에서 살 수 있는 다양한 제품을 리뷰하는 블로그를 만들어 일일방문자와 서로이웃을 늘린 다음 공동구매를 시작하다가 나중에 돈을 모아 일본 상품만 파는 전문점을 창업할 수도 있다. 희귀한 애완동물을 좋아한다면 그에 관한 번식과 양육 팁을 블로그에 모으다 보면 문의가 들어온다. 실제 이렇게 해서 분양과 공동구매를 하다가 애완용품 가게를 차린 사람도 있다.

예전에 내 블로그 교육을 들으러 왔다가 인연이 닿아 함께 일까지 하게 되었던 동생이 있다. 내가 아는 블로그 마케팅의 모든 것을 전수했고, 지금은 독립해서 자기 사업을 하고 있다. 이 친구는 여행 다니는 것을 굉장히 좋아해서 지금은 여행작가로 활동한다. 전국 방방곡곡 분위기 좋은 펜션을 체험한 후 홍보해서 문의가 들어오면 결제액의 일부 퍼센트를 받는 일종의 CPS 제휴 마케팅을 해서 수익을 만드는 것이다.

최근 근황을 들으니 하루 24시간을 내 뜻대로 쓰는 디지털 노마드로 살아가면서 하고 싶은 일로 월급 이상을 버니까 삶이 너무나 행복하고 만족스럽다고 한다. 지금은 펜션을 위주로 하지만 앞으로는 자기가 좋아하는 다른 분야도 마케팅하는 1인 마케팅 대행사로 진로를 잡을 모양이다.

DB가 모이지 않으면 시작하지 않는다

당연한 말이지만 아무리 좋은 상품도 사주는 사람이 없으면 사업은 성립되지 않는다. 반대로 이런 것이 과연 팔릴까 싶은 것도 사주는 사람이 있으면 그것은 사업이 될 수 있다. 사실 필자가 운영하는 사업 중 하나는 원래 사업을 할 마음이 없었는데 사업을 하게 되었다. 마케팅 대행사를 하다 보니 여러 사장님들과 만나게 되었고, 한 교육업체 마케팅을 대행하다가 결국 운영까지 다 도맡게 되었다.

대한민국에는 5,000만 명의 인구가 있고, 이 가운데 경제활동인구는 2,700만 명 정도가 된다고 한다. DB를 모을 수 있다는 것은 이 2,700만 명의 잠재고객 가운데 내 상품을 사줄 고객을 찾아낼 수 있다는 것이고, 작은 사업은 이 잠재고객 중 극히 일부만 충성고객으로 만들면 유지할 수 있다. 흔히 사업이라고 하면 투자를 받아서 제품을 만든 다음 마케팅을 해서 판매한다. 나 역시 쇼핑몰을 이런 방식으로 시작했다. 은행에서 신용대출을 받아 사이트를 개발하고 제품을 등록한 뒤 팔려고 했다. 하지만 당시에는 마케팅을 잘 못했기에 흑자를 내지 못했다. 훗날 블로그로 마케팅을 깨우친 다음부터는 이를 거꾸로 실천하고 있다.

공동구매를 하면 처음에는 샘플 1개만 주문하고 이 제품을 살 의향이 있는지 넌지시 미끼를 던져본 다음 반응이 좋으면 그때 본격적으로 들여온다. CPA도 마찬가지다. 여러 머천트 가운데 내가 콘텐츠로 잘 표현할 자신이 있는 후보군으로 압축해서 한번 상위노출로 던져보고, 반응이 괜찮은 것만 집중적으로 마케팅하자 큰 수익을 올릴 수 있었다.

내가 리서치 회사 직원이라면 이런 귀찮은 일을 할 필요가 없을지도 모른다. 시장조사를 하는 방법을 알고 여태껏 시장조사를 해온 데이터가 있기 때문이다. 그러나 일반인은 처음에는 투잡으로 작게 시작해 DB가 모이는지 안 모이는지 여부를 먼저 판단해야 한다. 기껏 투자를 받아서 제품을 다 만들어놨더니 아직 시장이 형성되지 않아서 아무도 안 사간다면 어떻게 할 것인가? 처음부터 크게 벌리면 훗날 뒷수습하기가 너무 힘들어진다. 그러므로 DB가 모이지 않는다면 그 사업은 하지 말기를 바란다.

초기비용 없이 처음부터 흑자 구조로 시작한다

사업이라는 것은 처음부터 흑자를 낼 수 있어야 한다. 투자와 대출을 받아 사무실을 구하고, 직원을 뽑고, 홈페이지를 만들고, 광고를 낸 다음부터 돈을 버는 것이 아니다. 아무것도 없는 상태에서 일단 DB를 모아 매출부터 만들고 그 돈으로 약속한 상품을 만들어서 주는 것이다.

예를 들어 내가 처음 소문나라를 창업했을 때에는 정말 아무것도 없었다. 광명에 있는 내 예전 아파트로 개인사업자를 내서 나에게 광고 대행을 맡길 클라이언트부터 찾았다. 키워드 상위노출을 통해 광고주를 만나 월 500만 원, 총 기한 1년 단위 계약부터 했다. 그다음 클라이언트의 제품을 홍보해줄 블로거들을 모아 공동 마케팅을 했고 실적 상승을 도와드렸다. 그 후 비슷한 계약이 2건이 더 들어와 월 1,500만 원의 흑자를 만든 다음 사무실과 필요한 장비를 마련했다.

이 경험을 한 다음부터 나는 처음부터 흑자가 아닌 사업은 절대 하지 않는다. 사업은 돈을 갖고 하는 게 아니라 마케팅 실력으로 하는 거라고 믿는다. 내가 오프라인 사업보다 온라인 비즈니스를 더 좋아하는 이유이기도 하다. 식당이나 카페를 차리려면 상가를 구해야 해서 처음부터 초기비용이 들지만, 온라인은 가볍게 시작해서 매출을 올려보고 더 할지 말지 금방 판단을 내릴 수 있다. 비단 서비스 업종에만 적용되는 방법이 아니다. 요즘은 제품을 만들 때에도 크라우드 펀딩과 린 스타트업 공식을 이용해서 투자자를 모집해 최소한의 시제품을 만들어 판매한 다음, 소비자들의 피드백을 받아들여 완제품을 판매한다.

아무리 기술이 참신하더라도 시대를 너무 앞서가는 바람에 소비자들이 충분히 받아들일 준비가 안 되어 있어서 잊혔다가 몇 년 후 다시 각광을 받는 케이스가 은근히 있다. 소비자들이 어떻게 반응을 할지 모르는데 처음부터 적자를 보고 시작했다가 내가 예상한 시나리오가 빗나가면 복구가 어렵다. 그런데 처음부터 DB를 모으고 흑자로 시작하면 실패할 걱정이 없다.

통계에 의하면 하루 평균 3,000명이 자영업 시장에 뛰어들지만, 동시에 하루 평균 2,000명의 자영업자가 문을 닫는다고 한다. 자영업 평균 생존율은 30.8퍼센트에 불과하다고 한다. 10명이 창업하면 7명은 망하고 3명만 살아남는 것이다. 생존율이 아니라 성공률로 따지면 퍼센트가 더 내려갈 것이다. 마케팅을 모르면 궁지에 몰려 생계형 창업을 하다가 실패할 확률이 높다. 70퍼센트에 들지 않으려면 평소 마케팅 실력을 키우면서 내가 잘 아는 분야인지, DB가 나오는지, 처음부터 흑자로 시작할 수 있는지를 따져보고 전략적으로 접근하길 바란다.

포스팅 경쟁도를 파악하는 비결

클릭을 받는 포스팅은 어떤 점이 다를까?

돈 버는 포스팅 공식, SPISMA 법칙

SPISMA 실전 포스팅 발행 사례

제대로 피드백하는 방법

눈길을
사로잡는
포스팅
공식

포스팅 경쟁도를 파악하는 비결

상위노출을 노리고 작성한 포스팅이 1페이지 하단 혹은 2페이지로 밀려서 뜰 때의 심정은 무척 허탈하다. 안타깝게도 블로그는 절대평가가 아니라 상대평가다. 내가 아무리 좋은 블로그에 좋은 문서를 발행하더라도 나 말고 다른 사람들이 더 잘하면 나는 상대적으로 못한 것이 되어버린다. 처음부터 키워드에 대한 상위노출 여부를 알 수 있으면 얼마나 좋을까? 주사위는 던져봐야 결과를 알 수 있는 것처럼 아쉽게도 블로그 역시 일단 포스팅을 발행하고 결과를 지켜봐야 한다. 대신 계속 키워드 상위노출 연습을 하다 보면 일종의 감이 생긴다.

예전에 월 검색량 3,000대의 키워드는 상위노출에 성공한 적이 있는데, 5,000대의 키워드는 실패했다고 치자. 그러면 현재 자신의 블로그가 3,000~4,000대의 키워드까지는 상위노출이 가능함을 직감할 수 있다. 좀 더 연습하면 이 감각을 키우는 것도 가능하다.

검색량은 경쟁률을 파악하는 여러 지표 가운데 하나이므로, 포스팅을 할 때마다 경쟁요인을 전부 분석해 결과를 예측하는 습관을 들이면 나중에는 상위노출이 가능할지, 좀 힘들지 정도의 판단은 할 수 있게 된다.

경쟁률을 파악하는 지표에는 ①키워드 검색량, ②경쟁 정도, ③블로그 문서량, ④포스팅 발행 주기, ⑤사진 수와 문서량 등이 있다. 지금부터 하나씩 알아보도록 하자.

키워드 검색량

'무주천마, 무주천마즙, 마' 3가지 키워드의 월간 검색 수를 보면 각각 5,430, 110, 64,320이 나온다. 무주천마가 하루에 181번, 무주천마즙이 하루에 3~4번 검색될 때 마는 하루에 2,144번 검색되는 만큼, 천마를 파는 사람이라면 당연히 검색량이 제일 높은 '마' 키워드에 콘텐츠 상위노출을 하고 싶을 것이다.

검색량이 많은 키워드에 포스팅이 집중되면서 자연스레 C-rank 지수가 높은 블로그가 상위권을 차지하게 된다. 그런 키워드는 마찬가지로 오래 운영한 최적화 블로그가 아니면 상위노출이 힘들다.

경쟁 정도

앞 페이지의 사진을 보면 오른쪽에 경쟁 정도가 '높음, 중간, 낮음' 3단계에 걸쳐 표시되는 것을 볼 수 있다. 파워링크 키워드 광고 경쟁이 얼마나 치열한지 나타내는 지표다. 보통 키워드를 통합검색 하면 10개까지 파워링크 광고가 노출되고, 그 이상을 보려면 '더보기'를 눌러야 한다. 그런데 경쟁 정도가 중간이나 낮은 키워드들은 이 10개의 구좌가 다 안 찬 경우가 대부분이다. 이처럼 파워링크 경쟁도가 낮아야 상위노출이 쉽고, 높으면 상위노출이 힘들다.

블로그 문서량

블로그 탭에서 키워드를 검색하면 해당 키워드의 총 문서량을 알 수 있다. '마'를 검색해보면 네이버에 799만 7,023개의 문서가 있음을 알 수 있다. 유사중복을 제외하고도 800만 가까이 되는 문서가 있다. 네이버가 우리에게 보여주는 문서는 극히 일부임을 알 수 있다. 세부 키워드로 좁혀질수록 이 블로그 문서량이 점점 줄어드는 모습을 볼 수 있다. 천마는 18만, 무주천마는 6,200, 무주천마즙은 800, 무주천마즙효능은 400건의 문서가 있다. 당연히 800만 개의 문서더미에서 상위노출을 하는 것보다 400건의 문서더미에서 상위노출을 하는 것이 쉬울 것이다.

포스팅 발행 주기

문서량보다 더 직관적인 지표는 바로 포스팅 발행 주기다. 옆의 사진은 경쟁이 치열하기로 유명한 '중고차' 키워드의 블로그 검색결과다. 1페이지 10개의 글을 보면 포스팅 발행 주기가 얼마나 짧은지 알 수 있다. 10개의 글 가운데 몇 달 전의 문서는 단 하나밖에 없다. 나머지 9개 문서 모두 최근 1주일 이내에 올라온 글들이다.

2일 전, 4일 전, 5일 전 문서도 있지만 3시간 전, 6시간 전, 22시간 전, 어제 일자 문서까지 있다. 이미 850만 건의 문서량이 쌓여 있지만 지금도 여전히 상위노출을 잡으려고 '중고차' 키워드에 뛰어드는 블로그들이 많다는 증거다. 포스팅 발행 주기가 짧은 키워드는 상위노출이 정말 힘들다. 경쟁자가 많은 만큼 지수가 좋은 블로거들이 상위를 독식하고, 상위노출을 하더라도 계속해서 신규글이 올라오기에 금세 2페이지로 밀려나간다.

그에 비해 검색량이 제법 되는데 문서량도 적당하고 포스팅 발행 주기도 긴 키워드도 있다. 이런 키워드가 정말 돈 되는 키워드라고 할 수 있다. 최신글이 많지 않고 적게는 1~2개월에서 많게는 4~5개월 이전의 글들이 있는 키워드는 상위노출이 쉽다. 블로그 지수가 좀 부족해도 1페이지의 글들이 거의 옛날 문서이기에 최신글을 위에 올려주는 것이다.

사진 수와 문서량

마지막 지표는 사진 수와 문서량이다. '맛집' 키워드의 대명사인 '홍대 맛집'을 보면 역시나 경쟁이 치열한 것을 알 수 있다. 검색량과 문서량이 많고 발행 주기는 짧으면서 동시에 사진 수가 최소 22개에서 최대 35개까지 들어가는 모습을 볼 수 있다.

'맛집' 키워드 특성상 가게 사진과 음식 사진이 많이 들어가는 이유도 있을 것이다. 그런데 사진이 많은 글은 보통 문서량도 많게 되어 있다. 많은 사진에 대해 설명하거나 감상을 쓰기 때문이다.

대충 어림짐작을 해봐도 '홍대 맛집' 키워드의 문서량은 최소 2,000에

CHAPTER 6

서 많게는 3,500~4,000글자까지 간
다. 이처럼 사진 수와 문서량이 풍부
한 키워드는 나 역시 1페이지 포스팅
에 지지 않게끔 사진과 글자를 풍성
하게 작성해야 한다.

지금까지 살펴본 경쟁지표 5가지
를 검토해보면 내가 노리는 키워드
가 경쟁이 치열한지 아닌지를 알 수
있다. 처음에는 롱테일 키워드 전략
을 통해 경쟁이 낮은 곳에 포스팅 상
위노출을 시키는 것이 좋다. 그렇게
일일방문자와 서로이웃이 늘어나고
C-rank 최적화가 되기 시작하면 그때부터 경쟁이 좀 치열한 키워드에도
진출을 하자. 나중에는 포스팅을 쓰기 전에 이 키워드는 상위노출이 되
겠다, 안 되겠다 하는 감이 길러질 것이다.

콘텐츠 마케팅이 효과를 보려면 어떤 요소들이 필요할까? 일단 내용이 좋아야 할 것이다. 영양가 없는 글은 아무리 상위노출을 시켜봐야 무의미하기 때문이다. 그런데 반대로 제아무리 콘텐츠가 뛰어나도 상위노출이 되지 않으면 효과가 없다. 마찬가지로 상위노출이 되었다 하더라도 아무도 클릭하지 않으면 의미가 없다.

앞에서 내가 구상한 콘텐츠를 상위노출 할 키워드를 찾고, 그렇게 찾아낸 키워드 중 경쟁률이 적은 롱테일 키워드를 선택하는 것이 유리하다고 설명했다. 롱테일 키워드는 한번 상위노출을 시키면 그 자리에 오랜 기간 자리한다. 그 시간 동안 한 번이라도 클릭을 많이 받아야 효율적이지 않을까? 여기서는 그 방법에 대해 이야기하고자 한다.

우리가 커뮤니티 사이트 또는 네이버 카페 활동을 하거나, 혹은 인터넷 뉴스를 볼 때에도 클릭하는 게시물과 기사가 있고 그냥 지나가는 글들이 있다. 거기에는 어떤 원인이 있을까? 일단 제목이 인상적이면 눈길이 가고, 그 제목이 본인의 관심사와 일치하면 클릭을 할 것이다.

블로그 검색의 경우 관심사의 걱정은 일단 없다. 해당 키워드로 검색을 했다는 것 자체가 이미 관심도를 표명하기 때문이다. PC와 모바일 통합검색에서 상위노출이 되어 있다면 주로 5~7개의 게시글 사이에서 경쟁을 하게 된다. 이때 클릭을 받는 포스팅의 조건은 ①썸네일, ②제목, ③헤드라인, ④블로그명 4가지 요소가 있다.

검색결과에서 가장 먼저 눈에 들어오는 건 대표 이미지인 썸네일과 제목이다. 클릭은 무의식적으로 이루어지기 때문에 일단 썸네일이 눈에 확 들어오고, 제목이 흥미를 끌수록 조회 수가 높아진다. 그 외에도 포스팅 첫 줄인 헤드라인은 키워드를 포함해 좋은 정보가 있을 것 같은 기대감이 들도록 작성하고, 블로그명이 전문적으로 보이면 선택받을 확률은 더 커진다.

모바일 검색결과 역시 썸네일과 제목이 제일 중요하다. PC에 비해 헤드라인과 블로그명이 더 확대되었기에 4가지 요소를 전부 고려해 포스팅을 발행하면 클릭률을 높일 수 있을 것이다.

실제 검색결과를 통해 분석해보자.

필자는 일단 5번째 글을 제일 먼저 클릭했다. 썸네일이 가장 돋보였기 때문이다. 썸네일 제작은 어려운 것이 아니다. 다른 포스팅의 대표사진과 차별화가 있으면 된다. 보면 대부분의 포스팅이 자동차 사진을 쓰고 있다. 이럴 때에는 노란 배경의 배너를 쓴 5번째 게시글이 돋보인다. 반대로 모두가 다 알

록달록한 배너를 쓰고 있으면 실물 자동차 사진을 쓰는 편이 오히려 더 돋보일 것이다. 만약 대부분의 게시글이 검은색 글자 썸네일을 쓰고 있다면 나는 파란색이나 빨간색 글자로 썸네일을 만들면 주목받을 수 있다. 검색결과의 대표 이미지들을 확인하고 이들과 전혀 다른 썸네일을 써서 제목을 보게 만들어야 한다.

처음에 썸네일로 시선을 사로잡는 데 성공했으면 그다음은 제목이다. 5번째 포스팅은 중고차 싸게 사는 방법을 알려준다고 하니까 왠지 클릭을 해보고 싶다. 헤드라인도 나쁘지 않고, 블로그명도 자동차와 관련이 있어서 전문적으로 보인다. 클릭을 받을 확률이 상당히 높다.

다른 포스팅을 살펴보면 썸네일은 좀 아쉽지만 잘 지은 제목이 여기저기 보인다. 2번 포스팅의 '당신만 모르는 사실'은 왠지 나만 몰라 손해

를 보는 것 같으니 들어가서 확인해봐야겠다는 생각이 들게 한다. 그러나 2번째 포스팅은 헤드라인과 블로그명이 아쉽다. 서론에 중고차 이야기가 없고, 블로그명도 특수문자로 되어 있어서 자동차 전문 블로그도 아닌 것 같다. 6번 포스팅의 '여기에 있습니다!'도 클릭해 들어가면 원하는 정보가 있을 것 같다. 헤드라인과 블로그명도 합격이다. 유일하게 썸네일이 좀 아쉽다. 자동차 사진에 자막을 넣었는데, 색을 잘못 선택해서 거의 보이지가 않는다. 차라리 4번 포스팅처럼 글씨를 넣었다면 썸네일이 더 좋았을 것이다.

7번 포스팅의 '피해없이 매매사기 안당하기'도 검색자의 니즈를 반영한 좋은 제목이다. 제목과 헤드라인은 더할 나위 없지만, 역시 썸네일과 블로그명이 아쉽다. 사실 블로그명은 본업이 자동차 블로그가 아닌 이상에야 한계가 있다. 그러나 썸네일, 제목, 헤드라인은 스스로 통제 가능하다. 포스팅하기 전에 키워드 검색결과를 먼저 확인해서 사람들의 눈길을 끌 만한 차별화된 썸네일을 만들고, 본문으로 들어오고 싶은 제목과 헤드라인을 만들면 클릭률은 높아질 수밖에 없다.

썸네일과 제목을 어떻게 하느냐에 따라 결과는 천지 차이다. 대표 이미지는 앞서 말한 것처럼 다른 검색결과를 참고해 차별화를 하면 된다. 제목의 경우 일단 키워드가 들어가는데, 남은 자리에 어떤 말을 넣느냐가 중요하다.

다음 페이지에 나오는 사진은 동행 식구 중 한 분이 쇼핑몰 교육 머천트로 작성한 게시글이다.

　　이분은 '인터넷 쇼핑몰 창업' 키워드를 검색하는 사람 중에는 예비 창업자가 많을 거라는 가설을 세웠다. 예비 창업자는 어떤 니즈를 갖고 있을까? 어떤 정보를 원해서 검색을 하는 걸까? 아마 본격적으로 쇼핑몰 창업에 도전하기 전에 먼저 해본 사람들의 이야기를 참고하고 싶은 마음이 강할 것이다. 그래서 인터넷 쇼핑몰을 창업하기 전에 일단 실무경험을 직접 해보고 판단하라는 내용의 콘텐츠를 작성했다. 다행히 가설이 잘 들어맞아서 조회 수 5,148, 공감 7개라는 반응을 얻을 수 있었다.

　　그러던 어느 날 유튜브를 보다가 누구는 쇼핑몰 창업을 해라, 누구는 쇼핑몰 창업을 하지 말라는 동영상이 대립하는 모습을 보게 되었다. 찬반이 갈리는 아이러니한 상황에 양측 동영상 모두를 시청하고 댓글을 보자 생각보다 많은 사람들이 쇼핑몰 창업을 할지 말지 고민한다는 것을 알게 되었다.

　　똑같은 '인터넷 쇼핑몰 창업' 키워드지만 이번에는 실무경험을 먼저 해보고 결정하라는 제목이 아니라 할까 말까 고민하는 분들은 이 글을 꼭 읽어보라는 취지로 제목을 지었다. 결과는 놀라웠다. 조회 수 25,316에 공감 64개, 댓글 20개가 달린 것이다. 조회 수만 따졌을 때 거의 5배 가까운 수치가 나왔다.

앞에서도 맥락이 중요하다고 몇 번이나 말했듯이 제목 역시 크게 다르지 않다. 필자의 경험상 궁금증을 유발하는 단어를 넣었을 때 클릭률이 많이 나왔다. 그러기 위해서는 이 키워드를 검색하는 사람들의 의도와 니즈를 헤아릴 줄 알아야 한다. 또 그 내용을 본문 안에서 자세하게 해설해줘야 한다. 제목에 낚여서 들어왔는데 사람들이 기대한 정보가 본문 안에 없으면 포스팅 조회 수는 올라가지만 블로그 지수에는 안 좋은 영향을 미친다.

제목에서 던진 미끼를 본문에서 잘 회수했는지를 보려면 공감과 댓글을 보면 된다. 첫 번째 인터넷 쇼핑몰 창업글은 공감이 7개 나왔으나 댓글이 달리지 않았다. 이 포스팅을 작성했을 당시 서로이웃이 적어서 그랬을 수도 있다. 그래도 공감이 7개가 나왔다는 것은 어느 정도는 방문자를 만족시키는 콘텐츠였다는 말이 된다. 두 번째 인터넷 쇼핑몰 창업글은 공감 64개에 댓글 20개가 나왔다. 그만큼 소비자 니즈의 본질을 찔렀다는 말이 되며, 본문 역시 만족도가 높았다는 이야기가 된다.

 돈 버는 포스팅 공식, SPISMA 법칙

블로그로 할 수 있는 모든 투잡, 부업의 본질은 콘텐츠다. 제대로 읽지도 않고 꺼버리는 광고가 아니라 끝까지 정독하고 반응을 해주는 리뷰를 쓰는 것이 핵심이라고 할 수 있다. 오랜 기간 블로그 마케팅을 하면서 느낀 점은 로직이나 알고리즘을 파악하는 것도 중요하지만 결국엔 마음을 움직이는 글쓰기 실력이 제일 관건이라는 점이다.

블로그를 가르치다 보면 어떻게 해야 글쓰기 실력을 높일 수 있는지에 대한 질문을 참 많이 받는다. 여기에 정해진 답은 없는 것 같다. 지금까지의 경험상, 일단은 글 쓰는 데 익숙해지는 것부터 시작해야 한다. 처음에는 광고가 아니라 콘텐츠 마케팅이라는 마인드 세팅부터 시작해서 힘을 빼고 편하게 리뷰를 쓰는 과정이 필요하다. 그렇게 꾸준히 리뷰를 쓰다 보면 어떤 리뷰가 반응이 좋고, 어떤 리뷰가 반응이 좋지 않았는지 테스트를 거듭하면서 키워드 검색의도, 소비자 니즈, 마음을 움직이는 카피라이팅 개념을 조금씩 체득하게 된다. 처음에는 이렇다 할 콘텐츠 기획 없이 막 쓰던 사람도 나중에는 요령이 생겨 자기만의 방법을 찾게 된다.

　어떤 분은 제품의 장점, 특징, 만들어진 이유 등을 분석해서 논리적으로 나열해 성과를 내기도 했고, 어떤 분은 소비자가 겪게 될 상황을 자신이 경험한 스토리로 풀어서 돈 버는 리뷰를 만들기도 했다. 계속해서 수익성 포스팅을 써보는 훈련을 하다 보면 점점 콘텐츠를 만드는 실력이 상승하는 것이다. 그래서 처음에는 공식을 만들어 알려주는 것이 맞는 걸까 고민도 했다. 원래 포스팅은 시행착오를 반복하면서 점점 자기 스타일을 찾고 발전하는 것인데, 자칫하다가 공식에 안주해버려 성장을 막아버릴 가능성도 있기 때문이다. 책을 쓰면서 결국에는 돈 버는 리뷰의 공식을 만들어 알려드리기로 했다. 누구나 맨 처음 시작이 가장 어려운데 공식을 만드는 것이 진입장벽을 낮춰주는 역할을 할 수 있다면 도움이 되는 측면도 있겠다는 생각이 들었다.

　모든 글에는 반드시 들어가야 할 요소가 있다. 기획서에는 현황 분석, 추진 전략, 기대 효과가 들어가야 훌륭한 기획서라고 할 수 있다. 독후감에는 책에 대한 배경 정보, 줄거리, 감상이 들어가야 제대로 된 독후감이라고 할 수 있다. 여러분이 직장에서 부하에게 기획서를 받거나, 학교 선생님이 학생들에게 독후감 숙제를 받았는데 앞서 언급한 3가지 요소가 빠져 있다고 생각해보자. 어딘가 엉성하다고 느낄 것이다.

　뉴스기사에 육하원칙이 있는 것처럼 잘 쓴 리뷰에도 6가지 요소가 있다. 내가 글쓰기 실력이 숙달되지 않았다고 하더라도 이 6가지 요소만 제대로 잘 지켜서 리뷰에 넣으면 평균 이상의 효과를 거둘 수 있다. 마치 요리를 잘 못하는 사람에게 붕어빵 기계와 반죽, 팥을 주면 쉽게 붕어빵을 만들 수 있는 것과 같다. 이 6가지 요소의 앞 글자를 따서 만든 법칙이 바로 'SPISMA(스피스마) 법칙'이다.

S(Situation) 제품, 서비스를 필요로 하게 된 특정한 상황

날씨가 추워지면 난방용품과 코트를 찾는 것처럼 모든 상품은 그것을 필요로 하는 소비자의 상황이 있다. 글의 첫 부분은 이처럼 나는 왜 이 상품을 필요로 하게 되었는지 주관적인 상황을 묘사하는 것으로 시작한다.

P(Problem) 특정 상황에서 겪은 여러 가지 문제점들

특정 상황에 처함으로써 겪게 된 애로사항을 묘사한다. 다른 사람들에게는 해당이 안 되는 나만의 문제점이 아니라 나 외에도 여러 사람들이 겪었을 문제점을 말해주는 편이 좋다. 무엇 때문에 얼마나 힘들었는지 말하는 과정에서 동병상련과 같은 공감대가 생기기 때문이다.

I(Information): 문제를 해결하기 위해 공부해온 과정

사람들이 포스팅을 보는 이유 중 하나는 나보다 앞서 문제를 해결해본 사람의 체험, 이야기를 듣는 데 있다. 그럼으로써 시행착오를 미연에 방지하고 효율적으로 대책을 마련하려는 것이다. 따라서 나도 당신과 동일한 문제가 있어서 이것을 해결하기 위해 이것도 해보고 저것도 해봤다'는 말은 큰 신뢰를 주고, 끝까지 문서를 읽게 하는 원동력이 된다.

S(Solution) 여러 시행착오 끝에 발견해낸 최적의 해답

제품이나 서비스의 특징, 장점, 혜택에 대해 말한다. 이것으로 인해 불편과 문제가 어떻게 해소되고 삶이 더 나아지는지 설명한다. 제목은 그럴싸한데 본문 안에 솔루션이 명시되어 있지 않으면 낚시글이 되어버린다. 이 부분에서 솔루션과 방문자의 검색의도 사이의 교집합을 얼마나 잘 표현해주느냐에 따라 성과가 갈린다.

M(Motivation) 당신의 문제도 해결할 수 있다는 동기부여

사람들은 비관적인 이야기보다는 희망적인 이야기를 좋아한다. 여러분도 진로에 대한 고민을 털어놓았을 때 정신 차리라는 말만 하는 친구보다는 잘할 수 있을 것 같다고 응원해주는 친구가 더 편할 것이다. '별 것 아닌 나도 솔루션을 실천함으로써 이렇게 좋은 결과를 얻을 수 있었다. 여러분도 분명히 할 수 있다'고 동기부여를 해주자. 반응이 훨씬 좋아질 것이다.

A(Action) 명확한 동작 제시

그렇다면 어떻게 시작해야 하는지 액션을 명확하게 지정해주는 것으로 글을 마무리한다. 제품을 구매할 수 있는 스마트스토어 링크를 알려주거나, 무료상담부터 받아보라며 DB를 입력할 수 있는 랜딩페이지 링크를 알려줘야 한다.

인터넷 쇼핑몰 창업을 SPISMA 법칙으로 풀어내면 다음과 같다.

S(Situation)

저는 현재 마케터로 일하고 있습니다. 훗날 저만의 온라인 쇼핑몰을 차리는 것이 꿈입니다. 회사에서 일도 배우면서 군자금도 모을 수 있어서 즐거운 마음으로 다니고 있죠. 그런데 한 가지 아쉬운 점이 있습니다. 인터넷 쇼핑몰이 점점 많아지는 요즘 시대에 과연 내가 경쟁력 있는 쇼핑몰을 만들 수 있을까 불안하더군요. 회사에서는 주로 네이버, SNS 마케팅을 하고 있어서 쇼핑몰 실무를 체험할 기회가 없습니다.

P(Problem)

저뿐만 아니라 많은 예비 창업자들이 투잡 혹은 전업으로 쇼핑몰을 생각하고 계시더라고요. 회사가 영원히 미래를 책임져주지 않는 세상에서 가게가 되었든 인터넷 쇼핑몰이 되었든, 다들 언젠가는 자기 사업을 해야 한다는 것을 알고 준비를 하는 것 같아요. 그런데 예비 창업자들이나 저나 유통분야와 쇼핑몰 회사에서 일을 해본 적이 없으니 어디서부터 시작해야 할지 막막하더군요. 시중의 쇼핑몰 교육들도 대부분 이미 제품을 갖고 있는 소상공인들을 대상으로 하고 말이죠. 주변에 쇼핑몰을 하는 친구라도 있으면 괜찮겠는데 초보자 입장에서는 진입장벽이 너무 큰 것 같습니다.

I(Information)

작게나마 사이트를 만들고 아이템 하나라도 소싱해서 팔아보고 싶은

데 어떻게 해야 할지 막막하더라고요. 책도 읽어보고 네이버 검색도 해 봤는데 구체적인 정보는 없더군요. 네트워크 마케팅 회사나 유통회사 가 쇼핑몰을 분양해준다는데 신뢰가 가지 않더라고요. 남들과 똑같은 쇼핑몰에 똑같은 제품이라 차별성도 없고, 아무리 위탁판매라지만 마진 도 너무 박하고요. 본사 제품을 최대한 많이 팔려고 도매권을 뿌리는 느 낌이라 마치 그 회사 영업사원으로 이용하려는 느낌도 받았어요.

S(Solution)

그러다가 알게 된 곳이 셀러스쿨의 스마트 창업 과정이었습니다. 연 매출 100억 판매량을 올리는 파워셀러가 직접 강의를 하는 곳인데요, 선 생님이 쇼핑몰만 20년 넘게 하셨다는데 아낌없이 노하우를 알려주신다 고 합니다. 처음에 제품을 직접 지원해줘서 스마트스토어에 등록하는 일부터 시작해 마케팅해서 판매하기까지 인터넷 쇼핑몰 창업의 A to Z 를 가르쳐주더라고요. 처음부터 거창하게 사이트를 제작하고 재고를 떠안고 쇼핑몰을 시작했다가 실력 부족으로 망하면 리스크가 너무 크 죠. 그래서 일단 가볍게 위탁판매로 쇼핑몰과 마케팅의 기본기부터 익 히고 실력에 자신감이 생기면 본격적으로 창업을 가르쳐준다는 점에서 진정성을 느꼈습니다.

M(Motivation)

요즘 유튜브를 보면 인터넷 쇼핑몰 창업에 대해 참 말이 많아요. 누구는 조금만 배우면 금방 할 수 있다고 하는데 어떤 사람들은 해봤자 망하니까 절대로 하지 말라고 이야기하죠. 하지만 저는 이렇게 생각합니다. 그들의 후기만으로는 내 결과를 예측할 수 없다고 말이죠. 이미 겪어본 사람들의 이야기를 간접적으로 체험하는 건 좋지만, 손해 보기 싫다고 망설이는 것 자체가 이미 시간과 기회비용을 낭비하고 있는 셈이지요.

남들의 말을 참고하는 것도 중요하지만 결론은 내가 직접 해보면서 '내가 이 분야에 맞는구나, 나는 이 일을 해서는 안 되겠구나' 하는 것을 직접 깨닫는 게 고민만 하고 망설이는 것보다 훨씬 값진 시간이라고 자신합니다.

A(Action)

바로 거금의 창업비용을 들여 사이트를 개발하고 물건을 사입해 악성 재고와 빚이라는 리스크를 떠안는 것보다 무료로 시작할 수 있는 스마트스토어와 위탁판매를 통해 온라인 판매의 기초부터 배워보는 건 어떨까요? 실패한다 하더라도 내 돈을 손해 보는 건 없기 때문에 인터넷 쇼핑몰 창업을 원한다면 꼭 알아보시길 바랍니다. 상담 신청은 돈이 들지 않으니까 아래 링크를 통해 연락처를 남겨주세요!

SPISMA 실전 포스팅 발행 사례

이제 SPISMA 법칙을 활용해 포스팅을 발행하는 전 과정을 소개하도록 하겠다. 포스팅 발행에도 프로세스가 있다. 머천트를 고르고 내용을 구상한 다음 상위노출 키워드를 추출한다. 키워드를 검색해보면서 경쟁률을 가늠해 노출시킬 키워드를 최종 선택한다. 그런 다음 어떤 사람들이 무엇을 얻고 싶어서 이 키워드를 검색하는지 맥락을 고민한다. 검색 의도에 맞게 콘텐츠를 가공해 SPISMA 요소를 정리한다. 끝으로 본문을 작성하고 포스팅을 발행하는 것으로 마무리한다.

이 일련의 과정에 대해 여태까지 따로 떼어서 하나하나 이야기했다면, 이번에는 그것들을 통합해 실전 콘텐츠 마케팅이 어떻게 이루어지는지 보여줄 생각이다. 편의상 바로 전에 예시로 든 스마트스토어 교육을 머천트로 시연하도록 하겠다. 구체적인 포스팅 내용 역시 앞서 SPISMA 예시로 설명했던 그대로다.

기초적인 내용 구상은 이미 되어 있으므로 바로 상위노출 키워드 추출부터 시작했다.

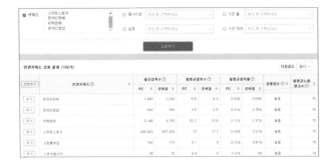

앞에서 배운 키워드를 찾고 확장했던 방법
을 그대로 사용하면 된다. 일단 머리에 바로
떠오르는 '스마트스토어', '온라인판매', '위탁
판매', '온라인창업' 4개 키워드의 검색량을 확
인해보았다. 키워드 서칭을 할 때에는 메모
장을 하나 열어놓고 적합한 키워드를 발견할

때마다 입력해놓는다. 또한 마침 검색량을 체크하는 과정에서 '스마트스
토어 시작'이라는 흥미로운 키워드를 발견해서 메모해놓았다.

왠지 스마트스토어를 이제 막 시작하려는 검색자가 많을 것 같았다.
그래서 '스마트스토어 시작' 키워드를 그대로 검색하다가 연관 키워드로
'스마트스토어 위탁판매' 키워드를 발견했다.

다시 검색도구로 돌아가 새롭게 알게 된 '스마트스토어 위탁판매' 키워드를 조회해보았다. PC와 모바일을 합쳐 월 검색량이 4,380. 나누기 30을 하면 하루에 146번 검색되는 키워드다. 4,000대 키워드면 지금의 블로그로도 충분히 가능할 것 같다는 계산이 선다. 게다가 키워드 광고 경쟁 정도도 낮음이다.

바로 SPISMA 콘텐츠 기획을 위한 키워드 분석에 들어갔다. 이 키워드는 누가 많이 검색하는가? 또한 무엇을 원해서 검색하는가? 검색의도와 맥락을 파악하는 것이 대박을 치는 콘텐츠의 시작이다. 검색도구에서는 키워드에 대한 통계자료를 볼 수 있다.

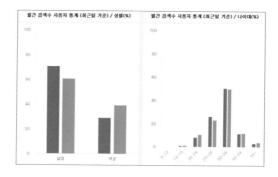

1년 가운데 어떤 달에 가장 많이 검색되는지도 알 수 있고, 앞의 사진처럼 어느 연령대, 어떤 성별의 사람들이 어떤 기기를 통해 많이 검색하는지도 알 수 있다. '스마트스토어 위탁판매' 키워드는 보다시피 2030 남성들이 PC로 많이 검색하는 것을 알 수 있었다. 그래서 콘텐츠 내용이나 문체를 2030 남성들에게 맞춰서 제작해야겠다고 결심했다.

다시 네이버로 돌아와 '스마트스토어 위탁판매' 키워드를 검색해 연관검색어를 체크했다. 총 5개

의 연관검색어가 있는데 그중 '스마트스토어 부업'이 있다. 가설을 세워보자면, 직장을 다니는 2030 남성들이 투잡, 부업으로 위탁판매를 알아보는 게 아닐까 싶다. 만약 지금 생각한 검색의도가 맞는다면 직장인을 위한 스마트스토어 투잡을 콘셉트로 쓰면 반응이 좋을 것이다.

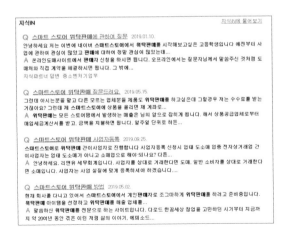

연관검색어 하나로만 판단하기에는 아직 이른 감이 있기에 '스마트스토어 위탁판매' 키워드로 지식인에 들어가 글들을 쭉 둘러보았다. 지식인은 사람들이 직접 묻고 답하는 공간이기에 검색자의 니즈를 확실하게 알 수 있는 채널이다.

시장조사를 한 결과를 메모장에 정리해봤다. 가장 많이 물어보는 질문은 '스마트스토어 위탁판매를 시작하기 위해 무엇을 준비해야 하는지, 어떻게 돈을 벌 수 있는지, 상품 소싱을 어디에서 하는지'에 대한 내용들이었다.

이 3가지 질문을 전부 다 다루자니 콘텐츠가 너무 산만해질 것 같아서 1개로 압축하기로 했다.

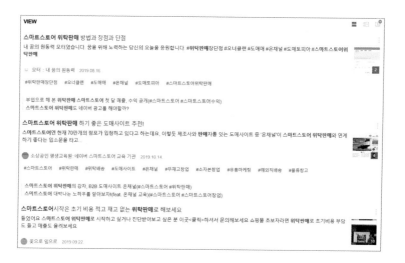

그렇다고 내 맘대로 선정할 수는 없고, 모바일 VIEW 탭으로 가서 콘텐츠들을 쭉 읽어나갔다. 경쟁자들은 어떤 답변을 주고 있는지를 체크한 것이다. 그 결과 무엇을 준비해야 하는지와 어떻게 돈을 벌 수 있는지에 대한 콘텐츠는 발견했는데, 상품 소싱을 어디에서 해야 하는지에 대한 콘텐츠는 발견하지 못했다. 기껏해야 도매 사이트만 몇 개 알려주는 정보가 끝이었다. 그래서 남들은 하지 않은 차별화된 정보를 주기 위해 상품 소싱을 중점적으로 다루기로 결정했다.

이렇게 키워드 분석과 검색결과 분석이라는 일련의 시장조사 과정을 통해 얻은 정보를 토대로 콘텐츠 기획을 했고, 그 기획 내용을 SPISMA 법칙에 대입해서 순서대로 풀어냈다.

> S : 스마트스토어 위탁판매를 시작해서 부가 수익을 만들고 싶다
> P : 막상 시작하려니 상품은 어디서 가져오는지, 어떻게 파는 것인지 막막함
> I : 위탁배송 사이트 열심히 찾아봤지만 잘 팔릴 것 같지 않아 망설이는 중
> S : 일단 배우고 올려보는 것이 정답. 올리기 전에는 아무일도 일어나지 않음
> M : 올리다 보면 팔리는 상품이 생기고 방향이 잡힌다. 수강생들이 그렇게 하고 있다.
> A : 셀러스쿨은 매뉴얼 교육부터 시작해서 사업자 없이 판매 실습 가능한 상품을 제공한다

SPISMA를 정리한 메모장을 보면서 본문에 글을 써나가기 시작했다.

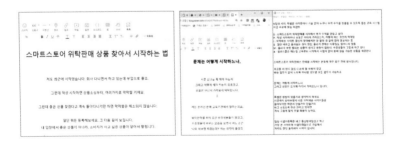

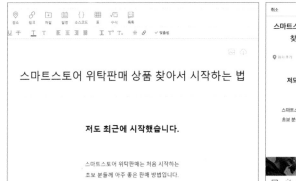

포스팅을 다 쓴 다음 일단 임시저장을 해놓고 PC와 모바일 화면에서 포스팅 가독성이 괜찮은지 체크를 해보았다. 중앙 정렬, 글씨 크기, 사진 크기, 볼드 처리가 잘되어서 쭉쭉 읽혀나갔다. 중간에 오타가 몇 개 보여서 수정을 해줬다.

PC 블로그 탭과 모바일 VIEW 영역을 확인한 결과, '스마트스토어 위탁판매' 키워드는 대부분의 썸네일이 인터넷 화면창을 쓰고 있었다. 차별화된 썸네일로 이목을 끌기 위해 사람이 등장하는 사진을 이용했다.

SPISMA 중에서 실질적인 수익을 담당하는 Action 역시 빠트리지 않고 잘 넣었다. 여태까지 시도해본 여러 카피 가운데 가장 효과가 괜찮았던 '상담은 별도 비용을 받지 않습니다'라는 문구를 사용했다.

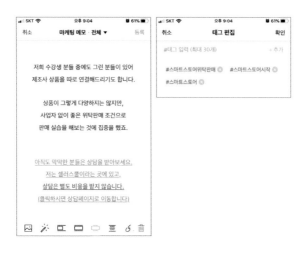

제목, 본문에 '스마트스토어 위탁판매' 키워드를 자연스럽게 넣어줬고, 마지막으로 발행하기 전 태그에도 관련 키워드를 넣어줬다. 그리고 포스팅 발행! 이걸로 주사위는 던져졌다. 포스팅은 쓰자마자 바로 검색엔진에 보이지는 않고, 최소 1시간 이상을 기다려야 결과를 알 수 있다.

1시간 후에 '스마트스토어 위탁판매' 키워드로 검색을 해보자 PC 2위에 상위노출이 된 것을 발견할 수 있었다. 다행히 이 키워드는 내 블로그로도 충분히 상  위노출을 할 수 있겠다는 예측이 잘 맞아떨어졌다.

모바일 결과는 어떨까? 아마 지금쯤이면 한창 이웃과 검색방문자들이 남기는 랜딩타임, 공감, 댓글 등의 수치를 AI가 열심히 계산해서 라이브검색 랭킹을 재설정하고 있을 것이다.

다음 날 아침 스마트폰을 확인해보자 '스마트스토어 위탁판매' 키워드에서 VIEW 검색 1등을 한 모습을 볼 수 있었다. 콘텐츠 기획 단계에서의 가설이 정확하게 맞아떨어진 결과다. 2030 남성 직장인들이 부업으로 위탁판매를 시작할 때 어떻게 아이템 소싱을 해야 하는지 중점적으로 다뤘고, 그 내용이 마음에 들어 좋은 반응을 일으킨 덕에 1위를 차지할 수 있었다.

실제로 상위노출을 잡자마자 바로 상담 신청이 1건 들어왔다. 해당 머천트의 회사 상담실장이 연락처로 전화를 해서 성공적으로 상담이 이어지면 그에 대한 보수를 받게 될 것이다.

※ 상담신청자 상세현황

번호	이름	연락처	가입일시	가입아이피	필터링
350	한****	010807****	2019.10.28 07시	116.121****	· 머천트 : 스마트창업 · 진행상태 : 대기

유입경로 : https://blog.naver.com/PostView.nhn?blogId=ehb4245&logNo=221690292803&from=search&redirect=Log&widgetTypeCall=true&topReferer=http%3A%2F%2Fsearch.naver.com%2Fsearch.naver%3Fsm%3Dtop_hty%3Dfbm%3D1%26ie%3Dutf8%26query%3D%25EC%259C%2584%25ED%2583%2581%25ED%258C%2590%25EB%25A7%25A4&url%3Dhttps%253A%252F%252Fehb4245.blog.me%252F221690292803%26ucs%3Dh9UkxdDEnTIU&directAccess=false

'스마트스토어 위탁판매' 키워드의 월 검색량은 통합 4,380, 하루 146번이다. 이 중 절반이 본다고 가정하면 하루 73명이 포스팅을 볼 것이고, 그 가운데 10퍼센트만 DB를 남겨도 하루 7명이다. 한 달이 지나면 21명의 DB가 접수되어서 글 하나로만 20만 원을 벌 것이다.

결과는 콘텐츠의 질에 따라 달라진다. 클릭을 부르는 제목과 썸네일을 만들었는지, 얼마나 검색의도를 잘 읽어내어 차별화된 정보를 본문속에 녹였는지에 따라 DB를 하루 1~2명이 남길 수도 있고, 10명이 남길수도 있다. 중요한 건 피드백을 통해 콘텐츠 기획과 제작력을 향상시키는 것이다. 맨 처음에는 한 달에 5만 원을 버는 콘텐츠를 만들 수 있다고치자. 이를 1주일에 3개씩 4주 동안 발행하면 60만 원을 벌 수 있다.

계속 콘텐츠를 발행하면서 사람들이 반응하는 키워드, 제목, 본문에 대한 통찰력을 갖춰 한 달에 10만 원을 버는 콘텐츠를 만들 수 있게 되었다. 이를 마찬가지로 1주일에 3개씩 4주 동안 발행하면 120만 원을 벌수 있다. 이 같은 원리를 통해 한 달에 250만 원까지 버는 사례가 나올수 있었다.

제대로 피드백하는 방법

뭐든지 첫술부터 배부를 수는 없다. 책에서 지식과 구체적인 방법을 얻었다고 해서 처음부터 바로 큰 수익을 내기는 힘들다. 앞에서 했던 수영 이야기를 생각해보자. 맨 처음에는 키워드 공략에 실패하기도 하고, 상위노출을 띄웠으나 반응이 하나도 없는 글을 쓰기도 할 것이다.

필자는 상위노출과 콘텐츠 마케팅은 '체득'이라고 항상 말한다. 지식이 몸에 붙어서 체화되기까지 어느 정도 시간이 걸리는 건 당연한 일이다. 맨 처음 시작할 때에는 콘텐츠 마케팅 이전에 블로그에도 익숙하지 않아 월 10만 원조차 만들기 버거울 수 있다. 조급한 사람들은 이때 온라인 투잡을 포기하고 새로운 아르바이트를 구하기도 한다. 그러나 점점 블로그에 익숙해지면 익숙해질수록 30만 원, 50만 원, 100만 원, 300만 원도 만들 수 있는 것이 온라인 부업이다.

세계적인 스타강사 브라이언 트레이시는 "실패란 없다, 오로지 피드백만이 있을 뿐"이라는 명언을 남겼다. 도박은 실패하면 모든 것을 잃지만, 도전은 결과가 좋지 않더라도 이렇게 하면 안 좋다는 교훈 한 가지를 얻는 셈이 된다. 교훈이 쌓이면 쌓일수록 점점 현명해져서 나중에는 실패가 거의 사라지게 된다. 그렇게 되면 여러분은 블로그 마케팅으로 평생 돈을 벌 수 있게 될 것이다.

실제 동행 회원분들을 지켜보면 월 10만 원을 벌다 월 50만 원 선을 한번 돌파하면 그다음부터는 50만 원 밑으로는 잘 안 내려간다. 그러다가 더 피드백을 체화하고 교훈이 쌓여서 100만 원 선을 돌파하면 이후로도 웬만해서는 100만 원 선을 쭉 유지한다. 꾸준히 포스팅을 하기만 한다면 말이다.

내가 기대한 반응이 안 나왔다면 실망으로 그칠 것이 아니라 다음 도전을 위한 자양분으로 삼아야 한다. 그러기 위해서는 나만의 기준을 갖고 피드백을 해야 한다. 블로그 부업은 종류가 다양하지만 수익과 직결되는 포인트는 ①키워드 상위노출, ②클릭률, ③마음을 움직이는 본문, ④블로그 브랜딩 4가지다.

블로그 브랜딩은 당장 할 수 있는 것이 아니고 시간이 필요하다. 일단은 가독성 좋은 레이아웃과 스킨을 쓰고, 프로필에 본인 얼굴이 나온 실제 사진을 쓰자. 공지사항으로 블로그 주인장 소개를 넣어주면 진짜 개인이 운영하는 블로그라는 인상을 줄 수 있다. 계속해서 전문적인 콘텐츠를 발행하면서 서로이웃을 늘려나가면 검색방문자도 블로그만 보고 이탈하는 일은 점차 줄어들 것이다.

나머지 키워드 상위노출, 클릭률, 마음을 움직이는 본문은 지금 당장이라도 개선할 수 있는 부분들이다. 앞서 알아본 키워드 경쟁률 파악을 통해 롱테일 키워드를 잡는 연습을 꾸준히 하면 상위노출에 실패하는 일은 점점 줄어들 것이다. 클릭량도 제목, 썸네일, 헤드라인을 꾸준히 연습하다 보면 점차 실력이 는다. 본문도 그렇다. 처음 시작은 SPISMA 공식을 써보되, 다양한 카피와 내용 구성을 시도해보면서 가장 반응이 좋은 자기만의 공식을 만들어가면 된다.

상위노출과 제목, 본문은 기술적인 영역이기에 몇 달만 연습하면 누구나 수준급이 된다. 결국 반응률을 높이는 핵심은 기획이다. 해당 키워드를 검색하는 사람들이 누구이며 무엇을 원하는지 니즈를 파악한 다음, 기존 콘텐츠들을 쭉 둘러보고 그들이 공급하지 않는 차별화된 정보를 제공할 때 가장 큰 성과를 보인다. 니즈를 제목에 넣으면 포스팅 조회 수가 올라가고, 본문에 넣으면 공감과 댓글이 늘어난다.

지속적인 피드백을 통해 점점 콘텐츠 마케팅 성과를 개선한 실제 사례를 소개하겠다. 아래의 사진은 동행의 한 멤버가 맨 처음 스마트스토어 교육 머천트로 작성한 글이다. 아직 키워드와 콘텐츠에 대한 심도 있는 이해가 없었기에 조회 1,655, 공감 17, 댓글 14개로 그쳤다.

스마트스토어 판매자는 어찌 사는지 봤습니다 (본계시글보기)		📄 다운로드
2019.06.05. 09:25 작성		실시간 2019.10.22. 기준
누적 조회수	누적 공감수	누적 댓글수
1,655	17	14

그러다 머천트의 특장점을 살려서 '100억 셀러'라는 특징을 부각시키자 조회 5,439, 공감 17, 댓글 4개로 조회가 거의 4~5배 상승했다. 제목이

심심했던 맨 처음 글에 비해 '100억'이라는 임팩트 있는 단어가 들어가면 더 콘텐츠 반응이 좋다는 것을 이때 확실하게 피드백했다.

3번째 글은 2번째 글에서 얻은 피드백을 살려서 '100억 판매자'를 넣어 줬다. 동시에 통계를 보여주는 수준을 넘어서 파워셀러에게 배우고 느 낀 점을 감성적인 스토리텔링으로 풀어냈다. SPISMA 공식 외에 색다른 시도를 해본 셈이다. 결과는 조회 8,516, 공감 26, 댓글 39개로 콘텐츠 성 과를 더욱 개선시켰다.

이것으로 끝이 아니었다. 스마트스토어 교육 관련 키워드를 계속 조 사하다 보니까 쇼핑몰, 마케팅, 유통, 오픈마켓을 하나도 모르는 직장인, 일반인들의 수요가 많다는 것을 알게 되었고 검색을 통해 그들이 무엇 을 원하는지, 어떤 점들이 고민인지를 파악했다. 마침 해당 머천트가 컴 맹인 사람들도 교육을 듣고 성과를 낸 후기가 있기에 그 점을 살려 '컴맹 조차 배워서 돈을 번다'는 콘텐츠를 기획했다.

100억 셀러 못지않게 임팩트를 주는 '컴맹'이란 단어가 들어갔고, 시장 조사를 통해 검색의도를 읽어내 다른 블로그는 제공하지 않는 차별화된 정보를 제공하자 조회 수 20,091, 공감 43, 댓글 22라는 역대 최고의 반응이 나왔다. 계속해서 피드백을 통해 콘텐츠를 개선해나갔기 때문이다.

이처럼 똑같은 머천트, 키워드, 콘텐츠를 갖고도 어떻게 기획해서 발행하느냐에 따라 콘텐츠 마케팅의 성과는 하늘과 땅 차이가 난다. 온라인 마케터들은 잘 아는 유명한 매출 개선 공식이 있다.

$$\text{매출} = \text{유입} \times \text{전환} \times \text{객단가}$$

스마트스토어에서 객단가 35,000원짜리 키보드를 판다고 치자. 총 매출은 내 스마트스토어에 몇 명이 유입되었느냐, 유입된 사람들이 상세페이지를 보고 그중 몇 명이 구매전환을 했느냐에 따라 결정된다. 100명이 유입되어서 10명이 구매했다면 35만 원의 매출이 일어난다. 이를 더 늘리려면 어떻게 해야 할까?

100명이 들어왔을 때 10명이 구매한다면, 200명이 들어오면 키보드 20개가 팔릴 것이다. 이것이 유입을 높이는 방법으로, 블로그 투잡에서는 내가 오랫동안 상위노출을 할 수 있는 롱테일 키워드를 잡는 것이다. 그리고 제목과 썸네일 작성을 통해 클릭률을 높이는 것이다. 이 부분은 계속해서 키워드 경쟁률을 공부하고, 블로그 지수를 높이면서 눈에 띄는 썸네일 제작법과 고객의 니즈를 반영한 제목 작성법을 연습하면 된다.

유입률이 아니라 전환률을 높이는 방법도 있다. 상세페이지를 잘 만들고 좋은 리뷰가 많으면 100명이 들어와 20명이 키보드를 살 수도 있다. 그러면 35만 원의 매출이 70만 원으로 상승한다. 블로그 투잡의 승패는 콘텐츠 기획과 본문 구성을 얼마나 잘하느냐에 달려 있다. 처음에는 SPISMA 법칙과 검색의도를 잘 매칭해서 콘텐츠를 만들어보고, 나중에는 자기만의 콘텐츠 공식을 만들자.

객단가는 키보드 가격과 머천트 가격이라고 보면 된다. 이 부분은 마케터가 함부로 바꿀 수 있는 부분이 아니다. 나밖에 팔지 않는 오리지널 제품이라면 비교적 가격 설정이 자유롭겠지만, 역시 같은 카테고리의 경쟁 제품이 있을 것이므로 객단가를 너무 높이면 구매가 일어나지 않는다. 머천트 역시 다 가격이 처음부터 정해져 있다. 콘텐츠 마케터라면 자본 없이 오로지 콘텐츠의 유입과 전환만을 조정해서 수익을 창출해야 할 것이다.

글쓰기만 잘해도
인생이 달라진다

대출까지 받아서 창업한 쇼핑몰이 실패해 나락으로 떨어진 20대 후반 무렵 나를 구원해준 건 글쓰기였다. 어떻게 해야 이 실패를 만회할 수 있을지, 앞으로 어떻게 인생을 살아야 할지, 예전에는 생각만으로 그쳤다면 블로그를 하고 나서부터는 수첩에 메모하는 습관이 생겼다. 어떻게 보면 그때가 처음으로 삶을 '기획'하기 시작했던 때 같다.

자기계발서를 읽으면 목표를 종이에 적으라는 내용이 자주 등장한다. 이와 관련해 유명한 일화가 있다. 1953년 예일대 졸업생들에게 졸업 이후 목표가 무엇인지 물었다. 누구는 아직 별다른 목표가 없었고, 누구는 취업처럼 간단한 목표가 있었으며, 누구는 구체적인 계획을 갖고 있기도 했다. 그런데 전체 100퍼센트 가운데 명확하고 구체적인 목표를 종이에 글로 적은 학생은 3퍼센트에 불과했다. 연구팀은 20년이 지나 설문에 답해준 졸업생들이 어떤 인생을 살고 있는지 추적했다. 그러자 목표를 종이에 적은 3퍼센트가 가장 성공했다는 것이 밝혀졌다.

사람들은 보통 하루에 5만에서 6만 가지의 생각을 한다고 한다. 그중 대부분은 예전에 했던 것과 비슷한 생각이지만, 이렇게 많은 생각을 한다면 중간중간 보다 생산적이고 발전적인 생각도 할 것임이 틀림없다. 내가 나 자신에게 앞으로의 인생을 어떻게 변화시켜야 할지에 대한 질문을 던지면 생각은 자연스럽게 여러 답안을 도출하게 되어 있다. 획기적인 생각이 하나 떠올랐다면 그것을 놓치지 않고 종이에 적어야 한다. 생각은 글쓰기를 통해 메모로 남기지 않으면 휘발되어서 내일도 오늘과 같은 생각만 하면서 지나가버린다.

'어떻게 해야 빚을 다 상환할 수 있을까?' 처음에는 이거다 싶은 아이디어가 생각나지 않았다. 그래도 현재의 상황에서 할 수 있는 최선의 방법이 떠오르면 그것을 기록했다. 이렇게 적어둔 덕분에 다음번에는 한 걸음 더 나아간 상태에서 새로운 아이디어를 생각하면서 점점 비전과 비전을 이룰 구체적인 방법론이 고도화되었다. 그냥 생각만 하는 것과 눈에 보이는 형태로 메모를 해두는 것은 많은 차이가 있는 것이다.

처음에는 메모해둔 글의 내용이 막연하고 추상적일 수 있다. 거기서 포기하지 않고 생각에 생각을 거듭하다 보면 진정으로 원하는 것이 무엇인지 알 수 있다. 그것이 종이 위에 표현되면 다음부터는 생각에 생각이 꼬리를 물면서 발전해나간다. 내 현재 여건은 어떤지, 내가 세운 계획의 실현 가능성은 어떤지, 무엇부터 시작해야 하는지를 기획하게 된다. 그렇게 나온 답안을 하나하나 실천하고 아쉬운 결과가 나오면 원인을 분석해 피드백하며 한 걸음씩 나아가다 보면 어느 순간 문제를 해결한 자신을 발견할 수 있을 것이다.

강의와 컨설팅을 하다 보면 말을 잘한다는 칭찬을 듣곤 하지만 한때 나도 말을 더듬거리며 표현을 잘 못하던 시절이 있었다. 머리가 똑똑하지도 않고, 성격이 내성적이라 친화력도 부족했고, 항상 노력에 비해 성과가 나지 않았다. 가족이나 지인들은 나에게 리더가 될 그릇이 아니니까 절대 사업은 하지 말라고 뜯어말렸다. 그런데 블로그 글을 계속 발행하다 보니까 생각 정리가 잘되었고, 글을 쓰면서 한번 정리한 생각은 유창하게 말을 할 수 있게 되었다. 생각을 거듭한 끝에 내린 결론을 글로 정리한 다음 말하면 그 말에는 힘이 실린다. 포스팅 글감을 마련하기 위해 안 읽던 책도 읽으면서 계속 내용을 정리하는 훈련을 반복하다 보니 나중에는 조직도 이끌 수 있게 되었다.

미래가 불투명하고 답이 보이지 않는다면 글을 써보라고 권유하고 싶다. 물론 블로그에 글을 쓰기 시작한다고 인생의 모든 문제가 풀리지는 않겠지만, 적어도 변화의 출발점이 될 수는 있다. 무언가에 대해 리뷰를 하려면 특정 이슈에 관한 내 의견을 밝혀야 하기에 그 자체로 생각 정리 연습이 된다. 아마 내가 블로그를 하지 않았다면 글을 쓸 일도 없었을 것이고, 지금 같은 성과를 만들어내지도 못했을 것이다.

동행을 만들고 5년 동안 나는 블로그에 대해 1도 모르는 사람들도 글쓰기로 인생을 바꿀 수 있다는 가설을 검증하기 위해 노력해왔다. 다행히 지금은 회사원, 전업주부, 은퇴한 어르신들까지 블로그 글쓰기로 인생을 변화시키고 있다. 단순히 광고를 해서 돈을 버는 것보다는 블로그를 통해 인생을 기록하고, 블로그 부업을 통해 콘텐츠 마케터로서의 역량을 쌓으면서 새로운 비전을 설계하기 때문이다.

누구는 월급과 투잡으로 벌어들인 수익을 합쳐 내 집 마련을 꿈꾸고, 누구는 본업을 통해 쌓은 전문성에 마케팅을 더해 브랜드를 만들려고 노력하며, 누구는 블로그에 꾸준히 발행한 글들을 모아 작가 데뷔를 목표로 한다. 꾸준히 블로그를 하다 보니 마케터로서의 재능을 발견해 블로그 강사가 된 사람도 있다. 그 중간중간 예상치 못했던 좋은 이벤트도 생기고, 돈까지 벌 수 있으니 1석 3조라고 할 수 있다.

이제 여러분의 차례다. 여러분은 현재의 어떤 점이 불안하고 불만족스러운가? 어째서 투잡과 부업을 알아보게 되었는가? 투잡과 부업을 통해 어떤 결과를 얻고 싶은가? 그것을 달성하기 위해 나는 무엇을 해야 할까? 책을 다 읽고 난 후 노트를 꺼내 이 같은 질문에 대한 자신의 생각을 한번 적어보고, 보다 더 깊이 궁리해보는 시간을 가졌으면 한다. 점점 심화되고 고도화된 생각으로 노트를 채워나가고, 그 끝에 발견한 대답을 실천하면 여러분의 인생은 분명히 달라질 것이다. 이 책이 나름의 참고서 역할을 해냈다면 그것만큼 필자에게 기쁜 일은 없을 것이다. 이 책은 부업이나 투잡을 희망하는 분들께 작은 힘이 되길 바라는 마음으로 만들었다.

이 책을 출판하는 데 도움을 주신 모든 분들께 감사의 말씀을 전한다. 언제나 나를 믿어주고 응원해주는 가족들부터 함께 수년간 고생하면서 이 일을 하는 모든 사람들, 전준혁, 이한별, 김동석, 백옥주, 심민경, 정수

연, 김승진, 박규태, 박승현, 여은경, 김지은, 박윤지, 김채영, 임지숙, 서승희, 최정국, 권정은, 강모란, 김민기, 이재명, 박준호, 이수희, 윤소현 등등, 그리고 책을 내는 데 끝까지 도와준 최종훈, 모두에게 감사드린다.

누구나 하루 30분 투자로
월 100만 원 더 버는

블로그
부업

1판 1쇄 펴낸 날 2020년 9월 25일
1판 6쇄 펴낸 날 2022년 5월 10일

지은이 김상은
펴낸이 나성원
펴낸곳 나비의활주로

책임편집 권영선
디자인 design BIGWAVE

주소 서울시 성북구 아리랑로19길 86, 203-505
전화 070-7643-7272
팩스 02-6499-0595
전자우편 butterflyrun@naver.com
출판등록 제2010-000138호
상표등록 제40-1362154호

ISBN 979-11-90865-10-4 03320